トマス・ジョゼフ・アサド

アラブに憑かれた男たち

バートン, ブラント, ダウティ

田隅 恒生 訳

法政大学出版局／イスラーム文化叢書　4

Thomas Joseph Assad

THREE VICTORIAN TRAVELLERS
Burton, Blunt, Doughty

Routledge & Kegan Paul Ltd., 1964

1．壮年のバートン（*The National Portrait Gallery*, vol. 2, 1902）
サー・フレデリック・レイトン（のち王立美術院院長）の傑作の一つとされる，1872年の肖像.「醜く描くなよ，お願いだ」とバートンは言い通しだった.

2．砂漠旅行中のバートン（*Harper's Magazine*, January 1857）
メディーナ，メッカに入ったときの自画像

3．晩年のバートン
(Georgiana Stisted, *The True Life of Captain Sir Richard F. Burton*, London 1896)

4．ブラント夫妻（*Illustrated London News*, 3 March 1888）

5．砂漠のブラント
(Lady Anne Blunt, *A Pilgrimage to Nejd*, London 1881)

6．ターバンをつけたブラント
(*The Bookbuyer*, November 1895)

7．壮年のダウティ
（*The Bookman*, June 1927）

8．晩年のダウティ
（*The Bookman*, March 1926）

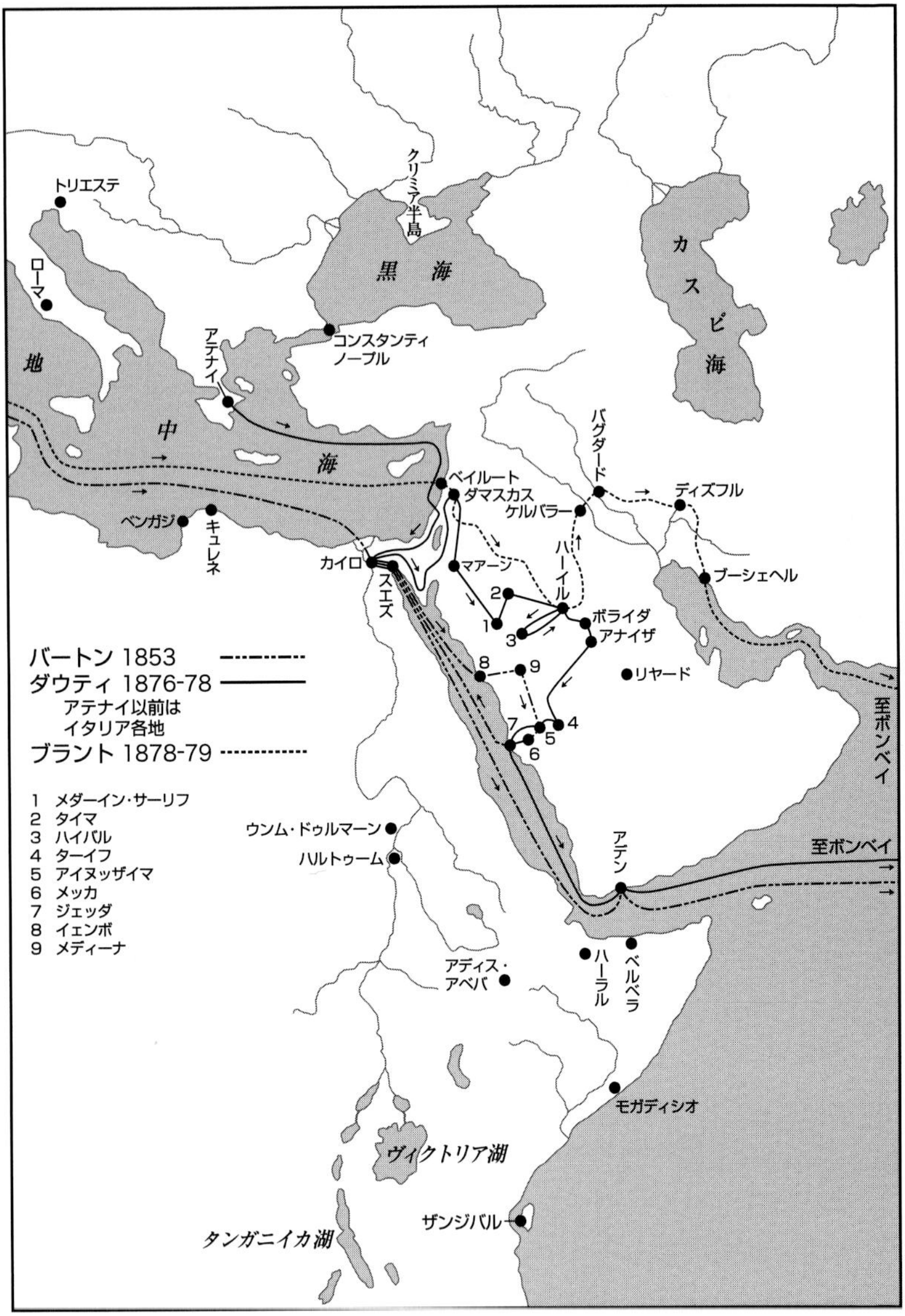

トリエステ
ローマ
クリミア半島
黒海
カスピ海
地中海
アテナイ
コンスタンティノープル
ベイルート
ダマスカス
バグダード
ケルバラー
ディズフル
ブーシェヘル
ベンガジ
キュレネ
カイロ
スエズ
マアーン
ハーイル
ボライダ
アナイザ
リヤード
至ボンベイ
アデン
至ボンベイ
ウンム・ドゥルマーン
ハルトゥーム
アディス・アベバ
ハーラル
ベルベラ
モガディシオ
ヴィクトリア湖
ザンジバル
タンガニイカ湖
バートン 1853
ダウティ 1876-78
アテナイ以前は
イタリア各地
ブラント 1878-79
1 メダーイン・サーリフ
2 タイマ
3 ハイバル
4 ターイフ
5 アイヌッザイマ
6 メッカ
7 ジェッダ
8 イエンボ
9 メディーナ

凡例

一、本書は、Thomas Joseph Assad, *Three Victorian Travellers. Burton, Blunt, Doughty*, Routledge & Kegan Paul Ltd., London 1964. の全訳である。

二、対象の三人それぞれについて七項ずつ設けられている節（原書では無題）には、訳出にあたって表題を付した。

三、参照された文献は、原則として書名、論文名は和訳して『……』で記し、続けて原書名、論文原題、掲載誌名、引用頁、刊行年などを原文にしたがって記載した（書名、掲載誌名にはイタリック体を使用、論文原題は“……”で表示）。

四、著者による、他文献の引用と留意・強調事項の表示は「……」、引用文中の引用部、括弧内の括弧、あるいは特殊な語句であることの明示は〈……〉、引用文中に挿入された補注は［……］で表す。

五、原注は1、2……の形、訳注は一、二……の形で当該個所の右脇に番号を付し、原書では巻末に一括記載されている原注は関係各節に移して、ともに各節の末尾で説明する。訳注の簡単なものは当該個所に〔……〕で割書する。

六、英語以外の外国語については、簡単なものは和訳して原語をルビでカナ書きし、それ以外は原文記載の原語（ないしはそのカナ表記）と和訳を併記する。

七、地名人名などは邦語化しているものを除き、なるべく原音にちかいカナ表記とする。わずかながら、一般の慣用を改めたものがある（例—サシクス〈↑サセックス〉、サファク〈↑サフォーク〉、スダーン〈↑スーダン〉）。アラビア語、ペルシア語のカナ表記は原則として平凡社版『イスラム事典』所載の基準によったが、アラビア語の冠詞alについては、語頭の場合も省略せずにつぎの語に続けて書き（例—「アルマンスール」）、また人名の間のibn（bin）に続く場合も連結の原則にしたがって表記した（例—Omar bin al-Nu'uman〈バートンがローマナイズした人名〉は「ウマル・ビヌンヌウマーン」、Ni'amah bin al-Rabi'a〈同前〉は「ニアマ・ビヌッラビーア」)。

八、第二章（バートンの部）に多出するバートン訳『アラビアン・ナイト』（翻訳者序言、本文、注記、巻末論文、補遺）への言及、その引用については、原文ではバートン原典の当該箇所が第二節原注2に述べられた特定刊本での巻数、頁数（たとえばII―三五〇のように）でしか表示されていない。したがってほかの版での参照は容易でなく、とくに邦訳書（原典の巻数が示されていない）ではきわめて困難、むしろ実際上は不可能といっていい。本訳書では、十分にはほど遠いが最低限必要と思われる引用個所のデータを、〔「〇〇〇の物語」第□□夜〕の形で著者の表示のあとに割書し、参照の便を図った。バートンのほかの著作、ならびにブラント、ダウティの場合は、引用例が比較的少なく、刊本も限られ、ごく一部を除いて邦訳もないので原書の表示を踏襲した。

九、地図はあらたに作成したが、索引は原書所載のものによる。

目次

序言

本書は、第一次大戦前にアラブの文化が英国人の感性に与えた影響を関心の対象とする。より具体的にいえば、ヴィクトリア時代の三人のトラヴェラー、いずれも中近東、とくにアラビア、アラブ圏北アフリカおよび東地中海沿岸地方を旅することによってアラブ文化を肌で知っていた人たちに関わるものである。

党派的狂熱が重苦しく垂れこめ、強力な近代的プロパガンダ手段の雲に蔽われた現在の雰囲気には、ものごとの明晰な認知に対する伝導性が欠けている。しかし、この時期を通り抜け第一次大戦に先立つこと三、四十年という時点に立ち返れば、いまあるような狂熱は一掃されていて、アラブに対する英国人の基本的な姿勢を、とらわれのない、ひろびろとした歴史の輪郭のなかのものとして見ることができる。

この姿勢がもっとも鮮明に現れるのは、アラブと深い接触のあった英国の文筆家による、豊富な知識の裏付けをもつ、ひろく流布した見解である。その点では、T・E・ローレンスの事績のためにアラブ世界における彼の先輩たちの影が薄れてしまったのは残念に思われる。

一九一四〜一八年の戦争で果たした大胆な功業とそれにつづく『知恵の七柱』の評判によって、ローレンスは二十世紀前半の英語圏一般人の心を捉えた。しかしながら、東方における彼の非凡な遠征、アラブ文化の受容、政治的意図——その最終的評価は別として——についていえば、サー・リチャード・バートン、ウィルフリド・スコーエン・ブラント、チャールズ・モンタギュー・ダウティが、すでに先行していた。そしてバートン、ブラント、ダウティの考え方を一まとめにすると、アラブ世界に対する後期ヴィクトリア時代の姿勢がはっきりと見てとれる。

　バートンはほかの二人よりも二十年ばかり先の生まれで、またその主たる旅行記録は一八五〇年代に刊行されている。しかし当考察にとってもっとも重要なのは一八八〇年代の十年間であって、そのときバートンは『アラビアン・ナイト』の翻訳に携わり、ブラントは東方をめぐる政治活動に没頭し、ダウティは『アラビア・デセルタ』の執筆に骨身を削っていた。そして、大英帝国主義が頂点に達したのはまさにこのときであった。

　それぞれにはっきりと異なることが手にとるように分かる大英帝国主義に対する気持と、同様にはっきりと異なる生来の気質のために、バートン、ブラント、ダウティは、アラブ世界についての理解としてはいずれも正しいと認められる三人三様の見方をもつことになった。これらの見方を区別して限定することは、しごく容易にできる——バートンのアラブ観はあまりにもグロテスクであり、ブラントの場合は美化しすぎ、情緒的にすぎ、ダウティではあまりに純粋、単純、そしてきびしすぎた。いずれの場合も、個々の見方は、英国人はそのこと自体《イプソ・ファクト》によりアラブにまさるというもって生まれた思いに繋がっていて、そこから支配感《マスタリー》、立場が優越なゆえの謙譲《コンディセンション》、極端な愛国意識《ショーヴィニズム》について各人それぞれの態様が生まれた。

　それに比べてはるかに難しいのは、このような見方をいかにも多彩とした三人の気質と感性を理解することだ。しかし、人間の歴史できわめて活気のある一時代を生きた魅力に富む三人の男が関わっていることから、その試みは非常にやりがいのあるものと思われる。

この三人の理解——彼らの感性と、アラブの文化がその感性に与えた衝撃とを理解すること——への取り組みにあたって、私は、彼らの述作のうちで直接中東を論じたものの検討を主眼とした。だがしばしば、そして散文体の著作が際だって自伝的、かつ政治的な性格をもつブラントにあってはとくに、東方関連以外の資料にも重点をおくことになった。そのような場合には、それ自体は不必要な逸脱にみえるものが実は妥当なことを、当該の章が全体として立証してくれるものと信ずる。

トマス・ジョゼフ・アサド

訳注

一 ものごとの明晰な認知に対する……——本書は、東西冷戦のさなか、とくに中東が両陣営の尖端にあって険しい状況におかれていた一九六〇年代初めに執筆された。

I

アラブ世界へのヴィクトリア時代の関心

ニューマン枢機卿[一]が『アポロギア・プロ・ウィタ・スア』*Apologia Pro Vita Sua*〔「彼の人生の弁明」、著者の心の遍歴をあらわに語ったもの。一八六四〕のなかで自分の少年時代の想像力に読者の認識を求めたとき、恰好な例として挙げたのは「アラビアン・ナイト」〔以下「ナイト」と略記〕にからむ体験を語ることだった。「私は、アラビアの物語が本当のことであってほしいといつも思っていた。私の空想はさまざまな未知の力や魔力、護符といったものにとらわれていたのだ」と彼は述べている。カーライルの場合には、『サルトル・レサルトゥス』*Sartor Resartus*〔石田憲次訳『衣服哲学』岩波文庫、一九四六〕で奇跡に関する教授〔著者の分身で作中主人公、ドイツ人哲学教授トイフェルスドレック〕の見解を説明するのに、教授にこう言わせている——「また不幸にも、[〈オランダ人のいうシャム王〉よりも]さらに科学をわきまえぬ私の馬にとっては〔シャム王には氷の柱が奇跡だった〕、彼にはどうにもならない遮断機《シュラークバウム》の腕木や閉まっている通行税取りたて門《ターンパイク》を二ペンス払って開けてやるたびに、私は奇跡、つまり魔法の〈開け胡麻！〉を演じているのではないだろうか」〔Ⅲ—八〕。またラスキンは『胡麻と百合』[二]*Sesame and Lilies*で、アリー・ババへの同じ引喩を用いている。そのとき彼は聴衆にむかって書物と図書館の普及への賛同を求め、また「英国憲法」のために新しい穀物法〔旧法は一四三六〜一八四六〕、すなわち「より良質のパン——古い昔の、あの魔法がかかったアラビアの穀物、つまり扉を、だが盗賊どものではない、諸王の宝物庫の扉を開ける胡麻から作るパンに関わる穀物法」——の制定を提唱したのである。

ヴィクトリア時代の文筆家で、東方の文献になんらかの言及をしていない人を多く見つけるのは非常にむずかしいと思われる。[1] もっとも頻繁に現れるのは「ナイト」へのそれであって、例証を目的に主として直喩、隠喩の形で使われた。このような言及を総合的に調査するのは、同じ文献中の聖書からの引用を精査するのとおなじで非実際的であろう。とはいえ上述の二、三の例は、言葉の使い方そのものから見て、少なくとも「ナイト」の説話のなかに当時の著作家、思想家で重きをなしていた人のみならず、一般読書層にとっても周知のものがあったことをはっきりと示している。

十八世紀の英国の読書層は、「ナイト」を、アントワーヌ・ガランによる部分訳、しかも大幅な自由訳の一七〇四年刊フランス語版から英訳、翻案したものを通じて知るのみであった。オリエント学者のジョナサン・スコット博士が、東方の原典をじかに用いて『アラビア語、ペルシア語原文による説話、逸話、書簡類』Dr. Jonathan Scott, *Tales, Anecdotes and Letters from the Arabic and Persian*, 1800を、ついで一八一一年に『アラビアの夜ごとのもてなし』*The Arabian Nights' Entertainment* を著したのは一世紀ちかくも経ってからである。スコットの翻訳は多数の英語版「ナイト」の典拠となり、それ自体も一八八三年に再刊されている。一方、ほかの人による翻訳も進行していた。一八三八年にはアイルランドの法律家ヘンリー・トレンズが「ナイト」の精密な訳出を始めたが、全部で一巻分の説話を世に出すにとどまった。エドワード・ウィリアム・レインの『新訳千夜一夜物語』Edward William Lane, *New Translation of the Tales of a Thousand Nights and One Night* は一八三九年の出版で、四版まで出た。この訳はアラビア語の全説話のごく一部についてであって、短編のいくつかは単に注記として紹介されたのみである。ただこの注記は、一八四五年に『アラビアの説話と逸話』*Arabian*

Tales and Anecdotes として別個に刊行されたこと、また一八八三年にスタンリー・レイン＝プール〔考古学者、オリエント学者。前述エドワード・レインの妹の孫。一八五四〜一九三一〕がレインの注釈を分類、整理したものを『中世のアラビア社会』Stanley Lane-Poole, *Arabian Society in the Middle Ages* と題して出版したことで、本文よりもひろく世間に出まわっている。またジョン・ペインの翻訳『千夜一夜の書』John Payne, *The Book of the Thousand Nights and One Night*, 1882-84 は「ナイト」の最初の完訳だが、五百部のみの限定出版だった。さらにリチャード・F・バートンの逐語的完訳本は予約者のみを対象とした私家版（一八八五〜八八）で、千部限定である。

東方に関する学究的な著述と「ナイト」以外の東方文献の翻訳も、十九世紀後半には急増する。大抵は、訳出すらも著名なアラビストの手によっている。ウィリアム・ライトの一八五二年刊『イブン・ジュバイル旅行記』William Wright, *The Travels of Ibn Jubair* からサー・チャールズ・ジェームズ・ライアルの一九一三年刊『古代アラビアの二詞華集、訳文つき』Sir Charles James Lyall, *Two Ancient Arabic Diwans; with Translation* までの間には、アラビア語、アラビア文学を対象とした英国人の学識を示すきわめて印象的な著作目録が存在する。[2] その成果には、東方の文化についての以前にまさる正確な認識、中東における従来以上に真剣な政治的関心と時を同じくする認識の成長があった。

クリミア戦争では、英仏両国はトルコが自分の帝国を統制でき、西欧列強と共存できるとの確信のもとにトルコを支援した。[3] それによって、インドをめぐるロシアの脅威的存在の険悪の度を減らすことができた。だが二十年ばかりのち、一八七六年にキリスト教徒のセルビア人とブルガリア人がトルコの支配に反乱を起こすと、ロシアはふたたび行動に出る好機到来と見る。これは英国にとっての難題を提起した。蜂起の最中と事後に、相当数のキリスト教徒が虐殺されたためである。グラッドストンは「話にならぬトルコ人」に対する英国人の世論をかきたて、トルコ人を「家財もろとも」欧州から叩き出すことを提唱した。いうまでもなく、プロパガンダの内容は殺害されたみじめなキリスト教徒に集中した。他方、インドに対するロシアの新たな脅威を懸念するディズレーリは、トルコを支持した。一八七五年、ディズレーリは機敏に動いてスエズ運河に対する一定の権益を英国のために確保し終えた。ロスチャイルド家の資金を用いてエジプト副王《ヘディーウ》の債務を弁済する見返りに、エジプトの保有するスエズ運河会社株式を取得したのである。英本国と東洋各地の領土との間にある生命線的十字路の支配を手中に収めたディズレーリは、ついでベルリン会議（一八七八年六月十三日から七月十三日まで）で、トルコのアジア側領土における英国の勢力拡大に執心した。それによって、英国としては地中海からアジア中部とペルシア湾を経てインドにいたる経路をかなりな程度に支配下におくことが見こまれた。こうして密約が結ばれ、ディズレーリはキプロスの占領と行政権の獲得を英国にもたらし、またフランスへの譲歩としては彼らのチュニジア占領に英国としての同意を与える。後者は一八八一年に実行された。

　これと同年、一八八一年にエジプト軍が一大佐ウラービー・パシャ〔第三章第一節訳注四〕の指導で蜂起した。反乱は、トルコの支配とヨーロッパ債権者の統制に抵抗するエジプト人民族運動のおそらくは一部だった。反乱中に五十名のヨーロッパ人が暴徒に殺害され、グラッドストン政権下の英国はエジプト政府を救うため介入する。一八八二年七月、アレクサンドリアは砲撃を受け、九月にはサー・ガーネット・ウルズリーがウラービー軍をテルルケビールの砂漠の営地で圧倒して壊滅させた。一八八三年、グラッドストンはエヴリン・べァリング（のちのクローマー卿）〔第三章第三節訳注一〕を英国代表、総領事——一九〇七年の辞任まで在職——としてエジプトに送りこむ。クローマー卿は、副王《ヘディーウ》に「助言」を呈する立場である。しかしエジプト政府を護るものといえば唯ひとつ英国の支援であり、また「客」として英軍が駐留したため、クローマーの助言は事実上の命令であった。つまりクローマーはエジプトの最高権力者となり、こうして彼は改革という難事に着手する。その政策は国家財政の安定にむけて立案され、彼は緊縮経済の諸施策を実行し、農民に対する高負担の課税を継続した。また、スダーンでマフディー[三]に対する不首尾で金のかかる作戦を続行していたエジプト軍の撤兵を求めた。撤兵実現のためにゴードン将軍[四]が英国から派遣されたものの作業は遅れて、あげくにゴードンは孤立し、一八八五年一月にハルトゥームで狂信的乱衆によって殺害された。中東に対する英国一般民の注目を示す一つの尺度となるのが、グラッドストンもこの災厄に起因する政治的威信の失墜から立ち直れなかったという事実である。しかし一八九六年にエジプト軍の司令官《シルダール》だったサー・ハーバート・キチナー〔第三章第五節一五八頁割注参照〕が対スダーン作戦を開始し、一八九八年にはその優秀な武器がハルトゥーム北方のウンム・ドゥルマーンでマフディーの軍を撃滅する。スダーンは英・エジプトの支配に無条件で服し、ゴードンの復讐は終わったとされた[4]。

リットン・ストレイチー〔ブルームズベリ・グループに属した伝記作者。『卓越したヴィクトリア時代人たち』*Eminent Victorians*, 1918 でゴードンを取りあげた〕以来、人はゴードンを考えるときにその腕に持つ聖書と、その瞳の伝道の煌めきを思い描かずにはいられまい。事実、英国の伝道精神は、十九世紀後半には注意を東方にむけてますます強めつつあった。一九三七年にアレクサンドリアで開かれた近東協議会（Near East Council）の会合は、以下の文言を決議の一部に織りこんでいる。

……本協議会の構成員たるわれわれは、来たるべき直近の数年間に、イスラム教徒を説伏してキリスト教化する努力でささやかながらも成功をおさめるという目標にむけた大胆、広汎な検討を続行し、また神のお力添えのもとにイスラム教徒の心に達する勝利の道を見いだすのに全力をつくすことを決意する。[5]

しかし、努力の不足はなくとも成功の不足は生じうる。近代のプロテスタント伝道活動は十九世紀のすこし前に生まれ、そもそもの発端から中東のイスラム教徒の心を捉えるための努力が払われてきた。この作業を実行する最初の委員会は教会伝道協会（Church Missionary Society）で、一八一五年から一八五〇年まで、通常はマルタに本部を置くその「地中海伝道区」（Mediterranean Mission）を通じて活動した。またスコットランドとアイルランドの長老派信徒は、一八四三年にダマスカスで伝道活動を始めている。「対ユダヤ人ロンドン伝道促進協会」（The London Society for Promoting Missions among the Jews）は、一八二六年という早期にパレスチナで業務を始めたが、困難なその仕事の実質的成果の最初——トルコ帝国で初めてのプロテスタント教会、改宗ユダヤ人のための教育施設、それに病院——が生まれたのは一八四三年から四九年の間であった。エジプトのプロテスタント伝道活動は英国国教会と合同長老教会によって行われたが、後者はエチオピアに赴く途中でエジプトに最初の伝道師を送りこんでいる。一八六一年には、教会伝道協会が、エジプトで活動を始めた。また一八八六年からはアラビア半島のアデン近辺で、翌年亡くなったキース・ファルコナーとともに活動を開始している。

十九世紀後半のトラヴェラーを動かした契機はさまざまであった。伝道上の熱意、冒険心、ロマンの追求、そして学術上の探求が、ヴィクトリア時代の人々を全世界に送り出した。中東におけるこのような旅の話は、サー・オーステン・ヘンリー・レアードの『ニネヴェでの発見』(一八五一) Sir Austen Henry Layard, *Discoveries at Nineveh* といった考古学上の報告からリチャード・バートンの波瀾万丈の叙述に及ぶ。アレグザンダー・ウィリアム・キングレイクは東方旅行を『イオーセン』(一八四四) Alexander William Kinglake, *Eothen* でユーモラスに語ったし、エリオット・ウォーバートンの『新月と十字架』(一八四四) Eliot Warburton, *The Crescent and Cross* はどこか野心満々なわりには印象が薄い。ロバート・カーゾンの『レヴァントの修道院』(一八四九) Robert Curzon, *Monasteries of the Levant* は、古代の手稿探索に赴いた著者の記録である。『ナイル河源発見記』*Journal of the Discovery of the Source of the Nile* は、一八六三年にジョン・ハニング・スピーク John Hanning Speke によって出版された。彼はバートンとともに中央アフリカに分け入りながら、別行動をとってこの世紀における地理的大発見の一つをなしとげた〔後述一二頁参照〕。また、ウィリアム・ギフォード・パルグレイヴ(詩文選集の編者フランシス・パルグレイヴの弟)は、きわめて多彩で問題の多い人物だった。ユダヤ人の祖先をもちながらイエズス会士となり、おそらくはフランス方の密命を帯びてアラビアに入り、『中・東部アラビアで過ごした一年間の旅の物語』William Gifford Palgrave, *Narrative of a Year's Journey through Central and Eastern Arabia*〔部分・自由訳として前嶋信次『アラビアに魅せられた人びと』中公文庫、一九九三〕を一八六五年に出版するとイエズス会から脱退している。その後に現れた中東体験を語ったものには、エドワード・ブラウンの『ペルシア人の中での一年』(一八九三) Edward Browne, *A Year among the Persians*, ガートルード・ベルの『ペルシアの情景』(一八九四) Gertrude Bell, *Persian Pictures*〔田隅恒生訳『ペルシアの情景』法政大学出版局、二〇〇〇〕と『荒野と耕地の間』（一九〇七）*The Desert and the Sown*〔田隅恒生訳『シリア縦断紀行』平凡社・東洋文庫、二巻、一九九四～九五〕、そしてデーヴィッド・ホガースの『レヴァントの放浪学者』（一八九六）David G. Hogarth, *A Wandering Scholar in the Levant* と『ある古代遺物研究者の生涯の出来ごと』（一九一〇）*Accidents of an Antiquary's Life* などをあげることができる。

旅、信仰そして政治が独特の流儀で結びついていたのは、ローレンス・オリファント（一八二九～八八）の一生である。[6] ここで、彼の人生における劇的な場面を振り返っておかねばならない――若くして世俗的には出世したこと。政界での活躍。大人気を博した諷刺小説『ピカディリー』*Picadilly* の出版。世間と、約束されていた華麗な将来を捨てたこと。ニューヨーク州西部の「新しい人生の同胞共同体」で一労働者となってトマス・レイク・ハリス〔幼時に米国に移住した英国生まれの降霊術者、一八二三～一九〇六〕に身を屈して仕えたこと。そして「片割れ結婚」論をとりいれた性的神秘説の予言者として、妻のアリス・ルストラーンジュとともに成長したこと。

オリファントは、東方への関心を一八七八年十二月十日付けの手紙でこう説明している。

> 私が考えている東方計画は以下の通りです。まず、パレスチナ北半分のもっとも肥沃な部分について、トルコ政府の譲許を受けます。〈パレスチナ探査基金〉の最近の調査で、計り知れぬ発展が可能とされているところです。資金は、土地を担保にすればいくらでも調達できます。預言を成就させて世界の終末をもたらすのは自分たちだ、という信念を人々がもっているためです。あとのこと

〔終末観〕を、なぜ彼らが切望しているのかは私には分かりません、ただ、そのおかげで取引上の思惑はしやすくなるわけです。成功を保証するのは、思うに、資金と感情という両要素が一体となったものですから。それは、わが政府にとっても政略の一つとして恰好なものになるにちがいありません、アジア側トルコの改革を進めさせ、スルタンの政府《ポルト》に金を提供し、そしてフランスを、あるいはイタリアまでも巻きこむことによって、ロシア――聖地巡礼者を通じて自国の拠点を手に入れようとしている――に対抗する強力な宗教的手段になろうからです。それはまた、国内では政府に宗教面での大きな支持を得させることでしょう。急進派といえども、宗教的な新しい着想を優先して、政治的なそれは控えるでしょうから[7]。

オリファントは一八七九年の春に英国を去り、ベイルートに直行する。そして集団居住むけの適地を求めて一帯を見てまわり、その旅の模様を計画推進の設計図でもあった『ギレアデの地』*The Land of Gilead*〔ギレアデはヨルダン川東岸地方（旧約創世記三七―二五ほか）〕に叙述した。すると時を移さず、ルーマニアそのほか被迫害地域のユダヤ人から熱烈な反応が寄せられた。一八八〇年に英国に戻った彼は、ハリスの集団とともにカリフォルニアにいた妻との再会をはたし、ただちに二人でエジプトに行くことを計画する。このときの旅の記録は、『ケミの国』*The Land of Khemi*〔ケミはエジプトの古称〕に述べられている。一八八一年の夏、オリファントはカリフォルニアに行き、ハリスと正式に縁を切り、かつてニューヨーク州ブロクトン〔バッファロの西南、エリー湖畔の町〕に購入してハリスに委譲してあった地所を円満に回復した。そうこうするうち、彼の妻は夫を精神病院に収容することについて必要な手続がすでに開始されたとして、彼女の承諾を求める電報を合衆国当局から受けとる。一八八二年の初め、オリファントは英国に帰り、妻がハリスの強力な支配を断ち切って夫の側についていたことを知る。同年、夫妻はパレスチナにユダヤ人を移住させる計画に没頭したが、それが挫折すると二人でハイファに住まいを定めた。

　オリファントは友人たちをブロクトンに招き、ハイファで彼と落ち合うことを求めた。彼の家は、真の人生を営む手段としての性愛という秘教的な概念の実践にあてられたユートピア風のコロニーとなった。オリファント夫妻に浴びせられた不道徳のそしりについては、本当と思うのも思わないのも同じようにむずかしい。ハナ・ホワイトール・スミスが非難するような、個人の霊的片割れとの合一をなしとげるためにアリスが複数のアラブ人と同衾したことが実際にあったか、あるいは、この人生の新しい営み方の共同管理人であるオリファント自身が、かような行為を構想に沿った秘儀の完成と考え、実践していたかどうかは、永久に不明だろう。[8] ただ分かっているのは、ロンドンの自警協会〔「自警」の名目で風俗矯正の役目も務めていた〕には苦情が殺到したこと、そして訴訟提起がもちだされ、やがてオリファントの死で取り下げられたという事実である。[9]

　しかし、彼の伝記作者が述べたように、「こうしたことは、全面的に共感を覚える人だけが口を挟むべき謎である」。いずれにせよ、アラブ世界に与えたオリファントの影響は微々たるものだったようだ。マーガレット・オリファント夫人[五]が伝えるところでは、オリファントの教理に改宗したアラブ人は一人だけで、それもオリファントが自説をアラビア語とヘブライ語に翻訳させ、コーランと旧約聖書からの引用で裏づけるのに非常な苦労をしたにも関わらず、である。オリファントは、どんな宗教にも自分が信奉するような片割れ説が隠微な形で包含されていると信じ、ヒンドゥー教徒と、さらに仏教徒にまでも、彼らの経典、伝承からの多数の引用を加えて自説を紹介しようとしていた。

オリファントは、リチャード・バートン、ウィルフリド・ブラント、そしてチャールズ・ダウティとも一応の交際があった。イザベル・バートン〔リチャードの妻、夫の伝記作者、一八三一〜九六。次章以下で詳述〕は、オリファントがスピーク大尉を説得してナイル河源発見の探検についてバートンの報告に先手を打たせたこと、そして王立地理学協会に出されたその報告がバートンとスピークとの間のいまわしい争論の原因となったことを述べている[六・10]。彼女はまた、問責のためにオリファントと対決したとき、彼は軽率な行為の許しを乞いはしたものの遺恨に満ちた不和を惹き起こした理由を説明できなかった、と語っている。オリファントはパレスチナへの植民計画のことでブラントとも話し合っていて、その好男子ぶりはブラントに強い印象を残した[11]。さらに彼は、『アラビア・デセルタの旅』〔ダウティの部で詳述〕[12]を版元で引きうけられるような形に書きなおそうと提案して、度量のあるところを見せたこともある〔同書の刊行は大冊と独特の擬古文のために四軒もの版元に断られた。第四章第三節原注1参照〕。オリファントの東方に対する皮相な知見には、アラブ世界に対する当時としての宗教、政治面の一般的な関心が内包されていたと思われるが、それにしても類のないものだった。そしてバートン、ブラント、ダウティの体験とは異なり、その知見は、彼の感性に永続的ないしは回帰的な刻印を残さなかったのである。

訳注

一　ニューマン枢機卿―― John Henry Newman, 1801-90. 十九世紀の宗教意識に多大な影響を与えた聖職者、神学者。オクスフォード大学での研究生活を経てトラクタリアニズム（高教会派のいわゆるオクスフォード運動）の指導者となり、一八四五年英国教会よりカトリックに改宗、一八七九年枢機卿。第二章二〇頁参照、また第三章で扱われるブラントの母の改宗もニューマンの感化によるものとされる。

二 『胡麻と百合』――読書論「胡麻――王の宝物庫」と女子教育を論じた「王妃の庭園」の二講述を併せて『胡麻と百合』と題し、一八六五年に刊行した論集。引用は「胡麻」第五〇節から。石田憲次・照山正順訳『胡麻と百合』、岩波文庫、一九三五年。

三 マフディー――一八八一年にメシア思想に基づくマフディー（救世主）を宣言した、北スダーンのドンゴラ生まれで預言者の後裔を称するムハンマド・アフマド（一八四四～一八八五）。イスラムの浄化と異教徒の排除を唱えて教団組織の戦闘的民族運動を指導したがチフスで病没。

四 ゴードン将軍―― Charles George Gordon, 1833-85. クリミア、中国（太平天国の乱を鎮定）などに従軍した軍人、奴隷貿易反対論者、強い信念のキリスト者。のちエジプトのイスマーイール・パシャに仕え、そのスダーン総督。ハルトゥームでマフディー軍の攻撃をうけ戦死した。

五 マーガレット・オリファント・オリファント―― Margaret Oliphant Oliphant, 1828-97. スコットランド生まれの小説家フランシス・オリファントの妻。ローレンス・オリファント夫妻の伝記作者だが血縁者ではない。名にある二つのオリファントは元来のミドルネームと、結婚した従兄フランシス・オリファントの姓との重複。

六 いまわしい論争の原因――一八五九年、三一頁本文のように、二度目のアフリカ探検（ナイル河源探索）の現地で別行動をとりヴィクトリア湖を発見したスピークが、バートンとともにアデンに帰着したとき、帰国途中（通商交渉のためにエルギン卿の特別秘書として中国、日本を訪問）のオリファントと合流。熱病に伏すバートンを残してオリファントと一足先に帰英したスピークは、バートンとの約束に反して探検成果を単独で公表したため、バートンとの間に修復不能の亀裂が生じた。スピークにこの行動をとらせたのが、オリファントだったという。オリファントは二年後におなじくエルギン卿と再度日本を訪問、江戸滞在中に高輪東禅寺事件で負傷している。なおスピークは、バースで開催の英国学術協会一八六四年度総会でバートンとの論争に決着をつける直前、自殺とみられる猟銃事故で死亡。

原　注

1　マーガレット・セシーリア・アナン『ヴィクトリア時代の文学におけるアラビアン・ナイト』Margaret Cecilia Annan, *The Arabian Nights in Victorian Literature*（ノースウェスタン大学博士論文、一九四五年九月）はこの分野の概説。ヴィクトリア時代の読書習慣におけるアラビアン・ナイトの位置については、エイミー・クルーズ『ヴィクトリア時代人とその読書』Amy Cruse, *The Victorians and their Reading*, Boston 1936, pp. 286, 291-92 も参照のこと。十九世紀における英国人によるオリエント説話の模倣の程度と性格の考察としては、前記のミス・アナン論文とマリー・E・ド・メールシュテル『十九世紀英文学に見られるオリエントの影響』Marie E. de Meerster, 'Oriental Influences in the English Literature of the Nineteenth Century,' *Anglistische Forschungen*, Heft 46, 1915, 1-80 を参照のこと。またバイロン・ポーター・スミス『英文学におけるイスラム』Byron Porter Smith, *Islam in English Literature*, Beirut, Lebanon, American Press, 1939 はカーライルのころまでの英国人のムハンマドに対する姿勢の変転を追ったもの。

2　ウィリアム・ライトには『イブン・ジュバイル旅行記』に加えて以下の著作がある。『文典』A *Grammar*, 2 vols., 1859-62 (Caspari のドイツ語本を校訂、補正の上、翻訳したもの)、『アラブ小品集』*Opuscula Arabica*, 1859（ライデン大学図書館所蔵写本の集成）、『ムハッラドのアルカーミル』*The Kamil of Muharrad*, 1892,『カリーラとディムナ』*The Book of Kalilah and Dimnah*, 1883. エドワード・レインには「ナイト」の翻訳のほかに以下の著作がある。『現代エジプト人の風俗習慣詳論』*An Account of the Manners and Customs of the Modern Egyptians*, 2 vols., 1843,『コーラン精選』*Selections from the Kur'an*, 1836,『アラビア語・英語辞典』*An Arabic-English Lexicon*, 5 parts, 1863-74. エドワード・ヘンリー・パーマー Edward Henry Palmer の著作は以下の通り。ペルシア人のスーフィズム的、唯一教的神智学に関する論文『オリエントの神秘思想』*Oriental Mysticism*, 1867, 英国陸地測量局によるシナイ半島調査への同行記録『出エジプト記の砂漠』*The Desert of the Exodus*, 1875, 文法書二点『アラビア語文典』*A Grammar of the Arabic Language*, 1874 および『アラビア語便覧』*The Arabic Manual*, 1881,『コーラン』

The Qur'an, 1880（F・マックス・ミュラー『東方聖典集』F. Max Muller, *The Sacred Books of the East* の第六、九巻として）。サー・チャールズ・ジェームズ・ライアルには前述『二詞華集』以前の著作として下記がある。『主として前イスラム期の古代アラビア訳詩集、解説・注釈つき』*Translations of Ancient Arabic Poetry, chiefly Pre-Islamic with an Introduction and Notes*, 1885,『古代アラビア詩十篇』*Ten Ancient Arabic Poems*, 1894.

3 別記しないかぎり、下述の史実の典拠は以下の通り。エンザー『イングランド一八七〇〜一九一四年』R.C.K. Enzor, *England 1870–1914*, Oxford 1936, pp. 40-53, トレヴェリアン『十九世紀（一七八二〜一九〇一年）英国史』George Macaulay Trevelyan, *British History in the Nineteenth Century (1782–1901)*, New York 1930, pp. 372-88, 416.

4 クローマー伯『現代エジプト論』The Earl of Cromer, *Modern Egypt*, 2 vols., New York 1908, II, 109 に「国家の体面は、希求した自尊心の満足を漫然と挫かれたままにしておくわけにはいかない」という記述がある。

5 ジョン・アバリー『伝道活動概説』John Aberly, *An Outline of Mission*, Philadelphia 1945, p. 212 に引用されたもの。伝道活動に関する下述の事実は同書による。

6 下述の略歴は、別記しないかぎりミセス・マーガレット・オリファント・オリファント『ローレンス・オリファントと妻アリス・オリファントの生涯の回想』Mrs. Margaret Oliphant, *Memoir of the Life of Laurence Oliphant and of Alice Oliphant, his Wife*, 2 vols., London 1891 より引用〔著者については訳注五参照〕。

7 オリファント夫人前掲書II—一七〇に引用されたもの。

8 このような非難は、ストレイチー『宗教的狂熱』Lytton Strachey, *Religious Fanaticism* にあり、ハーバート・シュナイダー、ジョージ・ロートン共著『預言者と巡礼』Herbert W. Schneider and George Lawton, *A Prophet and A Pilgrim*, New York 1942, p. 376 で引用されている。

9 シュナイダー前掲書四一五頁による。

10 イザベル・バートン『大尉サー・リチャード・F・バートン伝』〔以下「伝記」〕Isabel Burton, *The Life of Captain*

Sir Richard F. Burton, 2 vols., London 1893, I, 327-28 & II, 424-25 参照。

11 ウィルフリド・スコーエン・ブラント『英国のエジプト占領秘史』Wilfrid Scawen Blunt, *Secret History of the English Occupation of Egypt, Being a Personal Narrative of Events*, 2nd Edition with special apprendices, London 1907, pp. 80 & 87-88.〔ブラントの部で詳述〕

12 ホウガース『チャールズ・M・ダウティ伝』D. G. Hogarth, *The Life of Charles M. Doughty*, Oxford 1928, p. 12.

II

リチャード・フランシス・バートン——巡礼者《ハッジ》

1 前史

リチャード・フランシス・バートンは、別格のトラヴェラー・探検者として実にはなばなしく歴史に名をとどめているが、その文筆上の地位が大きく依拠するのは、旅と冒険を語るためにみずから著した多数の書冊である。彼の旅行記類はそれ自体がきわめて印象深い一面、不屈の度胸、一人の男としてのヒロイズム、そして十九世紀のすぐれたトラヴェラー・探検者のなかで著者を際立たせるのに充分な、傑出した冒険心に対する見誤るべくもない証言として、より奥深い意義をもっている。

フェアファクス・ダウニーは、バートンの旅を三歳児のときにまで遡らせている。そのころ一家は、父バートンの悩む喘息が和らぐような乾燥地を求めてヨーロッパ大陸を転々とし始めたのだ。その「流浪のキャラバン」は、ひと処に長くは留まらなかった。「波止場にはいつも船が、戸口には四頭だての黄色い家族用の馬車が待っていた。このように一人の探検家が生まれ、かくして永遠の放浪者の呪詛〔カインの受けた罰。創世記四―一二〕ははやばやと実現した」[1]。いうまでもなくダウニーは、バートンの家系が外来的なことの婉曲な表現、つまりイザベル・バートンが夫を「聖化」した「伝記」のなかで差し出した魅惑的な餌を、すばやく摑みとることで彼の生涯をロマンティックに描いたのである[2]。しかし、バートンの血管にはジプシー、もしくはアラブの血の貴重な一滴が流れているとほのめかされて興味をもつかどうかはともかく、バートン一家が早くから流浪を続けた事実が彼の感性を分析する上で大いに意味のあることは認めねばならない。

いまとなっては、幼年時のバートンの環境がその一生に与えた影響について、精神分析で正確、有益な評価をくだすことは不可能だ。けれども、このような幼いときに大陸を体験したことが、バートンを典型的な十九世紀英国人とはかけ離れたものにするのに与った、と見るのに科学的な確証は必要ではない。バートン自身も、悔恨の思いをこめてそれに気づいていた。大学での、また社交面での融和性のなさを弁解し、その原因を、英国のパブリックスクール教育を受けなかったことと、「女家庭教師と私講師のもとで大陸を引きまわされ、フェンシングと外国語を習い、放縦になり、そして教会区であれ国家であれ特定のものにはどこにも属さなかった」ことに帰して、学生のころを語っている。この学校、大学時代の全部が、振り返ってみれば彼には一つのおそろしい悪夢だった。「まるでチャールズ・ディケンズの〈靴墨屋《ブラッキング・ショップ》〉〔小説『オリヴァー・トゥイスト』と『デーヴィッド・カパーフィールド』に描かれたロンドンの靴墨工場。幼年の主人公がその劣悪な条件の作業場で酷使される〕みたいだった」と、バートンは一八七六年に書いている。だが彼の日記を読んでも、そのような比喩はとうていできない。バートンが記すのは、フランスで菓子屋の窓を打ち壊したこと（母親が克己を教えるとして、子供たちにものを見せるだけで与えなかったとき）から、イタリアでは売春宿で騒動を起こすのをけしかけたことまで、若気の悪行による事件につぐ事件である。バートンにとって、オクスフォードの生活が単調、退屈だったのも不思議ではない。

しかも、その退屈すら頻繁に破られていたようだ。バートン夫人が引用した日記は、さまざまな学業外の活動や関心事――ふつうの若者を、三学期間の大学生活に退屈させないには充分すぎる――に触れている。だが、バートンの感性を評価するのに重要なのは、そのような活動や関心の多様さ、あるいはむしろその広がりなのだ。一方の極で目につくのは、飲み会とボクシングへの関心と参加である。彼は、自分の外国風のやり方と「学校、大学へのあからさまな嫌悪」に、「うるさ型《ミセス・グランディ》」が非難を洩らしていたことを簡単に述べている。そのことでは、「気持をこまやかに、やさしく、見た目にも感じよくなるべきだった」。それと並んで、すぐ分かるように語っているのは、ブレイズノウズ〔一五〇九年創立のオクスフォード大学学寮の一つ〕の友人たちと会うのを好んだことで、彼らは「当時、強いビールやエールを飲むので有名だった……とくに、告解火曜日〔四旬節の始まる「灰の水曜日」の前日〕にはふざけて〈不死のカルメン《カルメン・セクラーレ》〉という唄を歌って」。

ただ彼がもっと楽しみにしていたのはオーリエル〔同じく一三二六年創立の学寮〕で、そこでつきあったのはある小さなグループの学生だった。皆、ボクシングに興味があり、ときどき技を教えにやってくる「グッドマンという、もとボクサーで競歩者、いまは仕立屋」に稽古をつけてもらっていた。バートンは、懐旧の思いをこめてそのころの長話をする――「バーク……〈つんぼ〉と呼ばれていた拳闘家」がオクスフォードに姿を見せて「大歓迎をうけたため」、彼はファンを集めて「一発半クラウン〔当時の二シリング六ペンス（＝八分の一ポンド）銀貨〕」で殴らせてくれたほどだった。バートンは、あきれたようにこう述べている――「皆、相手の顔に鉄拳を揮ったが、傷ついたのは自分の拳のほうだった」。だが荒れ放題で喧嘩好きの、あこぎなバートンにも、反対の極に走ることがありえた。たとえば、ニューマン〔第一章訳注一〕の説教には「気持をこまやかに」とはいわずとも「やさしく、見た目に感じよく」なることはできた。ニューマンについては「物腰に独特の穏やかさがあり」、また「はっきりした特徴、声と挙止に重々しい楽調と甘美さがあって、不思議に人を惹きつけた」と受けとめている。

バートンの簡単なスケッチでは、この両極端の感性を考えて得られる印象ほど彼の気質の縮図に迫りうるものはないと思われる。バートンという人物像のほとんどあらゆる面で読者が驚かされるのは、粗暴と柔和がこのように奇妙に混在していることであり、また野卑なるものへの傾倒と「気持をこまやかに、やさしく、見た目にも感じよく」することへの心底から好意的な評価との間の拮抗である。拮抗などといえば良すぎよう。バートンをここまで型破りに仕立てたのは、この二つの傾向がうまく混ざりあわず、そのため一方が他方を変えられなかったことにあると思われるからだ。そしてバートンのオクスフォードでの短い在学時代ほど、彼の行状が型破りだったためしはない。初めてトリニティ・カレッジの門をくぐったとたんに、そのみごとな口髭をあざ笑った学生に決闘を申しこまねばならぬと思ったときから、故意に自分を退学処分に持ちこんだあと、ご法度の直列二輪馬車《タンデム》を駆って傲然と校門を去るまで、バートンは抜群に場違いの存在だった。挑戦に応じなかった学生〔学生間の決闘沙汰は大陸とくにドイツでは普通だが、英国ではすたれていたことにバートンは無知だった〕にむかつく思いがし、自尊心の一かけらもない連中の群におちいった、と彼は感じた。放校の直接の理由は厳禁の競馬へ出かけたことだが、トリニティに来た当初から、彼は大学当局の忍耐をぎりぎりまで試していたのだ。そして一部には桁外れの態度のゆえに、一部にはアフガニスタン戦争の勃発が彼の止むことのない従軍希望を病的興奮にまで追い上げたために、バートンの父親はとうとう息子にインド駐留軍の将校任命辞令——後年バートンの見積もるところでは父が五百ポンド〔一八五一年度の英国総人口約千八百万中、年収二〇〇ポンド以上の公務員は一万九千名、また一八五七年の中流家庭の年間家計が二三〇ポンド（長島伸一『世紀末までの大英帝国』法政大学出版局）〕を費やした辞令——を手に入れてやるのである。

バートンが現地の軍務につくべくインドへ出航したのは、一八四二年六月十八日で、二十一歳のことだった。以来、トリエステに領事として在勤中の一八九〇年に死去するまで、彼は四大陸〔ユーラシア、アフリカ、南・北アメリカ〕の未知の地域を探検し、多大の危険、困苦に直面しつづけ、しかも五十点ばかりの散文と詩を生み出した。バートンの著作目録の示すのは、驚嘆に値する克明な記述による、当期間中の彼の一代記なのだ[一・3]。

アジア協会ボンベイ〔現ムンバイ〕支部の会報に載せられた最初の発表（『ジャータクあるいはベローチク方言の文法』'A Grammar of the Jataki or Belochki Dialect',『ムルタン語文法』'A Grammar of the Multani Language' および『ドーン博士編のパシュトゥ語すなわちアフガン方言の名文集についての批判的所感』'Critical Remarks on Dr. Dorn's Chrestomathy of Pushtu, or the Afghan Dialect' で、いずれも一八四九年度のもの）から一八八五～八八年の「ナイト」の翻訳、注釈の刊行にいたるまで、彼の著作が語るのは、驚異的な言語習得能力〔方言を含めると四十ヶ国語にちかいという〕に裏打ちされた一放浪精神の物語である。一八五一年に出た四点はインドでの体験の成果であり、『メディーナ、メッカ巡礼私記』（一八五五）*Personal Narrative of a Pilgrimage to El-Medinah and Meccah*〔以下「巡礼記」〕は、おそらく彼の旅行文献ジャンルにおける労作中の白眉である。一八五五年から六四年までには、アフリカでの諸体験を述べた六点が公刊された。北米大陸横断で固まったモルモン教徒についての見解は、『聖者たちの町』（一八六一）*The City of Saints* に述べられている。ブラジルで領事を務めたことは、南米各地を旅してまわり、いうまでもないが数点の著作――うち二点は、一八六九年の『ブラジル高地地方』*The Highlands of the Brazil* と一八七〇年の『パラグアイ』*Paraguay* ――を執筆する機会となった。つぎの二年間には、シリアとザンジバルに関する著書と論文が出版されている。『極北の地、アイスランドの一夏』*Ultima Thule: A Summer in Iceland* は一八七五年の刊行であり、インド再訪の旅は一八七七年の『シンド再訪』*Sind Revisited* を生んだ。続く二年間の各年にはアラビアのミディアン地方にある金鉱についての著作を出し、最後に、一八八三年には彼の旅の記録としては掉尾の『黄金を求めて黄金海岸〔現ガーナ〕へ』*To the Gold Coast for Gold* が出版された。

バートンの厖大な著作のうち、とくに目立つ三点がある。旅行文献分野への傑出した寄与としての「巡礼記」。彼のもっとも重要な翻訳、かつ「人類学的」情報の宝庫としての「ナイト」。そして創作の試みとして最上のもの、またおそらくはもっとも自己表白的なものとしての長詩『カシーダ』（一八八〇）*Kasîdah*〔以下「カシーダ」〕。バートンの冒険と旅を好む心と驚くべき言語能力の現れであることに加えて、この三点はアラブ文化にもっとも直接に関わり、また著者の気質をもっとも端的に示すものになっている。本章が取り扱うのは、その気質についてであり、またその気質がアラブ文化の影響をどう受けとめたか、についてである。

訳注

一　著作目録について——本書よりのちに出版されたバートン伝のうち主要な二点について著作数（翻訳を含む）を見れば下記の通り。① Fawn M. Brodie, *The Devil Drives, A Life of Sir Richard Burton*, New York 1967 では合計五十二点八十四冊（二巻以上のものが十九点）② Mary S. Lovell, *A Rage to Live, A Biography of Richard and*

Isabel Burton, London 1998 によれば五十八点九十冊（二巻以上は十九点）。いずれもバートン没後の刊行を含む。

原注

1 フェアファクス・ダウニー『アラビアン・ナイトの冒険家、バートン』Fairfax Downey, *Burton : Arabian Nights Adventurer*, New York 1931, p.12. バートンを題名のように扱うことは大衆受けのするやり方で、彼をアラビアン・ナイトに登場してもいいような人物と描くことをねらっている。記述の大部分をイザベル・バートンの「伝記」（次項参照）に頼りつつ、著者は魅力ある一人物のきわめておもしろく読める伝記をまとめている。

2 イザベル・バートン「伝記」I—二五〇～五。編纂がやや粗雑なこと、またバートンを理想的な夫、また男として描きたいという見上げた思いに駆られすぎたということはあるが、同書はバートンについてのもっとも価値ある情報源である。バートン夫人は未公表分を含めて夫の著作を広範囲に引用し、初めの数章はバートンの書いた自伝的性格のものをすべて採録することにあてられている。英国のローマ・カトリックの家系の一つ（アランデル Arundell）〔ウィルトシア州ウォーダー在の中世以来の名家。ウェスト・サシクス州のもう一つのアランデル Arundel とは別〕の出である夫人は、そのような意図はなかったと強弁するが、夫を少なくとも形だけはカトリックにすることにあまりにも熱心だったようだ。そこに匂わせられている先祖の異国渡来性のなかには、ルイ十四世と低い身分の女との結婚とか、「バートン」とは英国のあるジプシー部族の用いた名だとか、遠い昔のどこかでアラブの血が加わったという単なる憶測とかが入っている。バートンは、小さくてきれいな形の手や足といったアラブの身体的特徴〔血筋のいいアラブは手足が小さいといわれる〕をもっていたのだ。本文で後述する若年時のバートンの扱いは、イザベルによる夫の自伝的述作の採録ならびに彼の日記からの抜粋に基づく。夫人は、その日記を自分の著作に利用したあと破棄した。

3 もっとも完備した著書目録としては、ノーマン・ペンザー『サー・リチャード・フランシス・バートン著作目録、注釈つき』Norman M. Penzer, *An Annotated Bibliography of Sir Richard Francis Burton*, London 1923 を見られたい。バートン夫人「伝記」所載の一覧表は充分に精確でなく、*DNB* XXIII〔オクスフォード版英国人名辞典〕のバートンの項にある目録も完全ではない（訳注一参照）。

2 漂泊の思い

バートンの旅行記の背景をなす時と場所の情況をただ知っているだけでも、彼の漂泊への渇望を強く印象づけられるに足りる。地域によっては、東アフリカのハーラルや中央アフリカの湖水地方でのように、バートンはその地を訪れた最初の白人だった。ほかの場所でも、西北インド（現パキスタン）やメッカ、メディーナでのように最初の西洋人から間をおかずに入りこんでいる。ただ初の白人かどうかは別として、彼はいつも完璧な訪問者だったようだ。インドでは現地人を装ったのがあまりにもうまくいって、家庭内の女部屋からでさえ情報を得られたほどだった。イスラムの聖地巡礼では先行するヨーロッパ人がいたとはいえ、彼はモスレムを装った点では最初であり、それによってイスラムの最深奥の秘儀も知り得たのである。一六〇三年のローマの人ロドヴィコ・バルテーマ、一六八〇年の英国人ジョゼフ・ピッツ、ともに一八一四年のイタリア人ジョヴァンニ・フィナーティとスイスのブルクハルト、彼らのいずれもがバートンほどの成功は収めていない。

しかしバートンが旅と冒険に夢中になったことをより明確に理解しようと思えば、彼自身の叙述に当たらねばならない。適切な評価はその著作を多読することでしか得られないが、下述する引用例を見れば、彼を東方の旅にのめり込ませた要素の最重要の四点と思われるものが明らかになる。

すばらしいと思ったのは、汽船とマフムーディヤ運河沿いのあの屋敷が見せるコントラストだ！　瞠目させられたのは、生活ぶりのプレストからアダージオへの急転だ！　十三日の間に、湿っぽい灰色の霧、ワイト島沖〔イギリス海峡〕での停泊を余儀なくさせたあの産業活動の空気のなかから、輝くばかりの青と紫のもやが老婆の顔のような北アフリカの地形にすら魅力を振りまく地中海の、この上もなく美しい空気をぬけて、いまやわれわれは東方の単調なメロディーに耳を傾け、黙ってじっと座っている。ここちよい夜風が、もの悲しい意味のこもった声とともに、星明かりの大空と群生した樹木の間をさすらうように流れてくる[1]（『巡礼記』I―八～九）。

この、いま見れば浅薄な旅行談手法の背後にひそむ誠実さを理解するには、バートンをうわべだけで知る以上のものが必要かもしれない。インドでの七年におよぶ軍務は、人性のロマンティックな要素が風変わりなもの異国的なものを想像するうちに、えてして作りあげてしまう幻想を払拭するのに大きく役立ったはずだ。だがバートンのロマンティックな性向には通常以上のものがあり、少年時代の感じやすく憂鬱な気質は彼を見捨てなかった。のみならず東方が彼のために用意していたこの特殊な魅惑は、彼が英国に感傷的な情愛を抱いたことがないだけに一層有効に作用した。したがって、前記の叙述にある天候や生活テンポにすら感じとったはげしい対照の妙も、単なる変化のもたらす気分の高揚で引きおこされたものではない。すでに東洋との接触を経験しているバートンにとっては、この出会いは共感的な気質同士の再会という性格のものだった。典型的な恋人のように、バートンは自分にもっとも貴重な魅惑を愛する相手に帰せしめたのである。

しかし東方は、同時に刺激をも意味していた。

孤独な旅人にとって、荒れ野［砂漠］には、喜望峰の両大洋にもアルプスの氷河にも、さらにはなだらかに起伏する大草原にもないおもしろさがある――つまり途切れることのない刺激が精神におよぼす影響であって、その力を鼓舞して限度にまで高めるのだ。上を仰ぐと、一点の汚れもない美しさがおそろしいばかりの空と、無情な、目もくらむ日光のぎらつく壮麗のなかに、毒風《サムン》〔熱風をいう〕が火の息を吐くライオンのように人を愛撫する。まわりを見れば、あるのは風が一吹きごとにしっかりと波状の痕跡を残す漂積した砂の山、表面を剝ぎとられた岩、山脈の骸骨そのもの、そして固い、一様に拡がる平原。そこに馬を進める者は、皮の水袋が破れるか、駱駝《らくだ》の蹄に棘が刺さりでもすれば確実に死か、拷問のような苦しみが待っているという思いに駆られる――野獣、あるいはそれ以上に粗暴な人間がはびこる凶悪な土地――泉ですら「飲んで立ち去れ！」という警告をささやくようなところ。これにまさる刺激的な場所があろうか？　これ以上に荘厳なものは？　人の心は、取るに足りぬおのれの力量を大自然の力で測ってみよう、そして自然の試練にうち勝ち意気揚々と引き上げようという思いに胸の奥で高鳴る。これで、アラブの諺の意味が読める――「船旅とは勝つということ」。だが砂漠のなかには、大海中どころでないたちどころの死がある。辛苦が、海賊の来襲が、ペルシア人が「死はお祭」というときの仲間うちなどではない、孤独な難船がある――そしてこの、一刻も去ることのない危機感が、旅の場面を本来はそれ自体のものでない興趣で包んでくれる（「巡礼記」I―一四八～九）。

ここでもまた、著者の性格との関連でその文章を検討せねばなるまい。彼には、いうところの対照を、実体験を通じて実証する機会があった。殴り合いからフェンシングまで、私闘にはいつも夢中になった。アメリカの大平原でインディアンと対決し、アラブに襲われて打ちのめされ、ソマリア人からは重傷を負わされている。紅海では難破の危機に瀕したし、東アフリカ、中央アフリカでは病苦と不断の危難に耐えた。しかも、刺激はもう充分だということには決してならない。刺激が、ますます生気を覚えさせたからだ。

そして彼は、「ただの動物的生存」からも強いよろこびを引き出す。

> 口は火照り、皮膚は干からびる。それでもなお、気だるさは感じない。そんなものは蒸し暑さからくる。肺は楽に、目はよくなり、記憶力はかつての調子をとり戻し、気分ははればれとしてくる。空想力、想像力が力強く目覚め、まわりの情景の荒廃と壮大があふれるばかりの気力をかき立てる――骨の折れる仕事、危険に対してであれ、あるいは揉めごとに対してであれ。意欲《モラール》が高まる。率直になり真心がこもり、相手にあたたかく、ひたむきな気持になる。偽善的な礼節や文明の奴隷であることは、町に置き去りだ。感覚は研ぎすまされ、空気と鍛錬以外の刺激剤は必要としない――砂漠では、アルコール飲料は嫌悪を催すのみ。ただの動物的生存であることに、強烈なよろこびがある（「巡礼記」I―一四九～五〇）。

このような文章が強い印象を与えるのは、バートンの気質に両極端があることを示すところが若いころの体験に似ているためだ。彼は、共感的想像力と肉体的感覚の両方から、ほとんど均等に満足のゆく経験を引き出すことができたのである。

検証すべき最後の要素は、もっぱらその強度のゆえに注目に値する。物ごとをなし遂げたことからくる誇り自体は、誰にも通有のものだからだ。多大の苦難を経て、バートンがようやくメッカでイスラム聖地中の聖地に到達したとき、彼は恍惚感にひたった。

ついにそれが、長く苦しかったわが巡礼行の目的物が、長年の計画と願望を現実のものにしてそこに横たわっていた。幻想という蜃気楼のような媒体が、巨大な棺台《カタファルク》と陰気な通路を独特の魅力で包んでいる。エジプトのように黴臭い古物の大きな破片が、ギリシアやイタリアのように優雅で階調ある美しいものの残存が、またインドの建築物のように野蛮な華美があるわけではない。それでいてその光景は奇妙で、類がない――そして、この有名な神殿を目の前に見ることのできた人のなんと少ないことか！　私は、心の底から言いたい――むせび泣きつつこの垂れ幕にしがみついている、あるいは高鳴る心臓を岩に押しつけている参詣者すべてのなかには、たとえ一瞬でも北のはてからやってきた巡礼者《ハッジ》ほど深い感動を覚えたものはいなかった、と。あたかもアラブの伝承詩のいうとおりに、かぐわしい朝風ではない、天使たちのはばたく翼が、神殿の黒い被いを煽り、膨らませているようだった。けれども本当のところを言わせてもらうと、ほかの人のは宗教的熱情のほとばしる高揚した気持であり、私のは自尊心が満たされた恍惚感だった（「巡礼記」I―一六〇〜一）。

東方の憂愁と神秘への心情的な傾倒、冒険の引きおこす興奮、動物的生存の強いよろこびという刺激、なし遂げたことへの誇りの意識、これらがバートンを旅に駆りたてた動機の主要ないくつかである。やがて行動の日々が過ぎ去ったとき、追想が、より一層魅力的な香気を体験に添えることになる。このゆえにバートンは、「ナイト」の序言で自分の翻訳を「好きでやる難行〔新約・テサロニケ人への前の書一―三、ヘブル人への書六―一〇にいう「愛の労苦」〕、尽きることのない慰藉と満足の源泉」と呼ぶ。訳業は、悪鬼《ジン》のように彼を自分の過去へ、そして「私の偏愛の地アラビア、初めて目にしたときですら遠い昔の転生かなにかの追憶かと思われたほど、私の心にとって身近な土地[2]」へと連れていったからだ。

しかし、スタンリー・レイン＝プールが「巡礼記」の解説で指摘したように、「バートンの場合、探検家の情熱が放浪者の落ち着きのなさと足並みを揃え《パリ・パッス》ていたことを念頭にとどめておくべきだ。流浪を、彼は続けねばならない、だが彼は好きこのんで人跡未踏の地を流浪しようとし、それによって彼の冒険心を地理学の進歩に貢献させた」。事実、バートンの旅のほとんどは地理学、考古学、鉱物学そして関連諸科学への最新の関心によって可能となったのである。たとえば「巡礼記」の中身であるアラビアの旅は王立地理学協会の資金で行われたし、一方インド政庁は、彼がアラビア語の学習をもっとも適したところで続けられるように、一年間の軍務の休暇を与えている。ソマリアの旅とハーラルへの派遣は東インド会社からの給与、経費そして装備（保護は対象外）の支給で可能となったもので、地理学上ならびに通商上の目的という動機がある。中央アフリカ湖水地帯の旅もまた、王立地理学協会の賛助のもとで行われた。その旅は、ナイル川の水源、ヴィクトリア湖の発見（残念ながらバートン自身によってではないが）〔第一章訳注六〕に結実した。さらに『ミディアンの金鉱』と『ミディアン再訪』は地理学、民族学、考古学、動物学、植物学、地質学のデータを満載していて、彼の学界へのより直接的な寄与、つまり地理学、人類学関係の諸雑誌に掲載された多数の論文とほとんど同等に扱いうるのである。

訳注

一 ソマリア人からは……――一八五五年、ハーラル（現エチオピア東部）潜入のあとソマリアのベルベラで二、三百人の現地民に襲われ、鏃《やじり》つきの長大な投げ槍が左頬から右上顎に貫通。体の平衡を失う重みに耐えつつ現地を逃れ、ベースに辿りついてから抜いたが、左頬の傷痕は一生残った。

原注

1 イザベル・バートン編スタンリー・レイン＝プール解説、リチャード・バートン『メディーナ、メッカ巡礼私記』（一九〇七）上下二巻（ただし原本は一八五五～五六年刊の三巻本）〔以下「巡礼記」〕Captain Sir Richard F. Burton, *Personal Narrative of a Pilgrimage to Al-Madinah & Meccah*, edited by his wife Isabel Burton, with an Introduction by Stanley Lane-Poole, 2 vols., London 1907.

2 バートン『アラビアの夜ごとのもてなしの平明なる逐語訳。このたび千夜一夜の書と題し、解説、イスラム教徒の風俗習慣に関する説明的注釈ならびに夜話の由来についての巻末論文を付す（購読予約者のみに「バートン・クラブ」より印行［発行日付なし］）』（全一〇巻）I—vii-ix〔翻訳者序言〕。Richard F. Burton, *A Plain And Literal Translation Of The Arabian Nights' Entertainments Now Entitled The Book Of The Thousand Nights And A Night With Introduction Explanatory Notes On The Manners And Customs Of Moslem Men And A Terminal Essay Upon The History Of The Nights*, 10 vols., (printed by The Burton Club For Private Subscribers Only, [N.D.]), I, vii-ix. 初刊本は一八八五年から八八年にかけて刊行。本書で「ナイト」を参照するときは、一九〇〇～一〇年の

間に印刷され、発行日付の記載のない復刻版による。

3　大英帝国のバートン

バートンの、旅と、東方の諸言語や習慣をものにする才能がもてはやされたあまり、彼が英国人であることには本来あるべき意味が与えられていない。しかし、旅と冒険に取り憑かれたことにつぐ、バートンの感性のおそらくもっとも明白な発現は、その強烈な愛国心である。モスレムは愛国心を信仰の一部と考える、とバートンが説明する[一]（「ナイト」II—一八三）のを見ると、その言を彼自身に適用したくなる。つまり、バートンは言葉の通常の表面的な意味でとくに信仰心のある人ではなかったけれども、彼が生を営んだ指導概念の核には、モスレムの習慣的な信仰とおなじく自分の生国に対するゆるぎない献身がこもっていたのだ。もっとも、その愛国心は別種のものだった。アラビア語（「フッブル・ワタン[二]」）の場合は、あたたかい感じの、情緒的に惹きつけられることを意味するからで、バートンには見られないものである。彼にとっては、英国人であることの誇りは穏やかな尊大となって現れた。そして「インド軍バートン大尉」に求められたこの誇り高い愛国心は、大英帝国主義を忠実に支持することの核心だった。

アン・トレニアは読者に、バートンが「東方でその国籍をうやむやにし、キリスト教を捨て去った」と信じさせたかったようだ。[1]当面、バートンが「キリスト教を捨て去った」という告発はさておき、ここでは国籍を消滅させたほうの問題を取りあげよう。トレニア女史は、非難の根拠をバートンが「巡礼記」で述べた体験の情況に求めている。バートンはメッカ、メディーナへの巡礼を果たし、現地の宗教儀式のすべてに参加しただけでなく、それを、自分がモスレムでないことを露見させずに——露見すれば、命はなかった筈——なし遂げた。たぶん、さらに驚くべきことは、自他ともに認めるイスラム神学者たちの前で、イスラムの教義についてのきびしい考査に合格した点である。このような情況証拠は、バートンが最高クラスのアラビストだったことを示している。彼は、アラビア語以外にも東方の諸言語のほとんどと、それぞれの多岐にわたる方言の多くに通じていた。現地人の衣服と習癖を身につけることができ、モスレムのなかでその一人として通用した。さらに、自分の冒険を述べるにあたって彼らの特異性、迷信、慣行を論じ、アラブが奇癖の奴隷でないのは世界中の彼らの同胞と変わらない、と結論づけることができた。これらの事実が、アフマド・アブドゥラーをしてバートンこそ「アラブの謎」を解いた唯一の西洋人だと言わしめたのである。[2] おなじことがアン・トレニアには、バートンは「国籍をうやむやに」したとまで言わせたのだ。ところで、二人の見方はいずれも事実に基づいていて、ひとしく実証が可能である。これは、異なる主張をもち、それに応じて同一の現象——バートンが、まるで自身もその一員であるかのようにアラブを理解したこと——に、別個のラベルを貼る人たちの一例なのだ。それはアブドゥラーの目には殊勝なことと見え、トレニア女史には見下げはてたことと映ったのである。

巡礼を偽装し、なかんずくイスラムの宗教儀式をすべて履行したことで起こった論議に、バートンは侮蔑をこめて応じている——「私は、一人の人間とその良心との問題に口出しする権利を誰に対しても認めない」(「巡礼記」I—xxv)と彼は言い放つ。スタンリー・レイン＝プールは、バートンが改宗者としてではなく、生まれながらのモスレムを偽装することにした決意に慎重な目をむけて言う――「彼は生まれつきの信者として振る舞うつもりだった。おなじ瞞着でもより本格的な、より根本的なものに道徳上の優位を認めていたようだ。決疑論者《カジュイスト》にとっては、微小な差異が気持をそそる問題となる」。しかし、レイン＝プールは「たぶん彼には、これが彼自身のほか誰にも関係のないことと言い張る権利があろう」と認めて結論とし、さらにこう主張する――「偽装したことで、かかえた課題の難しさが何倍にも大きくなったことには……疑問の余地はない。新規改宗者なら、しきたりや儀礼や言葉などを理由に見逃してもらえることが多々あるだろう。だが生え抜きのモスレムには、そのような逃げ口上はありえない」。むろん、バートンが生まれながらのアラブ・モスレムとして通用したとは信じず、イスラムに改宗した英国人と見られたにちがいないとする人たちもいた。[3] 聞き知ったバートンが鼻であしらった話が出まわる、ということすらあった――彼が型どおりでない姿勢で自然の要求の始末をしていた〔中東では一般的に男性でもしゃがんで用を足す〕のを見た男を殺さねばならぬと思った、というのだ。

本心がどうあれ、また偽装が完全に成功したかどうかはともかく、バートンは自分のアラブ理解の立証にむけた、もっともらしく聞こえる見解を述べつづけた。たとえば、彼は東方では諺を適切に用いることがいかに重要かを理解していた。[4] 実例をあげて、「神経質で激しやすく、ヒステリックな」アラブの気質を実に適切に描写することができ、[5] またアラブの性質の情愛深いところを認めることもできた。[6] 彼らの言語と哲学的な物の見方についての深い造詣によって、モスレムには感謝という観念がないというヨーロッパ人の非難に対して彼らを弁護し得た。[7] 彼は、真のアラブ的パトスの例となるような出来ごとを本能的に見分け、それに共感した。[8] 東方を旅する人の多くとおなじく、バートンも定住アラブよりはベドウィンに惹かれていた。そして彼らの生き方が自由で単純で、「気取りや気詰まりや当惑」といった「文明化した生長を見せる雑草」（『巡礼記』II—八五）がはびこっていないと知る。バートンは、はしなくも知識の不充分さがかいま見えるこのような大雑把な一般化をしばしば行ったが、同時に差別意識も充分にあって、「慈悲という資質」をもつ高貴なアラブと、「駱駝のように恨みを忘れず、執念深くて」信頼するに足りない卑しいアラブとを区別していた（「ナイト」III—八八）（「ウマル・ビヌンヌウマーン王と息子たち、シャッルカーンとダウールマカーンの物語」第一四〇夜）。また町の住人はおもしろくないと言いつつ、それでもなおメッカの人は著しく「道理を受け入れる」性格だと指摘し得た（『巡礼記』II—一三六）。そのほか無数の発言は、彼が東方の生き方を客観視できる観察者であったことを示している。

しかしバートンは、実に頻繁に自分の所見と哲学的説明を繋ぎ合わせたが、物を言うのはそのような哲学的一般化であった。彼が、砂漠のアラブの剛勇さを一般化するのを見られたい。

ベドウィンの剛勇ぶりは気まぐれで、あてにならない。人間とは本来野獣であって、複雑な社会関係で訓練されてはいても容易にかつての習慣に戻ってしまう。砂漠では貪欲で残忍な性向がすみやかに育つのだが、おなじ理由で文明の無謀なことはそこでは知られていない。未開人、半野蛮人がつねに用心深いのは、貴重品はなにも持たないが命と五体だけは別だからだ。対する文明人には無数の欲しいもの、望み、狙いがあり、それなくしては生存は魅力を失う。勇敢についてのアラブの観念は、いい印象を持たせるものではない。彼らの夢と冒険の物語は無鉄砲な離れわざやありえないような偉業に満ちていて、一時は人を惹きつけようが、ほんとうに闘争的な民族の模範となるような作品ではありえない（「巡礼記」II―八七）。

このような文章で、バートンは客観的、ないしは「科学的」であろうとする試みを通じて、みずからをあらわに見せている。たとえばここでは、人類の起源について十九世紀に行われた論争における自分の基本的な立場を明示する。野蛮人、半開化の民族が「用心深い」といわれることの理由にあげるのは、仮説としての、あるいはもっともらしく説明された一般化で彼が用いるものの好例である。そして最後に述べられた比較は、バートンが自分の国籍に抱く自尊心に触れるものだ。彼が英国を、当面はあまり使われないので錆びついている言葉だが「ほんとうに闘争的な民族」の国とみなしていることに疑いはない。[9] また彼が、メディーナの住民の特徴は高慢、怠惰、肉体労働の忌避と述べ、さらに進んで産業中心の考え方の成長を騎士道の衰退に結びつけて語るとき、彼の気質のあるものが明らかになってくる。彼はアラブの労働忌避に賛同するが、それは「砂漠における行動の自由に比べると、手仕事は精神的にも肉体的にも現実に下位に置かれ」、「織機や鑢《やすり》には、刀槍の場合のような礼式とか士道を保持する力はない」ためだった。無礼だからといって命までとられる心配はないとなれば人は無礼になる、というわけだ。拳銃をもつことでカリフォルニアのならず者すら礼儀を弁えるようになったし、また「紳士が誰でも決闘用長剣《レイピア》を帯びていたころには最高に洗練されていたヨーロッパの諸国民も、文明が武器を取りあげてからは最低に不作法になってしまった」のは明白、とバートンは考えるのである（「巡礼記」II―一〇）。

バートンのアラブに対する好意的な理解は、ヨーロッパの騎士道の起源と伝統についての頻繁な相互参照からも見てとれる。彼の述べるのは、アラブがボッカッチョの描くイタリア人やホメロスの英雄なみに何かといえば涙を催すことである（「ナイト」I―六八）〔「漁師と魔神の物語」第七夜〕。「アラブ史の古代から、アラブが騎士道のもっとも野生の形である武者修行に出ていたことが分かっている」（「巡礼記」II―九五）と彼は言う。そして「〈無明の時代〉[三]には、〈とり憑く〉という形で人を襲うような恋情にさいなまれると、長年にわたって歎息し、むせび泣き、さすらいつつ、強情な女の気持ちを和らげるのに極端に猛々しい行動に出るのがベドウィンのならわしだった」（「巡礼記」II―九六）と説明する。こういったことすべてが、彼のいうアラブのなかの詩的な素質[10]とプラトン的愛[11]と結びついて彼を誘惑し、「恋愛感情」の源泉をアラブの影響に求める気にさせたのだ。そして彼は、「人類の最上階層にあっては性衝動には情操によって、習癖には想像力によって、精神的な意味を与えるのが普通だということが明らかでなかったならば」、この誘惑に屈したかもしれない。恋愛感情の源泉が中世キリスト教の影響にあるとする人たちは、「〈〔初期キリスト教の〕教父たち〉のなかには女性に心があると信じなかった人もいた」ことを忘れているらしい。けれどもモスレムは「そこまで考えたことはない」（「巡礼記」II―九二）と彼は断言する。

最後に、バートンはみずから翻訳不可能というアラブの「カーイフ」[四]を語って、東方の人生に魅せられたことをはからずも明らかにしている。

そして、これがアラブの「カーイフ」だ。動物的生存の香りづけ――まったくの感じだけのものを受け身に享楽すること――ヨーロッパの、活気に満ち、徹底的、情熱的な人生の代わりをアジアでつとめている心地よいけだるさ、夢のなかのような静穏、空中楼閣のごとき幻想をもてあそぶこと

――。それは陽気で、感じやすく、激しやすい性格の、そして繊細な感受性をもつ神経の産物だ。北方の諸国では無縁の、満ち足りた思いが容易に得られることのあかしである。北方とは、精神力、肉体力を行使することに幸せがあるとするところ、「人生とはきびしいもの Ernst ist das Leben.」であるところ、吝嗇な地球が絶え間なく額に汗することを命じ、そして湿気を含んだ冷たい空気が止むことのない興奮を、鍛錬を、もしくは変革を、もしくは冒険を、もしくは放蕩を、ほかにましなものがないために求めるところのことだ。東方では、人が欲するのは休息と日蔭のほかにはない。泡立って流れる小川の岸で、あるいはいい香りのする樹木の涼しいかげで、水煙管をふかし、または一杯のコーヒーをすすりシャーベットのグラスを傾け、ただ心身を乱すことは最少にとどめることを何よりも気にかけて、人は申し分のない幸せにひたる。面倒な会話、おもしろくない記憶、そして空しい考えなどは彼のカーイフにとってもっとも不快な妨げとなる。「カーイフ」がわれわれの母国の言葉に翻訳できないのは無理もない（「巡礼記」I―九）。

こうしたことはバートンのロマンティックな一面で、アラビアこそ彼の偏愛の地であったことを思わせる。しかし彼は、アラブの特質を叙するにおいてすら、帝国の一英人であった。バートンの愛国感情を示すものとして後述のような二つの姿勢を比較検討するにあたり、一見して重要と思われるのは、「巡礼記」が彼の旅の記録のなかで最初に成功を収めたもの、「ナイト」が彼の最後の大作である事実を念頭におくことであろう。

「巡礼記」（II―一一八）のなかで、彼は「アラブのほとんど絶対的な自立心」を北米インディアンのそれと対比し、到達度の高い点でアラブが民族としてより高貴であると結論づけて、大いに称揚している。ところが「ナイト」（X―六七）〔「巻末論文」（本節原注10末尾の訳注参照）の最後の部分（アラブについての総括）〕では、「支配者に対する反乱をつねに連想させる、不穏で放縦な自立心」をもつにしては型にはまった因襲の奴隷であるアラブの「鈍感な本能的保守性」を、はげしく批判している。「自立心」という同一の資質を、「巡礼記」のバートンはロマン視し、「ナイト」のバートンは罵倒する。もっとも〔両者の間に経過した〕時間の要素は重要ではない、バートンが「巡礼記」の姿勢から「ナイト」のそれへと成長したわけではないからだ。むしろ二つの姿勢はつねに存在し、つねにある緊張状態を作り出していたのである。アラブの自立心は大体において、そしてトルコの中東支配への反抗世論をそれが喚起するときはとくに、賞賛の的となる。だがそれも英国の優位と支配に服すべきものとしてであって、でなければ自立心として高貴どころの話ではない。

　バートンの帝国主義的愛国心は、アブドゥラーとトレニアがともに見落としていたものだ。この特質を認識すれば、バートンをアブドゥラーの場合はその褒めあげぶりを割り引き、トレニアの場合はその咎めぶりを割り引いて、二人を共通の面会場所に来させるのに役立つことだろう。

　バートンは、日記（「伝記」I―一六～一七）でこう言っている――「私はいつも‘Omne《オムネ》 solum《ソルム》 forti《フォルティ》 patria《パトリア》’というラテン格言、訳せば〈強者にとりては全地これ祖国なり〉だが、それを旨として行動した」。もっともこの高尚な感慨は、達成されたのではなく目標にとどまったらしく、またそれ自体の意味よりも自尊心をくすぐる面がありがたかったようだ。というのは、バートンは同じ日記のなかで、人は母国を代表するのでなければ世俗の仕事で成功はできないと、さらに力をこめて主張しているからだ。彼は、英国の社会――きわめてこみ入っていて、公職で身を立てるなら「ごく幼いときからそれに慣らされて」いなければならぬところ――を理解し、あるいはそれに理解される機会がなかったことに愚痴をこぼしている。また何よりも重要なことは「どこかの教会区に属していることが決定的に有利だ。戦争で勝ったとか中央アフリカを探検したとかいうときに、大世界のどこかの片隅で歓迎してもらえるのは大したことなのだ」、このような絆がなければ人は無宿者にすぎず、「焦点を欠いた閃光」(「伝記」I―三二)だからだ、と言う。

つまり、バートンは母国に感傷的な愛着を抱いていたというにひとしいが、ここですらその愛着は人に認められること、自尊心の満足を求めることと結びついている。だがこの限定的祖国愛にも、批判が混じっていないわけではない。総じて、バートンには強力な中央集権を好む傾向があった。彼はおよそ場違いなところでこの選好をはっきりと断言している。たとえば「ナイト」翻訳の第九巻「ウィルド・ハーン王と女たち、大臣たちの物語」だが、その一部はつぎのようになっている。

> こうしてアッラーは彼女たちに零落というこの世での報いを与えられ、あの世での責め苦を覚悟させておやりになったのです。しかも女たちはあの陰気で不快なところに住み続けるしかなく、また毎日だれかが亡くなり、つには最後の一人まですべて死に絶えてしまいました(IX―一三四)(「ウィルド・ハーン王と女たち、大臣たちの物語」の最後部分。第九三〇夜)。

この一節の脚注で、バートンはこう述べる――王が妻たちに課したこの罰は血も涙もないようだが、東方人が王の神政と、神の現世における副摂政たる王の立場を、「要するに、西洋では繁栄中の大共和国の多くで急速に、そして英国でどこよりも速く時代遅れになりつつある、忠誠という古来の教えを」信じていることを忘れてはならない、と。

それだけ見れば、この評言は不明瞭かもしれない。だがほかの例をともに考えれば、バートンの論旨に誤解の余地はない。たとえば「ナイト」の別の脚注（VI―二〇六）〔「白檀商人と詐欺師」第六〇四夜〕で彼は、オリエント史を一貫して、政治の形は暗殺で過酷さが調節される専制だったとし、「どんな支配のもとでも、人が社会的にほかよりも自由で、その境遇が苛烈な社会的暴政――民主制ないしは立憲制のあらゆる態様の特徴で、換言すれば政治的平等――と予想外の対照を示すことなどはない」と説く。あるいはもう一つの脚注（「ナイト」IX―九四）〔「愚かな漁師の物語」第九一八夜〕にいわく、「民衆の明示され、まとまった意思であれば唯一絶対の法律となる専制である民主制の、事実どおりの一例」。「巡礼記」を執筆のころという早い時期にも、バートンはこれとおなじ政治的選好を見せたことがある。聖地でのトルコの支配が崩壊に近づいていると見て、きたるべきその事態をトルコ式官僚主義、「タンジマート」[五]、ヨーロッパの愚行のもっとも愚劣な模倣」（I―二五八～五九）に帰したのである。

バートンは、大英帝国主義の擁護においてはより一層率直であった。「第一歩」〔本節原注9参照〕の初版（一八五六年）の序文で、彼はつぎのように言う。

> 「平和は賢者の夢であり戦争は人類の歴史である」と現代の一哲人が言っている。このような夢にふけるとは、賢者といってもいかがわしい部類にすぎない。ポルトガル人にノン岬からマカオにいたる海岸線を手に入れさせたのは、「和平政策」ではなかった。過去の一時期、オットマン・トル

コ人が無敵の腕をタタールの砂漠からアデンへ、デリーへ、アルジェへ、そしてウィーンの城門まで伸ばしたのも和平政策によってではない。ロシア人に黒海の、バルト海の、そしてカスピ海の岸辺に根を下ろさせ、しかも一五〇年の間に英国とフランスを合わせたよりも広い地域を獲得させて、戦争〔クリミア戦争〕があったにもかかわらずいまも保有させているのも和平政策ではなかった。和平政策では、地中海がガリアのどこかの湖のなかへ消えてしまうのも必至と思われるほど、フランス人に北アフリカ諸地域を片端から併合させるのは無理だった。一世代前の英国人は、東西両半球に確たる地歩を築いたことで名を挙げたが、その広大な領土を得たのも和平政策によってではない。ところがそれは、このわれわれの時代になって、はっきりした再度の局面で「大英帝国の宝石」——インドを失わせかけたのである。博愛主義者や経済学者は、「領土拡張」反対を叫ぶことで、こぢんまりした国境領域の論を唱えることで、植民地の放棄で、そして「平衡《エクイリブリアム》」を養うことで、世界の大国中におけるわが国の地位を保持しようとおろかにも期待しているようだ。とんでもない！歴史的事実が示すことで、これほど疑問の余地もないことはない——一民族は、進歩するか退歩するか、拡大するか縮小するかだ。「時」の子らは、その父とおなじく、静止することはありえない。

おなじ序文のなかで、バートンはアフリカ探検をさらに進めることを英国人の民族の誇りに訴えて唱道している。最初の試みでソマリア人は英国の意図を知っており、それを実行しないようでは非常な威信失墜を招く、と彼は言う。初めての企てで人命を失ったことが[六]、さらなる探検に対する障害であってはならず、必要なのは現地民の敬意を得るために下手人を適切に処罰することだとする。彼が求めるのは再度の機会を与えられることだけであり、「活力と進取の気性と堅忍不抜の精神によって、一商人社会の地位から国富の豊かさと帝国の壮麗を誇るまでに向上した国の政府が拒むことはないはずの寛容」であった。そして日記（「伝記」I―一一三～六）では、バートンは英国の植民地帝国主義に同調しない者に仮借ない非難を浴びせている。リチャード・コブデン〔自由貿易、政府の干渉縮小を唱えたエコノミスト、富裕な綿業者。一八〇四～六五〕は、「英国の中流階級大衆のもつ弱さのほとんどと、偏見のすべてを体現していることが主たる強みになっている、もっとも一方に片寄った人物の一人」として目のかたきにされた。コブデンが、インド政庁を軍中心で独裁的とし、それが取得したものは無分別な暴力と欺瞞の結果であり、英本国に対するインドの財政的価値も大したことはない、とみなしたためである。またコブデンは、一億のアジア人を英国が統治するのは不可能と考えたことでとくに攻撃された。彼は隠れもない「職業的改革家」で、アジア人はアジア人に統治されるべしなどというその信念は、「本格的自由貿易主義者のたわごと」だというわけだ。この卑劣漢は、自分の発言がインド在住の白人に受けとめられたときの嘲笑を聞けば、雷に打たれる思いがするにちがいない。むろん彼には、「一少尉ですら、自分だけで百万のヒンドゥー教徒を完璧に統治できる、と思っていないような者は第一八ボンベイ現地歩兵連隊[七]にはただの一人もいない」ことなど、分かるはずがない。英国人にとって必要なのは、植民地統治に手を出さなすぎるのをやめること、支配者たる地位につくこと、'Sic volo, sic jubeo, sit pro ratione voluntas'《シーク・ウォロ、シーク・ユベオ、シト・プロ・ラティオーネ・ウォルンタス》[八] と宣言すること、がすべてである。ところが「〈役員会〉[九] による統治は名誉の支配ではなく、すでに〈威信などくそ食らえ〉というい まわしい教義が説かれていたのだ」。

威信がなによりも重要なのは、いうまでもない。「巡礼記」（II―二三一、二六八）を執筆した時点で、バートンは中東の中枢部を英国が占領することの必要を予測している――「政治的必要――苛烈きわまる*’Ανάγκη*〔アナンケー＝運命の必然〕にほかならぬ！――のために、われわれがイスラムの源泉を抑えざるをえなくなる日を予見するには、予言者の視力を要しない」。英国は無慈悲にもバートンを真の予言者に仕上げなかったものの、「ナイト」翻訳のころには少なくともエジプトを支配していたのに、バートンはまたも英国の威信のなさを嘆いている。翻訳自体も、彼は非公式ながら「難局に際している」母国に献呈した†。彼は、従来ヒンドゥーおよびサンスクリットの文献が重視されすぎていたために、「いかなる異教徒よりも有力な種族」であるモスレムへの対処に有益な「セム族関連の」研究から、英国人を遠ざけてしまったことを遺憾とした。英国は、自国が世界最大のイスラム帝国であることを忘れてはならず、したがってアラブ研究を怠ることに終止符を打たねばならない。アラブの文化、習俗についての無知ゆえに英国のモスレム地域の支配は恥さらしとなり、英国には東方の人々から、そしてまたヨーロッパ人からさえ軽侮の眼が向けられている。そしてバートンにせよ、「ほかの多数の人」にせよ、「こういった素朴な長所の数々、いまあるような英国をつくりあげたあの気風、気分にまで英国を戻すことはむずかしいとしても」、自分たちはアラブ世界の知識を通じて少なくとも「祖国がつねに接触している東方諸民族についての無知を払拭する手だて」は提供できよう、という（「ナイト」I―xxiii-xxix）〔「翻訳者序言」の結語〕。

このような愛国的な意図のもとに、バートンは自著にアラブへの適切な対処のための提言をちりばめている。「金鉱」〔原注12参照〕ではベドウィンを、町のアラブあるいは「農夫《ファッラーフ》」から区別した。彼によれば、前者は「いまもなお生まれ育った荒野の紳士であり、気楽で物静かで、礼儀をわきまえ、穏やかな物腰を失わず、人の敬意を受けられるものと期待し、そのかぎりにおいて人に敬意を払う――しかもいささかの卑屈な追従の気配も見せずに」。さらに「ベドウィンは決して嘘を言わない。もし人に言われれば、決して忘れない。相手への信頼は永久に失われ、彼の性質のなかにある猜疑心がすべて目覚める」。この性格描写が、まことに実用的なのはいうまでもない。「この連中で軍を編成する必要が生じた場合は、これほど容易なことはない。給料をきちんと払う、充分に武装させる、よく働かせる、そして公平に扱う――それ以外にすることはない」。最後に、このテーマを終わる前にこう決めてかかる。「これが、シリアの東方、南方で砦や前哨に兵を配備するときのローマのやり方だった[12]」。バートンにとっては、帝政ローマを気易く引き合いに出すほど自然なことはなかったであろう。

また英国のエジプト占領より前のことだが、バートンは「金鉱」で、エジプトがトルコの支配から独立すること、そしてシリアをエジプトに復帰〔太守メフメト・アリーは、一八三二年に占領し子息のイブラーヒーム・パシャに支配させていたシリアを欧州列強の干渉で一八四一年にトルコに返還〕させることすら期待している[13]。ところが、エジプトが支配下に入った「ナイト」のころには、農夫《ファッラーフ》を立憲制のもとにおこうとする英国の試みに苦情を洩らしている。いまや彼はエジプトの独立を唱えず、かわりに英国による支配の締まりのなさ、ヨーロッパ人がファッラーフを知らないことからくる締まりのなさへの苦情を訴えるのだ。その説明では、ナポレオン・ボナパルトが政治的配慮でファッラーフをあわれみ、その抑圧者のベイたち、パシャたちを憎むふりをしたこと、そしてナポレオンのこのような姿勢が徐々に世論そのものとなった、という。しかし「ファッラーフは暴威を揮うか、さもなくば暴政のもとにおかれるかのいずれかだ。彼にとっては力強い専制下にあるほど幸せなことはなく、英国の施政下、いや失政下におかれつづけるほどみじめなことはない[14]」。このような見解はすべて、以下の一節

〔「バグダードの漁師ハリーファの物語」第八四五夜〕の脚注として現れるのが特徴だ——「カリフに〔お金を〕渡すのは決して生やさしいことじゃない。でも渡さなかったら、ひどい目にあうだろう。けれどお金を失うよりは拷問のほうがまだしも楽だ」。この本文の注釈として適切か、という疑問はあろうが、それはバートンの場合には驚くまでもない。また「ナイト」（I—一九〇）〔「三つの林檎の物語」第一九夜〕では、たまたま本文に「不法行為」という語があったことから、注釈には預言者ムハンマドの「王国は、ズルム、すなわち不法行為を赦さない」〔異教徒のことは我慢しても、君主が有害な罪を犯すことは赦せない、の意〕という言葉が引かれている。そして善きモスレムは、「支配が道義的に正しく、モスレム自身の掟にしたがって行われるかぎり、英国人のような」異教徒による支配にも苛立つことはあるまい、というのがこの注におけるバートンの結論である。

　ときとして、バートンの公正の概念は容赦のなさと隣り合わせになっている。たとえば「第一歩」（I—xxxiii-xxxiv）で報復の仕方が述べられているが、それは一八五五年にベルベラでソマリ族の襲撃を受けたあと、アデンの英軍当局者に具申したものだ。むろんここでは、彼個人が受傷したことへの憤りを斟酌せねばならず、したがって「彼らは、暴行の現場で絞首に処すること、殺人者を絶対に殉難者にさせぬために遺体は焼き、灰を海に投ずること」という提言は理解できなくもない。この襲撃でバートンの仲間の一人は死亡、もう一人は間一髪の差で死を免れたが、バートン自身は投げ槍で両頬を貫通された。バートンらしいのは、自分の傷を大きくは言わず、とくにこの文ではまったく言及していないことだ。ところが「ナイト」（III—二五）〔「タージュル・ムルークとドゥンヤー姫」第一三三夜〕で、同じような趣旨で彼が連想したことは、脚注を通じて持ちだされたことが特徴的だが実にけわしいものだった。注は本文中の「磔刑《はりつけ》にした」という言葉についてである。語学上の短い所見を述べたのち、バートンは、磔刑がローマ帝国では「迷信深いコンスタンティヌス帝」によって廃されたが、東方では「大メフメト・アリー・パシャ〔エジプト太守、在位一八〇五〜四八〕の時代という近年まで無思慮な懲罰として」行われていた、と記す。ついで、その当時の磔刑の方法、犠牲者が耐えねばならぬ苦痛と恥辱、そして遺体が不面目にも腐肉を食う鳥類に委ねられる次第までの詳しい説明がある。さらに付言して、モスレムはただの絞首ではとくに何とも思わないため、「血迷いごとの凶行を罰するときは、必ず犯人を豚の皮袋に入れて吊し、屍は焼いて灰を公然と共同汚水溜めに投げ捨てる」という。

バートンは、このような扱いを残酷とは見ていない。必要なだけでなく、まったく当然なことと考える。アラブが「重んずるのは男らしいやり方で、現代のわれわれの政府による、実は何よりも残酷な、ヒステリックで、博愛的、擬似人道主義的なそれではない」と確信するからだ。ちがいを際だたせるために、彼は盗賊の巣窟だったバスラを、死刑を科すことによって二日間で改革したジャード・ビン・アビーヒ〔ウマイヤ朝のカリフ・ムアーウィヤの将軍〕のやり方と当代の英国政府のそれとを引き合いに出す。後者はエジプトにはびこる犯罪を減らすことができず、「キリスト教徒の支配」に「モスレムの一国がまったく愛想をつかす」ことを放置した（「ナイト」IV—三）〔「ニアマ・ビヌッラビーアと女奴隷ナオウミ」第二三七夜〕。では、エジプト人はどのように管理すべきか。「サー・チャールズ・ネイピア〔バートンのカラチ駐留当時の軍司令官、シンド（現パキスタン）長官。一七八二〜一八五三〕がシンドを統治したようにやればいい——現地人を油断なく見張ること、軍法の執行には遠慮しないこと、民衆に武器を持たせないこと、そして大集会を禁止すること」（「巡礼記」I—一一四）、これがバートンの厳しい、強硬な、かつ実際的な一面であって、そこから彼の「イスラム法と慣習では謀殺、一般殺人は、社会やその代表者ではなく犠牲者の一族によって罰せられるべき犯罪だ」という説明が生まれる。そして「こうした体制は、文明国では〈私刑〉という名のもとに再現する。それには、法律家（この制度下では不要となる）は無限の嫌悪を示すが、正当な慎重さをもって運営すればきわめて貴重な方法である」（「ナイト」V―一〇三）〔「カリフ・ウマル・ビヌルハッタープと若いベドウィン」第三九七夜〕。

その一方、彼は、インドで「不義を犯した妻を斬殺した男はすべて」絞首刑に処するとしたネイピアの非現実的なやり方には禍根しか認めなかった。該当する男は英国人ばかりで、彼らの「罪」とは、つまるところ手に負えぬ妻をもった男のとりうる唯一の手段だったからだ[十一]（「ナイト」IX―二四六）〔「カマルッザマーンと宝石商の妻」第九六三夜〕。

反共和主義で帝国主義者のバートンが優越感で防備を固めていたとしても、まったく筋の通らぬことではない。彼はモスレムのある集会で、一人の宦官、「いかり肩で細い脚の、鬚のない中性じみた男」の下位に並ばされたのを、謙虚さということを学ぶのにいい機会と思った（「巡礼記」II―二五五）。また、ベドウィンに恐怖以上の高等な感情をもたせることはできないと確信していたし（「第一歩」I―xxx）、砂漠のアラブに高貴の要素を見たとはいえ、彼は「ベドウィンは……一般的には高貴な蛮人のごときもので、文明によって排除されるべき厄介者という意味でパーマー教授〔エドワード・ヘンリー、一八四〇～八二。オリエント学者、ケンブリッジ教授。エジプトでアラブに殺害さる〕に同意」（「金鉱」一五六～七）せざるをえなかった。

ただ彼は、男らしさ、情操、洗練の度合いなどにおける優越感をあらわにしただけではない。奴隷や黒人に言及することで、尊厳が万人に備わった権利ではないことを非常にはっきりと指摘した。黒人については、バートンの関心を窺わせる所見が、黒人の起源にまつわる伝説を述べた「ナイト」の一エピソード〔「アルヤマンの男と六人の女奴隷」第三三五夜〕に対する脚注を通じて読みとれる。説話の語り手は、このように話を締めくくる――「黒人が思慮分別に欠けると言いきることでは誰もが口を揃えていて、〈頭のある黒ん坊などどこにいる〉と諺にもあるほど」。バートンは、伝説そのものは「保育園むけのお話の一つで、そんなことを今どき信じているのはキリスト教国の無知な者だけ」としりぞけている。だがその彼も、黒人に知性の欠けていることについては語り手の言葉に同意し、たとえ「現今の黒人びいきの人には不快」であろうと、「事実に即していて納得がいく」と見るのだ。[15] 奴隷については、東方イスラム圏を通じて、奴隷がみずからを自由民の召使いより上位と見ていると述べたのは、一応正しいであろう。しかしこの事実を、「奴隷制反対の諸団体」（「大抵は熱意が知識を、精力が分別を上まわっている律儀者たち」）に気づかせようとする彼の口吻には、奴隷制は現状《スタトゥス・クオ》のままでもいいではないかという気持と、奴隷制を是認する点での暗黙の優越感がにじみ出ている。[16] おわりに挙げておきたいのは以下の脚注で、その調子にバートンの尊大さの微妙な気配が見てとれると思われる。

西アフリカのあちこち、なかんずくゴリラ棲息地では女子供が猿に連れ去られる話が数多くあり、そして女が猿の子を産むということを誰もが信じている。類人猿が、女性がいることで性的に興奮するのはたしかで、カイロで（一八五六年のこと）大きな狒狒《ひひ》が、銃剣で刺殺されなければある少女を暴行するところだったということを、私は述べたことがある。デミドフ植物園〔ロシアの貴族パーヴェル・デミドフ（一七三八―一八二一）がモスクワに造営〕やフィレンツェの見世物用動物の小屋を若い女性が訪れると、バブーンがまだら色の性器を露出しているけしからぬ恰好によく憤慨する。雌猿も、同様に男の注意を惹こうとするが、インドにいたとき、私は最近亡くなったボンベイの友人ミールザー・アリー・アクバルから、彼の知るところでは交接は起こっていると聞いたことがあった。子ができるものか、できても生育可能かどうかは、まだ論議の的である。できた子は、心理学と称する似非科学にまた一つあたらしい難問を呈することになろう。このような雑種には、精神が半分しかなく、その同類同士から生まれた子には四分の一しかないからだ。私がよく知っているあるトラヴェラーは、薪を切り、水を汲ませる下級労働者〔旧約ヨシュア記九―二一が述べる、ヨシュアを欺いたギベオンの住民の末路〕として役に立つような猿人の増殖を提案したことがある。彼の案は、もっとも進歩した猿と最下等な人類をかけ合わせることだった。彼の〈繁殖畜舎〉がどうなったかは、聞いていない。[17]

さて、以上のようなところが、バートンの愛国心を作っている最重要な要素であろうと思われる。おそらくは幼少時代を不断の旅に過ごしたという事情で、生国への感傷的な誘引はなかったものの、バートンは英国の社会にしっかりと根づいた出自を持っていないことを心から悔やんでいた。その愛国心は、政治面では共和制ないしは民主制の気配のするものすべてに、彼を苛立たせた。彼の英国は、陰険な駆け引きを要しない、鉄の支配でまとまった純然たる帝国であった。そして最後に、彼の愛国心には英国人としての優越感が含まれていて、それは個人的な優越意識となって溢れ出た。一人の男としてのこの優越意識が同胞のだれかれへの見苦しい態度となって現れたことは、いうまでもなくバートンの名誉に資するものではない。けれども彼の気質一般を、わけてもその愛国心を理解しようと試みるなら、この事実を見逃すことはできない。

訳注

一　モスレムは愛国心を……――「ウマル・ビヌッヌウマーン王と息子たち、シャッルカーンとダウールマカーンの物語」の注釈で、イスラムとキリスト教徒（ビザンツ）との攻防（初期十字軍に取材したとされる）に関連し、イスラムの「聖戦」意識を、信仰と愛国心（郷土愛）の一体化したものと論じた。

二　「フッブル・ワタン」――前項の物語のなか（第七三夜末尾の詩の三行目）で「わが懐かしのふるさと」"my dear land" と訳した原語について、バートンは注記していう――「アラビア語の〈フッブル・ワタン〉Hubb al-Watan〔＝生地への愛、愛国心〕。〔ムハンマドの〕〈伝承〉で〈ミヌルイマーン〉Min al-Imân〔＝人の信心の一部をなす〕というもの」。

三　〈無明の時代〉――イスラムから見て世間がその恵沢に浴する以前の、ジャーヒリーヤ（無知）が支配したとされる、ベドウィン的価値観の優勢な時代。通常、イスラムに先立つほぼ百五十年間のアラビアの状態をいう。

四　カーイフ――一般には「満たされた状態」「慰藉」、英語では通常 pleasance, solace などと訳される。

五　タンジマート――「恩恵的改革」。ミトハト憲法制定以前のトルコにおける、一八三九〜七六年に行われたスルタン勅令による限定的近代化をいう。

六　最初の企てで――前節訳注一の事件のとき、現地で夜襲を受けた一行は、隊長バートンのほかスピーク（第四六ベンガル現地歩兵連隊中尉）、ハーン（第一ボンベイ英国銃《フュージリア》兵連隊中尉）、ストローヤン（天測・測量専門家、インド海軍大尉）の四名で、ストローヤンが槍と刀で惨殺された。

七　第一八ボンベイ現地歩兵連隊――18th Bombay Native Infantry. インド統治にあたった英軍には本国直轄の陸海軍と、東インド会社傘下の現地軍（会社、事業の防衛隊が前身）が併存。バートンはそれと知らずに後者のこの連隊に応募入隊したが、正規軍の一段下とされ、大尉以上の昇進は認められなかった。

八　Sic volo, ……――「われそを欲し、われそを命ず、わが意思をもて理由に代わらしめよ」。ローマの諷刺詩人ユウェナーリス（六〇?〜一二八?）の「諷刺詩集」Juvenalis, *Satires*, vi, 233 より。

九　〈役員会〉――東インド会社の役員会は'Court of Directors'といい、ロンドンの本社で二十四名の取締役が強大な権限をもってインド亜大陸を支配した（所在地レドゥンホール街にちなんで「レドゥンホールの王たち」と呼ばれた）。

十　母国に献呈した。――「ナイト」翻訳では、各巻が別々の人に献呈されている。ここでは第一巻についてで、本パラグラフの最後の言葉がそれにあたる。正式の献辞には「四分の一世紀前に、翻訳で私を支援してくれた亡友ジョン・フレデリック・スタインハウザー（在アデン軍医）を偲んで本書を捧げる」とある。

十一　手に負えぬ妻を――ネイピア麾下のインド駐留英軍人と現地妻の間に事件が多発したことをいう。第二九夜の注でバートンがカイロについて述べた、古来の剣による制裁のなくなった文明のもとでは女性の行動が奔放・露骨化し、男の手に負えなくなるという見方の再説。

原　注

1　アン・トレニア『チャールズ・M・ダウティ』Anne Treneer, *Charles M. Doughty*, London 1935, p.99. 同論考におけるミス・トレニアの主関心は、ダウティを可能なかぎり好意的に描くことにあったようだ。したがって、バートンに対する酷評は、ダウティとの対比の形をとって現れる。

2　アフマド・アブドゥラー、コムトン・パケナム共著『リチャード・フランシス・バートン』（「帝国の夢想家たち」所載）Achmed Abdullah and Compton Pakenham, 'Richard Francis Burton', *Dreamers of Empire*, New York 1928, p.58. アブドゥラーは、ダウティと対比することによってバートンを称揚している。

3　イザベル・バートンによってこのような意見が引用された上、貶されているアイルランドの宣教師の例がある（「伝記」I―一七九～八〇）。

4　リチャード・バートン『未踏査のシリア――レバノン山脈、トゥルールッサファ山、アンティ・レバノン山脈、レバノン山脈北部およびアラ山探訪記』所載の「シリア俚諺集」Burton's 'Proverbia Communia Syriaca', *Unexplored Syria; Visits to The Libanus, The Tulul El Safa, The Anti-Libanus, The Northern Libanus, And The 'Alah*, 2 vols., London 1872, I, Appendix II, 263-5 を見られたい。

5 「ナイト」II―一〇一、一〇八〔「ウマル・ビヌンヌウマーン王と息子たちの物語」第四九夜〕に二例あり。

6 「巡礼記」I―二八七参照。メディーナに近づいたときのことを、バートンはこう記す。「事実、アラブはこのようなときに私の知るどんな東方人にもまして思いやりがある。彼らはペルシア人よりも情愛深いたちで、その態度にインド人の場合よりもはるかに感情が現れる」。

7 「私がこれまでに見たところ、東方人には〈あなたに感謝する〉という言い方はない。彼らは、それを祝福の言葉や短い祈りで表現する。また彼らの場合、人の余りものは自分が取る権利がある。日々の糧《かて》を分かちあうと称して人の分を食い、それは自分のものとみなす」。「ナイト」IV―六〔「ニアマ・ビヌッラビーアと女奴隷ナオゥミ」第二三九夜（老婆の祝福の言葉）についての注記〕。アラブの習慣を弁護する詳述は「巡礼記」I―七五～七に見られる。

8 バートンがこまやかな、本物の哀感を鋭く感じとった一例につぎの一文がある。「これらの詩句を吟じ終えると、王は枕に頭を横たえ、目を閉じて眠りにつきました。すると夢にある人が現れ、こう告げたのです。〈喜べ、そなたの子息はいとも正しいまつりごとを国中にひろめるだろう。彼は民を治め、彼に臣下は従うだろう〉。王は目にしたばかりの吉報によろこんで夢から覚めたのですが、二、三日のちに死に見舞われました。王の死でバグダードの人々は深い悲しみに包まれ、上下を問わず逝去を悼みました。けれども、あたかも王はこの世にいなかったかのごとく時は流れて、カーンマカーン〔王子の名〕の境遇も一変してしまいます。バグダードの人たちは彼をしりぞけて、彼とその家族を離れたところに移したからです」〔「ナイト」III―五五〔「ウマル・ビヌンヌウマーン王と息子たちの物語」第一三七夜〕〔バートンのいうパトスの表出は傍点部分〕。

9 リチャード・バートン『東アフリカでの第一歩、あるいはハーラル探検記』〔以下「第一歩」〕一八九四年刊のイザベル・バートン編・追悼記念版（原本は一八五六年刊）Captain Sir Richard F. Burton, *First Footsteps in the East Africa or An Exploration of Harar*, edited by his wife Isabel Burton, Memorial Edition, 2 vols., London, 1894, I, xxx-xxxi. なおイザベル「伝記」I―一一四～六も見られたい。

10 「ナイト」X—六五。「一方では、彼〔アラビアンナイトを作りあげた中世のモスレム〕の強い詩的衝動と、形式のととのった韻文ではなく、考え方のなかの詩的なところが、そして彼の生得の輝くばかりの理想主義が、あじけのない日常生活の些事に生気を吹き込み、人間こそその縮図である自然の美妙きわまる旋律を目覚めさせる」〔「巻末論文」序論の最終部分。「巻末論文」は、バートンが執筆して翻訳のあとにつけた長大な論文で、序論、「ナイト」の起源、欧州における「ナイト」、内容と手法、背景の社会条件、文体と詩論、結語の各部よりなる〕。

11 「ベドウィンには、〈ハワー（あるいはイシュク）ウズリ〉Hawá (or Ishk) uzri ——大目に見てもいい恋——と称するプラトン的愛のようなものがないでもない。彼らは情人〈アマン〉と恋人〈アムルー〉との間に微妙な線を引いている」（「巡礼記」II—九四）。

12 リチャード・バートン『ミディアンの金鉱とミディアンの廃市群——アラビア西北部の二週間の旅』〔以下「金鉱」〕Richard Burton, *The Gold Mines of Midian and The Ruined Midianite Cities. A Fortnight's Tour In North-Western Arabia*, 2nd Edition, London 1878, pp.154-55.（初版も同年刊）

13 「私はさらに論を進めて、エジプトを完全なものにするにはシリアもそこに復帰させるべきと言いたい。そして私としては、エジプトが遠からず独立を達成することを期待し、エジプトが生得の権利、つまり自由を回復するときには、いまはイスタンブルへの従属ということだけのために阻まれている進歩発展で世界を驚かすだろう、という確信を表明しておこう」（「金鉱」二一一～二一二頁）。

14 「ナイト」Ⅷ—一八九。これと同じ主張が、バートンの「エジプト問題II」'The Egyptian Question II', *Academy*, XXV, 1884, 46. に見える。また彼の「エジプトに対する英国の義務」'England's Duty to Egypt', *Academy*, XXIII, 1883, 366 も見られたい。そこで彼は、エジプトがトルコの束縛を離れた以上、英国の保護国として繁栄をきわめるであろうと論じている——「もしわれわれが慈善家でも人道主義者でもなく、男らしく統治しさえするならば」。

15 「ナイト」Ⅳ—二五〇〔関係本文と同じく第三三五夜の注釈〕。ただしロヴェット・キャメロン〔海軍軍人、アフリカ探検者、リヴィングストン救援隊リーダー、一八四四～九四。のち西アフリカにバートンと同行し、紀行の共著者となる〕『私の知るバートン』V. Lovett Cameron, 'Burton As I Knew Him', *Fortnightly Review*, XIV, 1890, 880を見られたい。「黒人種に対する気持では、彼は賢明な考え方をしていた。一方では、ジンと見せかけの文明に毒された西海岸の黒人を持ちあげ、ありえないような美点の台座に据えようとする口やかましい博愛主義者にはほど遠かったのと同じく、およそ膚の黒い人をどれもこれも〈黒ん坊《ニガー》〉とみなす式ともかけ離れていたが、他方では……黒人を彼ら自身の真の文明へ前向き、上向きに導こうともせず、欧州文明のけばけばしいまがい物を押しつけることに対しても、同じように強く反発していた。この見せかけの文化の帰結に対する彼の反感はきわめて強いもので、ために彼の本心を知らぬ人は、そのような文化の不幸な犠牲者についての彼のユーモラスでシニカルな意見を読むと、彼の敵意の対象はこうした人たちを嘆かわしい結果としてもたらした体制ではなく、この人たち自身のように思うこともよくあった」。

16 リチャード・バートン『千夜一夜の書への補遺、人類学的、説明的注釈つき（購読予約者のみに「バートン・クラブ」より印行〔発行日付なし〕）』〔以下「ナイト補遺」〕（全七巻）III—二九四。*Supplemental Nights To The Book Of The Thousand Nights and A Night With Notes Anthropological and Explanatory*, 7 vols., (printed by The Burton Club For Private Subscribers Only [N.D.]), III, 294. ただしバートンは「エジプトに対する英国の義務」〔前出〕三六六頁でエジプトの奴隷制廃止の強化にむけて公然と世論を喚起している。なお、下記するキャメロン前掲書八八〇頁の記述も見られたい。「奴隷制に関しては、彼は本問題についての最上の意見とすべて完全な一致をみていて、自分では積極的な関与はしなかったがこの悪弊と闘う私の努力をつねに励まし、有益で健全な、しかも実際的、実行可能という強みのある助言を惜しまなかった」。

17 「ナイト」VI—五四〔「船乗りシンドバッドの五回目の航海」第五五八夜〕。バートンの伝記作者のなかには、この一節を彼のポーズ癖の一例と捉える人もある。たとえば、ウィーダ（ラメー夫人）〔作家マリー・ルイーズ・ド・ラ・ラメー（『フランダースの犬』の作者、一八三九～一九〇八）の筆名〕「リチャード・バートン」Ouida (Madame Ramée), 'Richard Burton', *Fortnightly Review*, LXXXV, 1906, 1040-1を見られたい。「さらに、彼の性格が普通人に備わっているかぎりの理解力にもちかける難題に加えて、人々を煙にまき、こわがらせ、また自分を臆病者のおびえた眼の前に現れた悪魔と描いて楽しむところがあった」。

4　バートンの弁駁精神

バートンが、その帝国主義的傾向にもかかわらず英国の官界で充分に報われなかったのは皮肉である。ダウニーの伝える（二六八頁）ように、政府がバートンの狂熱に恐れをなしたというのは、たぶんそのとおりであろう。しかし彼が恵まれなかったについては明らかにほかの理由があり、とりわけ上司に敬意を払おうとしなかったことがあげられる。[1] 彼はつねに遠慮なく物を言い、へつらうことは絶無だった。彼自身は、公務面で反感を持たれたことを、インドでネイピア麾下にあったときに、シンドの売春事情〔カラチにおける、とくに男色者の〕について作った報告書のせいにしている。[2] この報告書はのちに公文書となり、伝えられるところでは官吏生活の最後まで彼の不遇のたねとなった。バートンの説明では、報告書の作成にはネイピアの示唆があり、その命令で実行されたとのことで、この事実にまず疑いの余地はない。ただ、バートンがその仕事を不承不承ながらするようなたちではなかったことは、想定していいと思う。彼の書いたものをかなりな程度に読みこんだ人なら、彼が雑多な問題に熱中したことを知るにちがいない。発現のさまざまな形に応じて、この熱中は人類学とか「人類学的注釈」といった学問用語（新興諸科学の発展のおりから）の装いをまとったのである。

いうまでもなく、この点は従来からバートン批判の焦点だった。批判の多くは、批判者側の、したがって一つの時代の傾向を見きわめる上でそれなりの価値はあろうが、バートンの気質の分析にはあまり意味はない。このような批判が分析的であることは稀だからだ。

批判の範囲がどのようなものかについては、その両極端を示せば公平な印象が得られよう。ダウニーは、バートンの生涯をロマンティックに論ずるにあたって、教育、心理状態、信仰については彼を是認している。バートンを「時代のはるか前を行った性教育の先駆者」と呼び、「好色な女を満足させる技術と要諦」〔「ナイト」巻末論文IV—B（女性）〕についてモスレムや東方人一般が学んだことの恩恵を、西洋世界に伝授した人とする。そしてダウニーは、この問題でバートンが利用したオリエントの書物の多くは「人間の心理に通じた人や高位の聖職者」によって編纂されている点の強調を忘れていない。[3]

他方、スタンリー・レイン＝プールは、バートンの「人類学的注釈」に承認を与えない。彼はバートンの「巡礼記」が「ほかの好色本にまざって書棚の一番上に」置かれる羽目にならなかったのは、ただ著者が英国を離れていたという事情〔「巡礼記」はバートンのソマリア潜入からクリミア戦争従軍にかけての刊行〕のためにすぎない、と言う――「原稿を託されたサー・ガードナー・ウィルキンスン〔エジプト学者、一七九七～一八七五〕が、自分の責任で廃棄したけがらわしいごみの量からして、あのままではこの本の出版はとうてい無理だった、と言っているからだ」。そして「ナイト」に対するこの批評家の評語は痛烈をきわめた。労作を「非凡な業績」と呼んだ上で、彼は言う――それは「バートンのアラブ学と東方の生き方についての百科全書的知識の記念碑」であるが、同時に「アラブの最高に神秘的で、加うるに、といわねばならぬ――最高に嫌悪すべき習慣とならんで彼らの隠語《アルゴー》や〈罵詈雑言《ビリングスゲイト》〉への著者の驚くべき精通を明らかにするのに有効なものだ」。そしてアラブの言語、習慣に関して著者のもつ深い知識の証明である一方、「人生と文筆における、もっともいとわしいものすべてに魅了される彼の姿勢に対する同じように明白な」あかしでもある。そして人類学的注釈は「オリエントの堕落ぶりに通暁していることの証拠であって、それを自認するのはせいぜい図太いという取り柄しかないが、他方これほどの卑猥を入念に開示することとが祝意を表すべきこととはとうてい思われない」[4]。スタンリー・レイン＝プールは、片方の極を代表するほかに、ここでバートンの「人類学的注釈」に脈打つ鼓動、つまりこのテーマに対する彼の「魅了されぶり」に触れているようだ。しかしながら、その問題を「人生と文筆における、もっともいとわしいものすべて」と呼ぶことは、レイン＝プールの気質を証するものであっても、バートンのそれについては必ずしも言えない、と私には思われる。

このような批判に対するバートンの抗弁は、彼の気質を知る手がかりのもっとも豊かな源泉である。「ナイト補遺」の最終巻の最後で、小活字の一〇〇頁にわたって彼は「本書〔「ナイト」の翻訳〕の履歴とその批評者に対する批評」なるものを執筆した。そのほぼ半分は、好意的な論評ないしは論評の好意的な部分からの引用にあてられている。しかし、はるかに興味があるのは初めの半分である。これらの頁には、どこを見ても遠慮、手控え、侮蔑の沈黙、あるいは繊細な痛烈といったものは匂いすらもない。報復は辛辣で、ときには毒舌となり、しばしば大人げないまでに人身攻撃的《アド・ホミネム》である。物腰の穏やかだったダーウィンの言葉がこの弁駁文のタイトルページに引用されているのに、見た人は驚く。それが適切なのは、字面だけだからだ[5]。論文の「前書き」は部分的には報復への弁解である。訳者は、翻訳の完成に三分の一世紀、「平均的な人の一生の半分、普通の一世代という期間」を費やした。この事実だけ考えても、訳者には「批評家、論評家、そしてヘボ評論家」の本書に対する反応に多少は注目する資格がある筈だ。

さらに「神託氏《サー・オラクルズ》とかいう学のあるお方から提起された問責、非難を無視すれば、好きこのんで欠席裁判の判決を受けることになるだろう」。というのは、「批判の批判」がいかに不人気であろうと、著者としては、「裁判所命令不服従と法廷侮辱の咎《とが》で故意に弾劾を受けようとするのでないかぎり、いやしくも満足のゆく、また興味深い答弁を用意している以上は、それを提出し、そしてこのような試練を通じておのれの嫌疑を晴らし、身の潔白を証明することこそ、公衆を前にした自分に課せられた義務」と考えるからだ、とする。しかも、きわめて彼らしく、つぎのようにいう。

　不当にして中傷的な非難を無視し、報復《ルプレザイユ》も加えないことは、（個人的、利己的な理由で）あやまちを赦す〔新約マタイ伝六―一四、一五〕というあの理想的、超越的な人〔キリスト〕にはふさわしいかもしれない。けれどもわれらの敵を愛せよ、悪意に満ちた論者をいつくしめ、と命ずる崇高な教えは、ばかげているということに危険なほど近い。いずれにせよ、一般大衆が守ることなどは思いもしない無益で無駄な処世訓である。それは多神教徒の常識――Fiat Justitia, ruat caelum.《フィアート・ユスティティア、ルアート・カエルム》〔たとえ天が落ちてこようと、正義はおこなわしめよ（＝ラテン格言）〕――とすら、情けないほど対照的なものだ。また、

　　「蒙りたる恥辱には名誉を回復す、
　たとえ、そが天の法廷においてであれ」
　　　　　　（『湖上の麗人』〔ウォルター・スコット作〕V―六）

というロデリック・ドゥー〔「黒のロデリック」といわれた古代スコットランドの豪族〕を戴く一族の、野蛮で古アダム〔新しきアダム＝キリストに対する、原罪を負う者としてのアダム〕的な感情のほうが、自然な人の習いであるのに聖職者が「堕落した人性」などと称し

てうれしがっているものよりは、はるかにありがたい。

こうして物を言う権利を確立したバートンは、六つの「非友《アンフレンド》」〔'unfriend'＝バートンの造語〕――「ペルメル・ガゼット」、「エコー」、「サタデー・レヴュー」、バートンのいう「レイン＝プール党」、「エディンバラ・レヴュー」、そして「アメリカの批評家」――に殴りかかる。

「ペルメル・ガゼット」は、人身攻撃《アド・ホミネム》の手荒い扱いを心ゆくまで受けた。それは罵詈讒謗《ばりざんぼう》手法の駆使（たとえば〈性的《セクシュアル》ジャーナル〉、〈低劣《ガッター》ガゼット〉といった）に始まり、かつてある冷酷な殺人者を弁護し、その男が犯行を自供し絞首刑に処せられても「陳謝する男らしさ」をもたなかった主筆ウィリアム・T・ステッド〔著名ジャーナリスト、一八四九～一九一二。タイタニック号事件で死亡〕に対する捨てぜりふ《パルティアン・ショット》に及ぶ。その間にペルメル側の非難の動機を明らかにすると称して、バートンは、三年半も眠っていた醜聞に長い陣痛のあげく二度目の生を与えて世に送り出した。発端は、「現代バビロンの乙女の貢ぎもの」と題するペルメル紙の連載〔ロンドンを古代の悪徳と享楽の都バビロンになぞらえ、娼婦の実態を暴露したもの（一八八五）〕である。バートンが、ロンドンの売春をテーマとするこのようなきわもの記事を掲載した主筆の動機としたのは、もっとも控えめでも、ステッドの「過度のロシアびいきと英国ぎらい」で落ちこんだ発行部数の回復ということだった。その記事が「ペルメル・ガゼットの秘密使命詳報」という一部二ペンスのパンフレットに収録されたのを、バートンは国内の若者を堕落させ、国外では英国の威信を損なうものと、正当にもきびしく難詰する。パンフレットが出てまもなく、ステッドはエリザ・アームストロング事件に巻きこまれた。ロンドンの腐敗した風潮を扇情的に非難する持論の立証が目的だったのは明らかだが、ステッドは、ある協力者を「乙女を一人手に入れるべく」

町に出した。ところがこれが誘拐事件となり、[二] ステッドは首謀者として三ヶ月の禁固に処せられる。

　このエピソードを語るのを好機として、バートンは「ステッド支援資金」を気前よく提供した「メソディー」〔メソディスト派クリスチャン。ステッドは熱心なメソディストだった〕と、「公認ゆすり、たかり屋の率いるお節介やきの大部隊」である全国自警協会〔第一章一一頁参照〕に痛烈な言葉を浴びせかけた。この長い話《ナラチオ》があって、バートンは本論に入る。ステッドがまだ収監中に、バートンはガゼット紙の副主筆モーリー・ジュニア氏から面談を申し込まれた。主筆とのかかわりを嫌ったバートンは面談希望者への協力を断り、[三] その結果「シグマ」と署名されたドイツ系ユダヤ人の二論文、「パンタグリュエリズム〔粗野なユーモア〕かポルノグラフィーか」（一八八五年九月十四日付け）と「ポルノの倫理」（九月十九日）で攻撃されたという。バートンは論文自体には、表題と日付を引用し、作者を「ドイツ・ユダヤ《ジャーマン・ジュー》」と蔑称で呼ぶのに必要とした程度の注意しか払っていない。この「非友」第一号への応酬にあてた八頁の残りは、ガゼット紙の性格と主筆たちの卑劣な動機に対するおそろしく痛烈な非難に終始している。

　エコー紙の場合、おそらくはその非難の時点（一八八五年十月十三、十四日）では「ちっぽけな存在」だったがために、そしてバートンの応答時点（一八八八年）では、まちがいなく「〈あくどい〉分野はスター紙に譲り、見苦しくない、分別のある記事を書くことで名を挙げていた」ので、比較的寛大な扱いを受けている。ともかく同紙は、バートンの弁駁文では短い一パラグラフの非難にしか値していない。エコー紙も、バートンが「いつもきわものを追うのに熱心で」、そして「ナイト」では「少数の富裕者の猥褻な好奇心」の用命に応じていると主張して、無分別にもペルメル・ガゼットの轍を踏んでいたのである。バートンは、問題のエコー記事の末尾を書き写し、侮蔑をこめてそこに括弧入りの疑問符や締めくくりの評語を付け足した。

「バートン大尉はご自分を見習って〈？〉、この意見表明に対して当方に決闘を申し込まれる〈！〉かもしれない〔バートンがフェンシングの名手で喧嘩早いことから〕。そうなれば、この記事の筆者は大尉ご自身を見習って〈？〉、そんな書簡は無視することにしよう」。気の毒なこの記者には、あの諺にいう「男を断《ことわ》って斧を揮われたミス・バクスター」を連想してしまう。でも私は武器に何を使えばいいのか、イーストロンドンの場末で人気のさんぴん野郎《ヘイポース》、行商人や新聞売りたちには「田舎っぺえ」の匿名記者に、植字用ステッキ〔活字を揃えて組むのに使う、枠つきの物差しといった細長い盆〕か、肥やし用の熊手でも揮えというのか？ そこで私は、彼のことは「ゲイアティ」（一八八四年十月十四日）のおやさしい手に委ねた。

　　「エコー」はちょっとうるさい
　　その「短評」はいかにもきつい。
　実際、それはおだやかな口をきいたこともない。
　まるで「バートンとビター」みたいなものさ。[四]

サタデー・レヴュー誌、「昔はいい思いをしたこともある、このよぼよぼの老いぼれ」、「土曜日《サタデー》の悪口雑言屋《レヴァイラー》」は、三番目の「非友」にされた。この雑誌の論評は、バートンの翻訳に現れたいくつかの語句を「黙って見過ごすにはあまりにも気取っている」と見た。バートンはやり玉に挙がった言葉を列挙して、「古き良き英語 'whenas'〔＝when（…のときに）の古体〕、平凡な民謡の言葉 'a plump of spearman'〔槍兵隊〕、そして当世風でアメリカ式とされる俗語の、古い由緒ある血筋を示すに足りる‘Fals ahmar’《ファルス・アフマル》〔「銅貨」（字義は「赤い貨幣」）の意のアラビア語〕の逐語訳にすぎぬ‘red cent’〔アメリカの一セント銅貨、いわゆる〈赤銭〉〕」と記す。これらの言葉を気取っていると称したことで、サタデー・レヴューは「口うるさい批評、頑迷、そして陳腐なことの崇拝《キュルト》」という特徴を永遠に具え続けるものとされた。

また、人は誰しも忠告を受けるのをいやがる、と述べ、大胆にもこの断定をバートンに適用することから話を始めた別の評者がいた。するとバートンは、文中二個所の文法上の誤りを注意した上で、「この意見の感じは新鮮の逆」と指摘し、同じ意見が載っていたスペクテーター誌（第五一二号）の文章を引用、そして「ただ、スペクテーター氏はいい英語を書くが、その剽窃者はちがう」とつけ加える。サタデー・レヴューから先に進む前に、バートンは同紙の恥ずべき経歴を要約した。

とりあえず言っておきたいのは、すたれつつあるほかの事物とおなじく、同誌が文筆の世界で特別の目的に奉仕してきたことだ。三十年という一世代を同誌が生きながらえてきたのは、凡庸の栄光化と、卑しい人性の小悪魔めいた害毒に対する迎合の連続を通じてであった。卑しい人性とは、新しいもの、独創的なもの、意外なもの、驚くべきものを忌み嫌う人たち、また通常・通俗の水準よりも向上し、あるいは向上しようと努力する意見、思想、言葉遣いを刈り込み、引き伸ばす、プロクルーステース[五]のようなやり方に立ち会い、それに手を貸すのを無上の喜びとしている人たちの、狭量な情念のことをいう。この、遠祖の諷刺詩人の実質的末裔[六]は、嫉妬、憎悪、そして敵意の産卵場として長い間つとめてきたあげくに、いまや恥ずべき老年期という衰亡の途を辿っている。

つぎにバートンは、エディンバラ・レヴュー誌と「レイン＝プール党」への応酬にその論文の二十八頁分を費やしている。非常な辛苦を伴う細かい作業の末、彼は論評中の目障りな誤記、誤述、そして「ナイト」の翻訳史についての無知を指摘する。また、その論評がレインの訳を賛美し、ペインのそれを軽視する愚かしさを、実に説得力のある仕方で明らかにする。それでもなお、彼はまたも悪口雑言（「エディンバラ・ヘボ評論家《クリティキャスター》」）とどぎつい毒舌に訴えるすべを用いた。スタンリー・レイン＝プールは「危険人物」であり、「彼に多大の栄誉と〈非友〉の大群を獲得させた典型的にまともなあのお人柄の、物知り顔のヘボ評論家であって、王立アジア協会の幹事候補に彼の名があがったときには、会員は皆、あの脆弱な団体がすぐにも解体すると予言したものだった」。

　そして何頁にもわたって精力的な抗弁を続けた末、バートンはみずからことさらに主張していること、つまり自分は「エディンバラ」の「嫉妬、憎悪そして敵意」に悩まされるほど「神経が細く」はないのだ、ということを暗黙に打ち消して論を終えている。ただ彼は現に悩まされていたのであって、いずれも「エディンバラ」の攻撃にさらされたマコーレイ、ダーウィン、ハクスリー、フッカーと手を組むことに慰めを求めている。もっとも目立つのは、いうまでもないが彼は主筆のヘンリー・リーヴ氏に対するきわめて礼を失した性格描写をほしいままにするほどに、悩んでいたことだった。

　アメリカの新聞も同様の扱いをうけ、そしてむろん、バートンの恨みの一部はあふれ出てアメリカ自体にまで及んでいった。アメリカはその偏狭を痛烈に非難され、「事実、合衆国における読み書き能力の広範な普及、つまり暗愚、文盲の旧世界に対する自負自慢のためには都合のいいお題目は、懇篤を欠き、とげとげしい個人主義が幅をきかす国柄の不愉快な欠陥的側面を際だたせるのに役立ったのみである」とされた。そしてアメリカ移民史を簡単に述べ、こう結論づける――「私が不審に堪えないのは、そもそも貧乏人がアメリカ以外に住むこと、もしくは金持ちでアメリカ内に住むことに異存がない人がいるということだ」。さらに彼は、旧世界のありとあらゆる滓がアメリカで混ぜ合わされた結果、アメリカには二つのいずれも「偏頗で危険な」国家的特質が生まれた、と見る。「あっぱれな自尊心、自己満足、中道の埒をあらゆる方角にむかってはみ出してしまう自信」と、「凡庸の栄光化」である。そして最後にアメリカについては、「多少学があるのは危険なこと〔アレグザンダー・ポープ『批評試論』(一七一一)中の言葉〕」、何でも知っているつもりで結果的にはさらに深く、あるいはさらに多く学ぶことの妨げになっているからだ。その故に、斬新、改善、独創にはとうてい耐えられない。否認されることが赦せず、苛立ち、神経過敏で、批判も、反論の一言すらも我慢ができない」。おそらく、このすべてが、一八八〇年代のアメリカにはあてはまるかもしれない。最後の一行は、バートン自身にも適用できよう。

バートンは擁護すべき対象が自分の著作一般のとき、また対抗すべきものが特定の攻撃や敵対者でないときには、より冷静、より理性的だった。「ナイト」の「翻訳者序言」(I―xiv-xix)で、彼は自分の逐語訳と解説的注釈の両方について穏当な弁解を述べている。その説明では、「ナイト」を‘virginibus《ウィルギニブス・》puerisque《プエリースクエ》’〔ラテン成句「少年少女用に」〕ではなく、その原型で再生させるという目的に沿って、どんなに低級あるいはけしからぬものであろうと、個々のアラビア語にもっとも近い英語の語句を厳選使用したという〔内容を取捨し、上品な文体を用いたレイン訳が家庭むけに好まれたことに対して〕。そして「ナイト」全般についていえる異例に高雅で純粋な語調を、「しばしば煮えたぎる狂信に達する」献身的熱情を、甘美で、深遠で、真正で、親身で、誠実で、「われわれの現今の安直な虚飾とは大ちがいの」情念を、その因果応報の詩的正義を、そしてその健全健康な倫理観を、強調する。しかし、では野卑、猥褻なところはどうなのか。バートンは、こう説明しようとする――「アラビアン・ナイトの最大の魅力を形づくり、それにきわめて人目を惹く独創性を付与し、それを中世イスラム教徒の気持の完璧な解説者とならしめるもの」、それは「奇抜の要素、幼児的粗放、そして子供部屋のようにぶしつけなところ」と、完全にたがの外れた文章と渾然一体の「〈愚かしい、好色な〉語り口」との間に生まれる対照の妙だ、と。「人類学的注釈」については、西洋人が手元に注釈もなく「ナイト」を読んでも得るところがあろうとは思えないと主張する。そして彼の翻訳の特異な点（既存の翻訳には別の特色がある）は人類学である以上、当然その注釈も人類学的性格のものとなる。のみならず、同書によって彼は、「万人が関心をもちながら、それが語られるのに〈上流社会〉は聞く耳をもたない慣行、習俗」を紹介する機会を得たのである。

一八六〇年代に、バートンは人類学協会の設立にあたってジェームズ・ハント博士に助力し、その初代会長を務めた。彼の動機は、民間に普及している書物とは意図の点で相容れないような、また皆が「公衆の目に触れさせない」のが望ましいとする、「トラヴェラーたちの寄せる社会的、性的問題についての珍奇な情報」を公表する機会を用意することだった。しかし、とバートンは記す――「協会が機能し始めたかどうか、というときに、〈お歴々が〉、あらゆる不潔物で充満したあの〈白く塗りたる墓〉〈外面は美しいが中身は不浄な偽善者。マタイ伝二三―二七〉」が、協会員に眉をひそめ始めた。「〈礼節〉が騒々しい、あくどい声でわれわれを罵倒し、仲間で意気地のないのは変節してしまった」。だが「機関誌は大いに必要とされたし、いまも求められている」。

訳注

一 「非友」――「ペルメル・ガゼット」は一八六五年創刊の「紳士による紳士のための」夕刊紙、「エコー」は一八六八年創刊の半ペニー紙、「サタデー・レヴュー」は一八五五年に政治評論誌（のち文芸分野も）として創刊、「エディンバラ・レヴュー」は一八〇二年に創刊、一九二九年まで存続した評論誌。

二 誘拐事件となり――バートンによると、ステッドが使った周旋人の女は約束どおりの「乙女」が手に入らなかったため、年齢的に当時は合法のエリザ・アームストロングという娼婦を「誘拐」したという。この事件は、結果的にステッドのかねての主張どおり承諾年齢を十六歳に引き上げる刑法改正をもたらした。

三 協力を断り……――モーリー・ジュニアはガゼット紙の創刊者・元主筆の子息。バートンは面談には応じたが、ガゼット紙が不評挽回策として自分を味方につけることで扇情的な紙面の正当化を図っていると察したため、協力しなかった（バートンの言）、という意味。

四 「バートンとビター」……――このくだりの趣旨は、当時の市井の事象が絡んでいて充分に審らかではない。訳者としては「ゲイアティ」は、一八六八年創業のロンドンのオペレッタ劇場「ゲイアティ座」Gaiety Theatre のコーラスガール、「ゲイアティ・ガールズ」の冗句をみずからパロディ化したもの、「バートンとビター」は、大酒家のバートンと苦味《ビター》ビールの関係ではなく、逆に性の合わないことを揶揄したものと解するが、確証は得られていない。一八六三年、スペイン領フェルナンド・ポウ（西アフリカ・ギニア湾の小島、現赤道ギニア領ビオコ）の領事だったバートンは、現地人が精力剤として常用するコーラ樹の実から抽出した液汁のトニック性の味（苦み《ビター》のある清涼味）を知る。十二年後のトリエステ領事時代に（かつてインドで入手したという古文書による製法で）清涼飲料をつくり、

「バートン大尉のトニック・ビター」'Captain Burton's Tonic Bitters' と名づけてロンドンで事業化を試みるが失敗した。「ナイト」完訳のころには、第三者によるコカ・コーラの原型が商品化されていた。多額の創業者利得の見込まれるチャンスを逸したことを、後年バートン夫人は、蓄財には縁がなかったと嘆いたという（Mary Lovell, *A Rage to Live*, 1998）。

五　プロクルーステース――ギリシア神話で「引き伸ばす者」の意の強盗。旅人を家に泊め、二台あるうちの大ベッドには小男を、小ベッドには大男を寝かせ、長すぎる脚は鋸で切って縮め、足りないほうは引き伸ばしたという。

六　遠祖の諷刺詩人――本節訳注一参照。政治評論誌として発足したことから、同誌を帝政ローマの政治、社会を諷刺した詩人ユウェナーリスの末裔としたもの。

原　注

1　一例として、ボンベイの州務書記官長H・L・アンダースンのバートンあて一八五七年七月二十三日付け公信（イザベル・バートン「伝記」II―五六五所載）を見られたい。またダウニー前掲書二八五～六頁も参照のこと。エディンバラ・レヴュー誌 *Edinburgh Review*, CLXXVIII, 1893, 440-1 所載のイザベル・バートン「伝記」に対する匿名評者は、バートンが軍人、外交官、探検家のいずれでも出世しなかったのは、上司が彼をどう信頼すべきか分からなかったためで、上司としては「いざというときにバートンが上司の命令よりも自分の判断を優先しかねない、という点に確たることが言えなかった」ことによる、と述べる。同評者はこう付言する、バートンの不遇は「また、主として、横柄にも気配りを欠いたためで、多くの場合、責任は彼にあり、しかも公的な問題だけでなく社交的なことでも然りで、そのときにはますます攻撃的な形をとった」。

2　「ナイト」X―二〇五～六（「巻末論文」）。ウィリアム・ヘンリー・ウィルキンズ『レディ・バートン、イザベルのロマンス――その生涯の物語』William Henry Wilkins, *The Romance of Isabel Lady Burton; The Story of Her Life*, London 1898, pp.729-31 には、これが領事としてバートンが出世できなかった理由なのは確実、とある。

3　ダウニー前掲書一九五頁。そのほかの弁護として下記を見られたい。ウィルキンズ前掲書七二九頁「バートンの〈人類学的関心〉は〈民族学的、歴史的〉なものであった」。キャメロン前掲書八八一頁「病理医が疾病の治療法を知るには病理学を学ばねばならぬごとく、バートンは人性の学究として清潔なものとともに不潔なことも検討し分析せねばならなかった。人性とは善悪の密接な絡みあいである以上、一方しか学ばぬ者は何も学ばずにいたときよりもさらに誤った結論に陥りやすい」。フランク・ハリス『サー・リチャード・バートン』Frank Harris, 'Sir Richard Burton', II, *Academy*, LXXXI, 1911, 390.「彼が私に語ったのは（予想したとおり）、彼の利用した言論の自由とは、英国に衝撃を与えるのが目的ではなく、言論と思想の絶対的自由によってのみ英国はどうにかその伝統にふさわしい国になりうるということを英国に分からせるためで、利用には慎重を期した、ということであった」。

4　「巡礼記」の解説 I—xix-xx〔バートン死後の復刻版に執筆して著者を批判したもの〕。なお〔前出の〕エディンバラ・レヴュー *Edinburgh Review*, CLXXVIII, 1893, 467 所載レディ・バートン「伝記」の評者は、「ナイト」を「英語で書かれたもっとも猥褻な書物の一つ」と呼び、その上で、けがらわしい事項がしばしば 'à propos de bottes'〔藪から棒に〕脚注に持ち込まれる、と正しい指摘をしている。

5　「ナイト補遺」VII—三八五。引用全文はつぎのとおり——「〈『種の起原』には……いまはつけていない一連の注記を、批評家たちの誤謬だけにしぼって付するというのは良案のように思われた。評者が誤りを犯すようなところなら、一般読者が誤ってもおかしくはない、と思ったのだ。つぎに、それは批評家に盲目的に任せてはならぬことを読者に分からせるだろう〉——『ダーウィン伝』II—三四九」。

5　キリスト教とイスラムの間で

ある種の事実に関する情報が「大いに必要とされた」ことに、疑いの余地はない。バートンが、人間のさまざまなかかわり合いのなかの「奇異なるもの」に対する好みを、東方の文化の研究でほど有効に用いたことはなかった。「トルコ人」「アラブ」「イスラム教徒」といった言葉のまわりにある言外の意味はつねに官能性に満ちていて、ある人にとっては嫌悪すべきもの、ほかの人にとっては興味をそそるものであった。英国人の考え方では、伝統的に、たとえばモスレムの天国の概念は相伴う性的快楽と一体になって理解されていたのである。

バートンの注釈は、イスラムの信条を説明することでこの種の事がらにおける西洋人の誤った見方の是正を図る果敢な試みだった。彼はコーランを引用して、預言者ムハンマドのいう天国とは精神的、知性的な一つの状況であること、また「それをもっぱら官能的なものと主張しているのは無知か、布教上の方便としての虚言のみ」であることを立証しようとする。また、この天国がダンテの描いたほどには出来のわるいものではないこと、加えて、モスレムは「いわゆる〈下等動物〉」も天国に入ることを認めているのだから、彼らのほうがキリスト教徒よりもはるかに論理的であること、を確信する。さらに、ムハンマドは「手際よく〈人類の堕落〉を跳びこえた」ことにより、人間を天使にまさるとしたことにより、そして「この世にあってさえ、女を含めて人間というものの完全性」を認知したことによって、人性を高めるのに大きな貢献をした、という。

キリスト教は、この点でイスラムに較べて欠陥がある、というのは、イスラムが「体系的に高揚させた人性を、キリスト教は無限の労を惜しまず劣化させ堕落させていて」、東方ではそのちがいの結果はいやになるほど明瞭だからだ。そこではキリスト教徒は「信仰にとって目障りで、ナザレ人《びと》にあたるペルシア語の慣用語は……臆病者、腰抜け」なのだ。そして、モスレムが女性よりも男性が優れているとみなすのは腕力、知力の点、それに聖戦参加という大きな特権をもつことだけと説明する。またキリスト教徒は、もともと自分自身がもっていた女性蔑視のしるしを七世紀にモスレムに貼りつけたとして、彼らを非難する。女性を隔離するモスレムの慣習については、ヨーロッパ社会にうまく持ちこめるものでないことを躊躇なく認めながらも、バートンはそれに「大きな、注目に値する利点」を見いだす。利点の少なからぬものは——と彼はいう——このやり方でゆくと、「〈社交ダンスでのいちゃつき《フラーテーション》——これは外国人が翻訳せずに英語の借用で使っている言葉の筈[二]〉などの不品行」がなくなることだ。そしてまた、モスレムの一夫多妻だが、彼らの好色性の適例などというにはほど遠く、当人同士のきわめて公正な契約であって、女性の尊厳をなんら損なうものではない、と説く。むしろ、「性が真の自由と力をもっているのは、東方イスラム圏を措いてほかにはない」と見る。さらに、東方では男児が非常に望まれること、非常に重んじられることを示して、モスレムの一夫多妻制にもっと分別のある観念をもつことを読者に促している[1]。

西洋キリスト教世界では理解されにくいほかの慣行に対して、バートンは持ちうるかぎりの共感をもって判断を下す。たとえば割礼は、衛生上の予防措置として、また律法制定者への服従告白の論理的帰結〔神とアブラハムとの契約（創世記一七—一〇）の尊重。なお割礼はコーランには規定がない〕として称揚される。そのいずれの点でも、モスレムはキリスト教徒にまさるという。しかし、なにか大目に見ることができない行為があれば、イスラムの慣行と、おなじように褒められないキリスト教のそれとを並置することで前者の愚かさの極小化を図る。たとえば、宦官はカトリック聖職者の独身維持と組ませて、ともに忌まわしいものと指弾している。

バートンは無条件の称賛をムハンマドに向けたが、それは後者が「モスレムの家長《パテルファミリアス》それぞれを自分の一家の神祇官《ポンティフェクス》とすることで神官とその職を廃することに全力をあげ、また修道院制と独身主義をきびしく批判したからである」。コーラン第四章・第八一節の「何かうまいことが起れば、彼ら〈これはみんなアッラーから戴いたもの〉と言い、何か悪い目に逢えば〈これはみんなお前（マホメット）のせいだ〉と言う」〔井筒俊彦訳による第八〇節〕についてのバートンの批判は、「キリスト教国のどこででも言われるのと同じような、鼻持ちならぬマニ教的二元論」だった。そして「ナイト」の一説話にある、人の責任と運命とを両立させようという試みについてバートンが認めたのは、この説話の作者も、「イスラム教徒とキリスト教徒を問わず、作者と同じ道を先に行ったほかの人すべての言葉と同じで、二つの相容れないものに折り合いをつけさせることはできなかった」ということだった。

別のところで、バートンは、二人の囚人を斬首したことでムハンマドが何人かのキリスト教徒の著作で非難されていることに注目する。囚人の一人はムハンマドの顔に唾を吐き、ほかの一人はペルシアの恋物語を朗誦して、「コーランのばかばかしい作り話」よりもこのほうがいいとうそぶいたのだ。バートンはこう問いかける——「ジョン・ノックス〔スコットランドの宗教改革者。一五一四?～七二〕の顔に唾をかけ、モーセの五書〔旧約の最初の五書〕よりも一篇のフランス戯曲のほうがいいと公言した男がいたら、われらの先祖はどうしたであろうか」。偶像崇拝への非難に対しては、バートンはこう応ずる——「しかし、洋の東西を問わず、昔の偶像崇拝の匂いのするものを一つ残らず儀式から放り出すことのできた民族があるだろうか」、そして続けて、欧州大陸に残る迷信の数々を列挙する。またメッカでたまに拝金思想が見られることは弁護できなかったが、モスレムの礼拝が、雰囲気と執行の面で聖地《パレスティナ》とローマの両方でのキリスト教のそれよりも優れているとした。つまりメッカでは、「燐酸マッチでつけた天国の火というようなばかげたインチキ」を目にすることもなければ、「対立する二つの教会が体を張って猛烈に争い、秩序維持のために信仰とは無関係な勢力の蔑視のこもった干渉が必要になることもない」[三]。またメッカには、「教会の上座」で眼鏡ごしにまわりを眺めていたり、儀式の間にこっそりサンドイッチを食べたり、甘やかした犬を教会に連れてきたり、「芝居がかった音楽」を聞くためにけだもののように先を争い、どっと殺到するといった、変なご婦人方もいない、という。

バートンは指摘する——始まって間もないころのイスラムは、「キリスト教徒の住む全地域と、ローマの多神教もゴシック時代のキリスト教も拒否していたモーリタニアでただちに受け入れられた」。それは「キリスト教徒があさはかにも主張するような」武力による強制の結果ではなく、「イスラムが、求められるものを満たし、より高遠な信仰、多元状態とは対照的な統一を提供し、そしてより男性的な心的態度とより実際的な行動規範を説いた」ためだった。ヨーロッパ人は、いまでは以前ほど頑迷固陋な行動をとらなくなったとはいえ、イスラムのきわめて重大な一点の解明に努めてきた山なす書物からいまだに学んでいない。つまり「イスラム〔アルイスラーム＝唯一神アッラーへの絶対的服従〕の創始者はキリスト教の創始者とおなじく、あらたな宗教を創《はじ》めようという気を起こしたことなど一度もない」ということだ。ムハンマドの目指したのは、キリスト教が陥っていた多岐にわたる悪習を矯正することだったにすぎない。したがって偏見を排して考えるなら、ムハンマドの「改革は、キリスト教を、その後のどんな試み、とくにいわゆる〈抗議派《プロテスタント》〉諸教会のユダヤ教化的な傾向よりもさらに素朴で原初的な教義に近づけたように思われる」。

バートンは、改革を進めていたムハンマドが彼の宗教をついに確立したのは、二つの基本原則によると見た。つまり神の唯一性と家父の神官性であって、この両者は神格と聖職の多数性という堕落――バートンによれば七世紀のキリスト教会の特徴――を打破したいという願望から生じた原則である。そして最後に、バートンはパルグレイヴの『中・東部アラビアで過ごした一年間の旅の物語』〔第一章八頁参照〕における非難に対して詳細なイスラム弁護を述べ、パルグレイヴがイスラムの典型とみなすワッハーブ主義を、真のイスラム信仰から区別した。そこではバートンは、この二者の関係を「もっともひねくれた盟約者《カヴェナンター》〔十七世紀のスコットランドで長老派主義維持のために盟約した一派〕のカルヴィン主義」と「真正かつ古代のキリスト教」との関係に比較して論じている〔「ナイト」巻末論文第四章（社会的条件）A（アルイスラーム）〕。

このような次第で、「捨て去った」というのは正確な言葉でないにしても、バートンが東方でキリスト教に対してなんらかのことをしたのは明らかであろう。トレニア女史のバートン告発〔第三節三四頁〕には、現実にいくらかの根拠がある。つまり彼はイスラムとムハンマドに対する英国での誤った見方を是正しようとして、とどまることなくキリスト教を貶めたのだ。[2] そしてバートンの手によって、イスラムは決して詐欺師の首魁ムハンマドの創めた異様で邪悪な生まれの狂信としてではなく、少なくとももっと古くからあったほかの諸宗教と同等のものとして浮かび上がった。

　しかし他方において、バートンはまったくの好色漢としてのアラブの在来の概念を強めてもいる。「ナイト」の人類学的注釈とその「巻末論文」で、彼は「ソータディック・ゾーン」と称する地域での性的倒錯について非常に広範囲にわたる考察の結果を述べている。[四] ここではその考察と説明の確度を分析、論議にとりあげはしないが、バートンの記述には、本文とは直接に関係のない「奇態な」事がらをわざわざ詳述している証拠にこと欠かないと思われる。

　実際、事例によっては、人類学的注釈というきわめて幅の広いマントの保護を求めることがむずかしいものがある。たとえば、「教皇ジョーン」とか「教皇の椅子」についての言及（「ナイト」II―八〇）〔「ウマル・ビヌンヌウマーン王と息子たちの物語」第四五夜で、伝説上の女性教皇や特殊な用途の「教皇の椅子」などに触れた卑猥な注釈〕が、アラビア語の「クルシー・アルワラーダフ」つまり「（座位出産用の）分娩椅子」を説明する人類学的方法かどうかは疑問であろう。そして、「男の鼻」と「娘の口」の相関的意味は多少は知られた「人類学的」情報としてなら興味を引くかもしれない、だがそれへの言及が、「九十歳を超えた老人、日焼けした浅黒い顔に顎髭は白く、眉毛も白い。垂れ耳に大きな鼻をして、うつろな、間のぬけた、うぬぼれだけは強そうな表情」のため、それを見たシナの大王《スルターン》は笑ってしまった、という本文（「ナイト」II―三五〇）〔「せむし男の物語」第三四夜〕についての脚注という形をとるならば、どこにその意味があるだろう。また、喧嘩口論のさなかの夫婦に、相手をよく理解するように勧めて仲直りをさせようとしたスルターンの話からバートンが思い出したのは、性的能力の強いおかげでプロテスタントの妻三人を「聖なるカトリック教会に改宗させた」あるアイルランド人のことだったとは、何という奇妙な連想だろうか。さらに、あるスルターンが「何ものにもまさるうれしさ」で驚喜し（「ナイト」I―一二五）〔「妬み男と妬まれ男の物語」第一三夜〕、正気を取り戻した自分の娘の両目にキスを与えた場面に付した、「どこにキスをするかではうるさい東方における父親の挨拶」という人類学的注釈は、その出来ごとを読者に分からせるには役立つ。しかし、つけ足して「一番キスを受けるに値するものはなに？」という問いに対する卑猥な答えを引用した（「特別に猥褻でもない、あるペルシアの書物〔すべての問いが冠詞〈アル〉で始まるので〈アル書〉と呼ばれる問答集という〕」から）ことには、何の意味があろう。バートンは本文中の卑猥な記述を、ジョンスン博士〔サミュエル、辞典編纂者、一七〇九～八四。辞書に卑猥な語句の収録が多すぎるという一貴婦人の苦情に対して〕が言ったと伝えられる、あの「奥様、その手の言葉ばかり見ておられたのですね？」を用いて弁護する。そして「出生率――国家の繁栄の要《かなめ》の――に致命的な、大きな、しかも増えつつある悪習と闘う」という意思を表明し、人類学的注釈で 'Le vice contre nature' 〔自然にそむく悪習、性的倒錯〕に関する詳細を明らかにしたことを正当化する（「ナイト」X―二〇四）〔「巻末論文」第四章（社会的条件）C（ポルノグラフィー）〕。初めの主張に使われた類比にはいささか無理があるが（辞典の存在意義《レゾン・デートル》は文学作品のそれとは異なるから）、それにしても、逐語的に翻訳するという権利をバートンに認めた以上は、本文中の卑猥性を非難する評者の主張でバートンが傷つくことはない。彼に落ち度があるとすれば、むしろ逐語訳を選んだことだ。同様に、第二の主張に見られる愛国的理屈づけを認めるなら、おそらくバートンの人類学的注釈の大部分は擁護されうるだろう。しかし彼は、先に引用したいくつかの事例に見られる低劣な趣味を弁護するに足りる論拠を用意していない。それらの事例は、本文にも、英国の出生率にも、中世のイスラム教徒にも、関わりのあるものではない。したがって、これらの事例の意義は、バートンの気質を明らかにしたところにあると見ないわけにはいかない。

インドのことでバートンに強い印象を与えた一つは、「草木に驚くばかりの繁茂をもたらす強烈な気候で、それがインド在住英国人《アングロ・インディアン》の個性にもおなじような効果を及ぼしているらしい」。バートンは、たとえば信仰心が乏しい傾向の人は「驚くばかりに不信心に」なり、また前から信仰心のあった人は「これまた驚くばかりに信心深く」なったという。[3] あるいは、同様のことがバートン自身にも言えるかもしれない。まちがいなく、彼の大胆さは、驚くばかりに成長を示したのである――「第一歩」の脚注（I―一二六）で性病の名を記すことを注意深く避けたときから、「ナイト」で公然と述べたときまでの間に。[五] そしてまた、「第一歩」（I―一二六）で「アラビアン・ナイトのほぼ五分の一は翻訳にはまったく不適」とし、「もっとも楽天的なオリエンタリストでも、残りの四分の三以上を逐語的に翻訳する勇気はあるまい」と思っていたときから、「ナイト」で彼が完全な逐語訳を実行したのみならず、「目障りな事項の割合は厖大な作品のなかでごく小さい」ことに読者の同意が得られることを確信し、そして旧約聖書中の「人糞や女性の陰部、性交や恥知らずな売春、不義密通、オナニズム、男色、獣姦への言及」（X―二五三～四）〔「巻末論文」第四章末尾〕について読者の注意を促すことにより、「ナイト」を弁護したときまでの間に。

訳注

一　ナザレ人《びと》――ユダヤ教、イスラムの立場からキリスト教徒を指す言葉。バートンは、これは西暦四三年ごろにアンティオキヤで初めて「キリスト者」Christian という言い方が生まれた（「使徒行伝一一―二六」）ときよりも前からあり、またアラビア語で直接に「キリスト者」を意味するのは、単に「マシーヒ」（＝メシアの信奉者）だという（「ナイト」第二五夜の注）。

二　英語の借用で……――英語の動詞 to flirt（いちゃつく）が、そのままフランス語の flirter, ドイツ語の flirten となって定着していることをいう。

三　燐酸マッチでつけた火……――当時エルサレムでは、たとえば復活祭に聖墳墓教会内の聖墓からのろしのような火を噴き上げさせて無数の巡礼を驚かせたり、聖跡を管理するローマ・カトリックとギリシア正教（ならびにアルメニア教会）の主導権争いに外国領事が仲裁に入る、あるいはトルコの知事が警察権を行使する騒ぎなどが日常化していた。

四　「ソータディック・ゾーン」――ソータディックは、前三世紀のギリシアの諷刺詩人で回文詩の創始者、ソータデース Sotades（アルカディアの町マンティネイアの人で、プトレマイオス二世フィラデルフォスを嘲弄したため鉛の箱に入れて海に投ぜられたという）を指す。野卑、とくに男色をテーマとしたその詩句（「巻末論文」四―B（女性）の注では、例に 'Cinaedica' という詩が挙がっている）から、バートンがとくにその意味で用いたもの。世界で男色が盛んな地域は、地中海沿岸、西アジア、インド、東アジア（含日本）、南洋諸島、米大陸という環状をなすという。

五　「第一歩」の脚注で……――バートンの記述は、各地での同病蔓延の情況や原始的・呪術的治療法などについての所見である。ついでながら、一八五五年にベルベラで負傷してアデンに戻ったとき、バートンは第二期梅毒の症状を示していた（彼自身の認識は不明で、また顕著な悪化もなかったようだが、いまでは晩年のさまざまな体調不良がそれに関連づけられている）。この事実は、一九六六年刊ゴードン・ウォーターフィールド編「第一歩」*First Footsteps in East Africa*, ed. by Gordon Waterfield, London 1966 で、新しく発見された資料（アデンでバートンを診察した軍医の公式報告書で、事実記載と早急な本国送還を具申した三行だけのもの）に基づき初めて公表された。その後に出たバートンの伝記の主要二種（F. Brodie 1967, M. Lovell 1998）では多方面から論じられているが、一九六四年刊の本書の著者（トマス・アサド）には知り得ない情報だった。いうまでもなく著者は、バートン自身の問題とは無関係の、つまりこの種のことを話題にすること自体が憚られたヴィクトリア時代を背景としたバートンの考え方の変化に注目したにすぎない。

原注

1 「ナイト」III―二一三〔「カマルッザマーンの物語」第一七〇夜の注釈〕。「ナイト」で女性の演ずる役割の詳論については、「ナイト」X「巻末論文」一九二〜二〇二〔四―B（女性）〕を見られたい。

2 この好例が「ナイト」VII―三七一〔「ムハンマド・ビン・サバイク王と商人ハサン」第七七六夜。ミスル（＝エジプト）についての注釈〕にある。「けれどもモスレムは自由を熱烈に愛することで元気づいたのであって、〈練達者〉アルハッジャージュ〔イブン・ユースフ、六六一〜七一四。再三の反乱を鎮圧したことで知られるウマイヤ朝初期のイラク総督〕の制圧下のクーファは、独立への渇望がいやされぬ十万人の荒れ狂う住民を失っている。このようなことは、初期キリスト教徒にはまず見られない。若干の頑強な殉教者を除けば、彼らが歴史に現れるのは、世界がいまにも終わろうとしているという、自分自身のおそろしく無知で有害な妄想にいつも常時重苦しくとり憑かれたあわれな男《ポヴル・ディアブル》、臆病者《プル・ムイエー》としてであった」。

3 イザベル・バートン前掲書I―一〇三に引用の日記より。

6　哲学的、宗教的姿勢

前述のような聖書の見方は非常に特化的で、批判者の裏をかくために計算されたことはいうまでもない。しかも、バートンはユダヤ教にもキリスト教にも信仰があったわけではないから、不敬の語調にも不自然さはない。その上、バートンのイスラム称揚も同様な動機に基づくことは念頭におく必要があろう。彼が〔メッカ潜入にあたって〕モスレムを偽装したのを批判されたのは、欺瞞的というだけでなく、ヨーロッパのキリスト教徒として恥ずべきこと、体面にかかわることとしてである。つまり彼がイスラムを称賛したのは、少なくとも部分的には西洋の偏狭と無知への答えとしてなのだ。むろん、彼は真のモスレムではなかった。

バートンは二篇の自伝的エッセー、一つは一八八八年にヒッチマン〔フランシス、『サー・リチャード・バートン』の著者。剽窃専門の悪徳作家だった〕むけに書いたもの、他方は一八七六年に妻に口述したものだが、そのなかで少尉としてインドのゴアにいたときのローマ・カトリックとのかかわりを述べている。詳しいことは不明で、彼はただ「隊付き牧師の〈説教を拝聴する〉」のをやめ、「駐屯地のバルトレル（使用人頭、従僕の長）そのほかの用人に心の慰めを施していた、チョコレート色の肌をしたゴア人の司祭が勤めるカトリックの礼拝堂に移って」[1]仲間を驚かせた、としか語っていない。それは一八四三年の話で、この行動を述べた動機は現地人をよく知るために彼らと交わっていることの説明だったようだ。それ以上の推測は無理、と私は考える。この一節から何かを理解できる人がいるとすれば、その一人にちがいないバートン夫人は、その事件が夫と知りあう前のことで、夫から聞いたのは結婚してずっとのちのことだった、という点に批評家たちの注意を求めて終わっている。ところが彼女はつぎのようなバートンの言葉を伝えている（「伝記」I—一二三）——「男がもし信仰をもつなら、カトリックでなくてはならぬ。あれは紳士の宗教だった——俗人にとっては、それで生活するのはたまらない宗教、けれどもそれで死ぬなら結構な宗教だ」。夫のことをカトリックだったと偽っていると言い立てる批判者に答えて、バートン夫人はこう述べる——「夫を敬虔で実践的なカトリックと言ったことはなく、ただ、夫が教会員として認められており、彼も死ぬときはその礼式によるつもりだった、と申しあげただけ」[2]。夫の「伝記」の序文でバートン夫人は、彼女の批判者は「無名の者《アノニマス》」とか「不可知論者《アグノスティック》」とか署名された手紙の形をとって現れるが、彼女が夫を一「英国人不可知論者《イングリッシュ・アグノスティック》」と呼べば彼らは納得するまい、と述べる。そして夫は「大《マスター》スーフィー〔イスラム神秘思想家〕」だったと言い、この言葉を用いて、スーフィズム〔イスラム神秘主義、その思想〕を、適切ではないかもしれないがおもしろく説明している。[二]

バートンの信仰上、哲学上の所信を示すのに一枚のラベルを貼るのは、むずかしいと同時に無益でもある。しかし、所信そのものは容易に突きとめることができる。というのは「カシーダ」〔二三頁参照〕が一篇の哲学的、宗教的論文[三]になっていて、FB（フランク・ベーカー）なる筆名を用い、詩は翻訳という体裁をとっているにもかかわらず、バートンが自分の所信をきわめて真摯に開陳したことに疑いの余地はないからだ。序言、「原作者」についての解説、そして詩自体の注記を合計すれば詩の全体を超える分量の叙述を通じて分かるのは、バートンが、この作品を非常に真剣に受けとめさせようと思っていたということである。詩作は一八五三年で初刊は一八八〇年だが、その後の著作のどこを見ても、バートンは詩に盛られた信条との矛盾を犯していない。したがって、バートンの哲学観を概観する上で、「ナイト」と「カシーダ」の両方から年代は度外視して引用をおこなっても差し支えはあるまい。

キリスト教とユダヤ教の双方にとっての最大の欠点は、「ナイト」（X—一八五）〔「巻末論文」第四章A（アルイスラーム）〕でバートンのいうところによれば、両者とも「人類の進歩、つまり賢明な人間が純粋な満足を得られる、おそらく唯一の信仰」をまったく無視していることだ。その欠点が、人間の尊厳——バートンの個人的自尊心と解きほぐせないほど密接に絡みあった——についての彼の意識を苛立たせる。両宗教の組合せがもっとはっきりと見られるのは、おそらく、彼のキリスト教徒とモスレムの伏礼の批判（「ナイト」V—一九六）〔「アブルフスンと女奴隷タワッドゥド」第四三九夜（礼拝の姿勢についての注釈）〕であろう——「まるで下肢を切り取られたように跪き、手首を縛ってもらおうと差し伸べている捕虜のように両手を合わせる（'dare manus'《ダレ・マヌス》〔ラテン語「手を与える＝降伏する」の意〕）、拝礼者の姿としてはほかには見られない」キリスト教徒と、「北アフリカのさる部族に、〈奴らは尻を天に向ける〉からといってイスラム教《アルイスラーム》を拒否させた」モスレムの伏礼。それでも彼は、「まず自分で一つの神格を、創り出しはしなかったものの見つけ出したほどの、いたって敬虔な神霊感覚sensus Numinis《センスス・ヌーミニス》……信仰心」の普遍性は認めている。このゆえに、彼は「子らよ、汝らには父はいまさず」というノヴァーリス〔独・詩人、一七七二〜一八〇一〕のキリストとは合わず、'Un monde sans Dieu est horrible !'〔神のおわさぬ世界はおそろしい！〕と叫んだことでルナン〔仏・哲学者、一八二三〜九二〕に与《くみ》する。[3] しかし、自分だけの神を信ずることに発する無限の撞着のようなもののために、バートンは「ある知られざる、知るべからざるものへの思いに慰藉を求め」ねばならなかった（「カシーダ」六八頁）。

こうした「撞着」の最たるものは、人間の自由意思とならんで神の予見が存在することである。バートンによれば、自分だけの「神」のかわりに「法」を用いることで、この問題は解消する（八四頁）。このような「法」は彼に「修正宿命論」を抱かせた。それは、「アッラーへの絶対的服従《アルイスラーム》」においてきわめて高貴な域に達したと彼の見る、「宿命、運命の定めへの誇らかな忍従」（「ナイト」X―六四）（「巻末論文」序論末尾）にどこか似たところのある宿命論である。ラマルク（仏・生物学者、一七七四〜一八二九）とおなじく、彼は意思といえども決して完全に自由ではないと考える。また、人間とは「自然の大前進と同格の言葉であり、時間で区切られた宇宙の何区画かのなかで作動している、生物体と環境の相互作用の結果の一つ」であり、「心」とは「物質の特殊なはたらき」を説明するのに好都合な言葉であり、人間の能力とは中枢神経の動きが外面に現れたものであり、そして「あらゆる観念、神のそれすらも」、「動物用のやわらかい食物の小さな塊かなにか――脳のこと――の拍動のようなもの」であるとする。したがって、彼は猿と類縁のあることに異存はなく、さらに重要なことでは、自分の自由意思で生を享《う》けたわけでなく、この世で従わねばならぬ法律や環境の制定に参画したわけでもない以上、自分の行動に対しては責任を負えない、とする。彼は言う――「宿命があるとは感ずるし、知ってもいる。けれども私になにが降りかかり、あるいはなにが降りかからないかを知ることはできない」。この、なにが起こるかを知りえないということが、バートンにとっての最高にして唯一の義務は「完全性の追求」であることの明確な指示となる。彼は「無私の人間」というものをどうしても信ずることができず、それは彼にとっては「倫理感覚の逆転」を意味した。彼は、自分の個々の言行がもたらす結果をすべて注意深く評価することを道義上義務づけられている。しかし「未来が過去となったときに」、「普遍的な法の命じたものを嘆き、あるいは悔いることは一人間としてまったく無益なこと」であろう。そして後悔についていえることは、良心にもいえる。こうした考えに含まれる「善行への報奨」が適用されるのは将来に向けてであって、過去に対してではありえない(「カシーダ」八〇〜三)。

「カシーダ」からわれわれが知りうるのは、死後の生というものについて、感性、情愛がそれを必要とするらしい、というバートンの見方である。しかし、この感性には決して普遍性はない。仏教徒もウラル・アルタイ語系の人も、儒教を奉ずる人たちも死後の生という考えには否認、無視、ないしは異議を唱えている、とする。その信奉者ですら、この世のいくらか理想化された複製にすぎないものとして、常時それを見ていることは否定していない。たとえば預言者ムハンマドは、彼のいう貧しき者にとっての天国をすばらしい食べもの飲みもので成り立っているところとした点で、大した知恵者であった。なかば飢えているベドウィンは胃袋より考えることはなく、「ただの満腹」にまさる幸せは夢に見ることもなかったからだ。[4] 不死の可能性は否定しないまま、「カシーダ」(七一〜二頁)でバートンは、そのことにあまり重きをおくことを遺憾とする。なぜなら、それは人工の「精神刺激物」で、いまのこの時代では人生の秩序だった前進を妨げるからだ。そして確証がない以上、賢明な人は判断を保留すべきで、「さまざまな重大な出来ごとの危険にさらされつつ前進して、最高の目標――人類の進歩にいたるあの受容力のある気分を養わねばならない」。

降霊術者の「一段と高い生へ旅立たれた」という常套句は、まったく実証しえない推論を具体化したものだが、しかも降霊術が盛んなのは、「霊媒を通じてのことであるにしても」〔バートンは霊媒自体には冷淡だった〕将来の有様を伝える意見が未来の存在についての「ただ一つありうる、分かりやすい」仮説だからだ（「ナイト」IX—五四、八六）〔「ヒンドのジャリアード王と宰相シマス」のD（第九〇六夜）とG（第九一六夜）の注釈〕。こうして、「ナイト」のある巻（Ⅶ）は、つぎのような慎重な言いまわしの文言で「以前、パリのラフィト街二番地に在住のフレデリック・ハンキー」[四]に献呈されている——「もし〈永続の生〉というものがあるならば、貴下はこの言葉を遠く離れた霊の国にあって読み、旧友が貴下とアニーを忘れてはいないと知られるであろう」。

しかし、「心霊主義者」は、どう言い方を変えようが厳密にはバートンにふさわしくない。レディ・バートンは一八七八年十二月に彼が全英心霊主義者協会でおこなった講演を引用している（「伝記」Ⅱ—一三七～五七）。それは、心霊術に関するバートン自身の所信について不思議なほど言質を与えないものだった。もっとも、彼は東方での降霊現象の体験を詳しく述べ、降霊術を、今後の科学にとって重要な研究分野の一つであることに疑いの余地はない一種の「動物電気の力」と呼んでいる。「ナイト」（Ⅲ—三四六）〔「カマルッザマーンの物語」第二三六夜〕では、彼は東方できわめて多数の「奇跡」を見聞きしたので、その力を無視することはできないと言う。そしてまた、頻繁に起こる現象の一つは「隠れた物ごとへの異常な内向視力、予見であって、それは完全な愛の特性、特権」だと述べる（「ナイト」X—二六）〔「靴屋のマアルフと女房ファーティマ」第九九五夜〕。バートンは物質を永遠のものと言い、またバークリー〔アイルランドの哲学者、聖職者、一六八五～一七五三。「存在するとは知覚されること」の言で知られる〕を詭弁家と見るが、彼自身をまったくの物質主義者の部類に入れることはできない。彼は「カシーダ」のなかで（六九、九〇頁）、魂は物質ではないと強調している。それは一つの物ではなく、「人格の感覚、個々人の独自性の感覚」を表す「いろいろなものの状態」なのだ。さらに、彼は「感性、ひょっとすると人生でもっとも影響力をもつ実在である情愛」に、大きな意味を与えている。

バートンは、いまのところ知ることのできないものが多くあると認める（「ナイト」I―二四九）（「ヌールッディーン・アリーとその息子バドルッディーン・ハサンの物語」第二四夜）。「真理」自体が完全には分かっておらず、「大きな疑問はいまも残る、真理とは何か？」。しかし真理は探求されねばならない、「真理のみを、人類がその進化の現段階で理解できるかぎりの真理を」。ベーコンのように真理を効用に結びつけることを、バートンは潔しとしない。彼は思考力を、「経験に基づく《ア・ポステリオリ》妄信、〈事実〉の崇拝、そして総合の神聖視」による被害者と見る。そしてロック（ジョン、英・哲学者、一六三二～一七〇四）が生得観念《インネイト・アイディア》という考えを拒否して、無謀にも過去と訣別したのを惜しむ。つまり、そうすることでロックは進歩と称する「しばしば退行することもあった」動きに手を貸し、また「個性という甘やかされた考えに起因する自己本位の生長」を煽ったという（「カシーダ」七一頁）。真理はそれ自体のために尊重されるべきで、なにかの報いを期待してでも、いずれかの制度や理論に役立つものであってはならない、とする。

そして、真理にいえることは善についてもいえねばならない。「贈賄して脅かすやり方」は、つまり「善という抽象的な概念は徳行に励む有効な動機にはなりえない」と考えるような心的態度は、見下げはてたものだ（「ナイト」X―一八三～四）（「巻末論文」四―A（アルイスラーム）の注記で、シオドア・クライストリープの論文（一八七四）中の言葉を引いての反論）。さらに、行為自体の善し悪しは相対的なものにすぎない、「なぜなら、道徳といっても、良心とおなじく場所と時代によりけりだから」（III―二四）。バートンは「カシーダ」（七五～七頁）で、「原罪」、ニューマンが「原初的不幸」という教理――カトリックや、さらに教理目録《スケデュール・オブ・ドクトリンズ》で人類の堕落を強調する「もっとも開放的なキリスト教会」さえもが主張するもの――に強く異議を申し立てている。この説は非科学的だが、悪はアダムとその精子とともにこの世に現れたと信ずることもしかりである。アダム以前も、世界は怪物どもで一杯で、「殺しの理法」が「進化の理法」だった。このような自然の残酷、事物の破壊性をすべて説明できるのは、立法者なき法のみであり、したがって全知の神なる立法者という観念と悪の存在とを両立させる試みは、破綻を免れない。しかしバートンは、アウグスティヌスとおなじく「絶対悪は存在し得ない、それは必ず善に対抗して現れるゆえに」、また「F・W・ニューマン〔枢機卿J・H・ニューマンの弟、哲学者、神学者。一八〇五～一八九七。神学では兄と対立した〕のいうように〈悪もまた善の黙示にほかならぬ〉と考える。すべて世にあるものは、「ヒンドゥー教のいうアゲサ、すなわち生の流体、あるいは生命力」をもつかぎり同等である。ポープ〔アレグザンダー、詩人。一六八八～一七四四〕の大いなる英知は、その「理解されざる階調」と「部分的なる悪はすべて普遍的なる善」という言葉で明らかなとおりだ、とバートンは言う。

しかし、世界には不幸があることを、誰が否定できよう。バートンはそのはびこりを嘆くのみだったが、「基盤に欠陥があるとみなし、不幸を生み出し、養っている無知を根こそぎにすることで緩和しようと決意する」。人生は、行きつく先がどこであれ、「悲嘆という基礎に建てられている」。「人間性の挙げる声、そして人類の裁断である文学は、存在すべてが悲痛という一つの状態だと宣言している」のではなかろうか。「現代の誇りの一つ」の枢機卿ニューマンに和して、バートンは「〈世界の光明も、悲哀、悲痛、苦悩の記載で満ちた預言者の巻物以外のなにものでもない〉」と認める。だがまた、この幸福と不幸という問題を解こうとして仏教からも手を借りる――幸、不幸の双方が個人に、そして一体としての世界にひとしく分配されているのだ。つまり「最高等の生物体は、もっとも深い悲しみとともに最大の喜びをもっとも感じやすい」、したがって「乞食も、総じて幸せであるのは王子とかわらない」。人の知的、精神的能力を高める努力の利点はなにかと問われると、バートンとしては「法とはそういうもの」、だから従わねばならない、と答えるほかはない。そして自分の人生観を「例の仏教的厭世観の気味がかかった、スーフィーのそれ。夢見るような東方の詩人がいつも歌いあげる、実存在の深い悲しみ……人生のみじかさ、みじめさへの、泣いて当然の泣きごと」だと、説明する。慰めはただ一つ、「みずから修養することと、穏やかな情愛のよろこび」のなかに見出しうるものだ。情愛には「好感と、〈憐憫という神の贈りもの〉」が含まれる、と彼は言う。

　これが、原作者の意図する趣旨だ、と翻訳者としてのバートンが主張するものである。それは、「懐疑的な、あるいは今ようにいうならば科学的な気質と混ざりあった人道主義の東方版」なのだ。

> こうして彼は、それがすべて正しい、あるいはすべて誤りと証明しうるような方式を見出そうとする――それらの相違を調整するもの、過去のいろいろな信条を総合するもの、現在を説明し、絶え間なく、とぎれることなく発展するものとして将来を期待するもの――しかも消極的、差別的ではなく、むしろ逆に、強烈に積極的で建設的な一つの手順によって、である〔翻訳者FBの注釈の形をとったバートン自身の所感〕。

あまり成功しているとは言いがたいアイロニーを損なわぬように配慮しつつ、バートンは上述のような望みを批評する。「私は審判の席につくことを求められてはいない。だが、そのような試みが成功すれば不思議だ、と言いたい……ただ、いまのところは彼は試みに満足している――これが要点だ」。

訳注

一　それ以上の推測は無理……――バートンの最初の本格的な著作『ゴアと青い山脈、あるいは病気休暇の六ヶ月』Richard Burton, *Goa and the Blue Mountains or Six Months of Sick Leave*, 1851 に述べられた話を含めてのことであろう。ゴアの療養所の近くにあったポルトガルの「サンタ・モナカ修道院」でラテン語を教えていた若い修道女を見そめ、深夜に侵入し暴力的に誘拐しようとして失敗した男のことが、実行者の相棒だった実在のポルトガル人からの聞き書きとして出ている。バートン自身の体験と主張する人が多いが（バートンの姪はその一人）、確認の方法がない。

二　この言葉を用いて……説明している――「伝記」に述べられた回想。バートンがインドで一八四〇年代末に「スーフィズム、つまりイスラムのグノーシス主義 Sufism, the Gnosticism of al-Islam」を学び、断食その他の修行をつんで正式に「マスター・スーフィー」に叙せられたと語った、ということを指す。なお「アグノスティック agnostic」は、当時の生物学者T・H・ハクスリーがギリシア語の gnosis（知識）から造った新語だった。

三　詩は翻訳という体裁――ハジ・アブドゥル・ヤジーディー作の長詩を作者の友人で弟子であるFBが翻訳、注釈したという設定。FBのベーカー Baker は、バートンの母の実家姓。

四　フレデリック・ハンキー――マルタ総督サー・フレデリック・ハンキーの子息。穏やかな物腰の紳士だったが、近衛連隊勤務を辞し、一八四七年よりパリに居住してポルノ文書の収集、異常性行動の追求や、若い女性の皮膚を鞣《なめ》して書物を装丁するといったことに打ちこんだ人物。バートンは一八五九年以来、交際を保った。

原注

1 カトリックの礼拝堂に移って——イザベル・バートン「伝記」I—一二三に引用の日記より。一八八八年にヒッチマンむけに書かれた自伝（イザベラ・バートン前掲書I—一三五に転載）では、この出来ごとはバートンが「ブーブー」、つまり英国人でない現地妻をもつやり方を調べていたことに繋がっている。そのような仕方が「ポルトガル人の神父《パードレ》」におもしろいわけはなく、バートンは司祭にとって厄介なお荷物になっていた。

2 イザベル・バートン「伝記」I—一二三脚注参照。この応酬は、非常に劇的だった臨終の場についてである。レディ・バートンは同書II—四一〇～四でその情景を述べて、司祭にローマ・カトリックの終油の秘蹟を施してもらったとき、夫は意識はなかったが生存していたと言う。しかしジョージアーナ・スティステッドの『大尉サー・リチャード・F・バートンの真正伝記、バートン家の許認、承諾済み』Georgiana Stisted, *The True Life of Captain Sir Richard F. Burton, With The Authority And Approval of The Burton Family*, London 1896, pp.409-14 は、バートンはすでに死亡していたと主張し、レディ・バートンが強要したカトリックの礼式を笑いものにしている。意味があるかもしれないのは、バートンの姪であるミス・スティステッドの執筆がレディ・バートンの死後であること、そして彼女が頑固な反カトリックだったことだ。バートンの生涯で最後の三年半を彼に付き添い、またバートン死亡時にも居合わせた医師は、この論争では沈黙を守っている。クレンフェル・ベーカー博士『私の知るサー・リチャード・バートン』Dr. F. Crenfell Baker, 'Sir Richard Burton As I Knew Him,' *Cornhill Magazine*, New Series, LI 1921, 411-23 を見られたい。アフマド・アブドゥラー前掲書〔五四頁参照〕九〇～一〇七頁はスティステッドに倣い、ウイーダ前掲文〔五七頁参照〕一〇四三も同じで、「この行為について他人がどう見ているかは関知しないが、私にとっては許しがたい背信だった」とする。トマス・ライト『サー・リチャード・バートン伝』Thomas Wright, *The Life of Sir Richard Burton*, 2 vols., London 1906, II, 240 は、バートンは「死亡していたが体は温かかった」と言っている。ウィルキンズ前掲書〔七一頁参照〕七一三～五は、スティステッドの非難には整然と対処し、結論としてレディ・バートンの説明のほうに一層信憑性が出てきたとしている。

3　リチャード・バートン『ハジ・アブドゥル・ヤジーディーの長詩《カシーダ》』Sir Richard Francis Burton, *The Kasîdah of Haji Abdu El-Yezdi*, Portland, Maine 1911, p.67. 原本初刊は一八八〇年。

4　「第一歩」I—一〇八。

7　時代とバートン

残念なことに、このトラヴェラー・探検者、帝国主義者、人類学者そして哲学者を吟味するにあたって、筆者は余儀なくバートンを死なせてしまった。彼自身の言葉を頻繁に引用したにもかかわらず、本人のあたたかみ、人間味は、筆者の分析をすりぬけている。バートンの人となりの所在は、これまで検討してきた主要関心事のみでなく、本書では無視せざるをえなかった無数の副次的な事項にもおなじようにわたっているためだ。ほぼ同様の問題に直面した、筆者よりは芸術性がゆたかだったあるバートンの伝記作者は、「誰の顔にも、その背後の心にさまざまな気分があるのと同じく、多くのちがった表情が現れる」と記した。そして結論として、そうした多くの顔のどれでもなく、多数の顔が一緒になって描き手の心に作り出した一つの像を描写するのが芸術家の仕事だ、と彼は言う。[1] 芸術を僭称するつもりもなく、もなく、また単純化しすぎる危険を冒すことではあるが、少なくともある程度までは、つまりこれまで論じてきたさまざまなバートン像の総合を試みるところまでは、この忠告に従うことができる——そして、当人の感受性にアラビア語が与えた影響について、最後に若干述べておきたいと思う。

私見では、バートンの気質を理解するときの基礎に置かねばならぬもの、それは感受性と、男性的精力の横溢あるいは精悍さとの相互作用である。[2] 既述のとおり、この結びつきは、彼の伝記作者のほぼ全員とバートン自身が語る、高慢で人見知りする少年像に見られる。つまり彼は一方では陰気で神経質であり、他方ではありとあらゆる少年的悪行にのめりこむたちだった。また、オクスフォード時代の彼に強い印象を与えたのはニューマンの説教のやさしさ、こころよさだけではなく、ボクシングと飲酒と、そして考えられるかぎりの悪ふざけを可能とする機会だったことも前述した。東方との接触においても、彼を惹きつけたものを、感情に訴えたものと感覚へのそれとに分けて考えねばなるまい。多数の言語をものにし、比喩的表現や慣用句にこめられた精神そのものを把握しえた能力は、感性の鋭敏さと共感的な想像力の豊かさを証するものだ。彼は外観的にはどこから見ても、また物の考え方においてすらも、現地人になることができたし、彼自身アラブで通るまでにアラブを理解していた。他方、細部にまで夢中になりうるたちで、その結果自分の勘に縛られることもよくあった。精悍な生き方を大いに楽しみ、また物理的な事実に深入りするあまり、より大きな意味にむかって事実の体験より上に出られないこともしばしばだった。[3]たとえば、見ること感ずること、人生をただの物理的水準で体験することに足を取られて、彼はしばしば自分の著作を「事実」で埋めつくした。その詳細を捜し出したのは、人間のさまざまなかかわり合いのなかにある奇異なものへの嗜好であり、[4]旅の危険への陶酔であり、ヴィクトリア時代の因襲や道徳でまわりを局限されることのない東方で、単なる動物的存在として生きる機会をよろこぶ気持であった。

精悍な生き方へのこの願望を、バートンは実用にあてようとした。彼が、祖国のために尽くしたいという希望に自分の「人類学」の知識を結びつけたことは、すでに見たとおりである。性倒錯を明るみに出すことで、国家の繁栄の敵、出生率の低下に対する闘いの第一歩としようと彼は考えた。また、旅と冒険への好みを地理学と隣接諸学の目的に役立てようとしたことも見てきた。彼が東方の最大の魅惑と思ったもの、つまりヨーロッパ文明の数々の慣行からの解放を、彼は大英帝国主義に奉仕する議論に利用したとも言いうるであろう。実際的なバートンは、文明化されていない世界のこの部分を、英国の強い支配をぜひとも必要としているものと心に描いていた。その哲学的原則のいくつかもまた、あきらかに実際的である。たとえば彼は、自由意思と宿命との関係を、両者が共存することで自分が伸びる刺激が得られる、それも自責や後悔を感じずにすませられる形で、といった具合に理解した。自由意思を、彼は行為の前に強調した。その行為を終えた上での、宿命であった。

しかし、実際的、現実的なバートンと、感情で魅せられてしまったバートンとの間には、つねに緊張があった。自分の哲学で、彼は情愛がおそらくはもっとも影響力をもつ実在であろうと認めていた。彼の世界観には、人類の悲惨、悲哀に対する深い愁いというまったく東方的な基盤があった。そして芸術家として認められたい、という彼にとっては唯一の要求を抱かせたのは、彼の気質のなかのこの面である。二つのバートンの間にある緊張は、おそらく彼の著作のすべてにはっきりと見ることができる。しかし文学の名に値するものがあるとすれば、それは想像力に富むバートンのために事実本位の彼の影が一時的に薄くなっている「巡礼記」「第一歩」「カシーダ」、そして「ナイト」のそれぞれの一定部分にすぎない。いうまでもなく、これらはアラブ文化ともっとも直接にかかわりをもつ著作である。そして文学的バートンを読者の前に連れてくるのに主役を務めたのは、著作の主題だと見ていいだろう。こうした著述がなければ、バートンはせいぜい『カモンイスのウス・ルジーアダス』(一五七二年作) *Lusiads of Camoens* のポルトガル語からの翻訳者として文学界の注目を求め得たにすぎないだろう。そのほかの著書、『中央アフリカの湖水地帯』*Lake Regions of Central Africa*, 1860,『聖者たちの町』*City of the Saints*, 1861,『未踏査のシリア』*Unexplored Syria*, 1871,『ミディアンの金鉱』*Gold Mines of Midian*, 1878,『ミディアン再訪』*Midian Revisited*, 1879 そして『黄金を求めて黄金海岸へ』*To the Gold Coast for Gold*, 1883 などは、第一義的にはそこに盛られた地理学、考古学、鉱物学、人類学の情報が興味深いものである。これらの書物は物語的なおもしろさがあるわけでなく、「巡礼記」や「第一歩」の描写的文章と比べうるものもない。けれどもこうした初期の著書においてさえ彼の執筆は質的にまちまちで、批評家たちをして彼に文学的才能の欠けていることを嘆かせたものだった。[5] バートン自身も、芸術家的才覚のなさを自覚していたかもしれない。[6] これらの初期の著書とのちのそれとでは、技法面の変化が歴然としていて、意図したものでないとは思われないのだ。「巡礼記」と「第一歩」にも、後期の著と同様に注釈と付録がつけられているが、こうした補遺類はのちの旅行記録におけるほうがより学問的である。最後に「ナイト」だが、原文に対する訳者の想像力ゆたかな理解が顕著な文章があるものの、バートンの共感的想像力の表出よりは、むしろその「人類学的注釈」と「巻末論文」に盛られた「事実」の豊富さで知られる。

ところで、東方の影響の強さは、バートンの生まれつきの想像力に満ちた共感とこまやかな感性を一時的に卓越したものとするのに充分であった。このことが明らかなのは、「巡礼記」と「第一歩」の多数の個所や、それよりはさらに説明的な「カシーダ」の二行連句《カプレット》、そして「ナイト」になるとまれにしか見られない部分などだけではない。それは、宿命論や、人生は悲哀の上に築かれているという信念[7]や、あたたかい情愛のよろこびを人にとっての唯一の慰藉であるとする確信といった、彼の世界観のいくつかにも見られるところである。しかし同時に明白なのは、精悍に生きようとする衝動、冒険心、奇異で「人類学的」なものへの嗜好、そして英国の帝国主義への堅固な支持などにバートンを思いのままにふけらせる材料を、東方が提供したことだ。バートンは、自分の求めるものをすべて東方で手に入れた。むしろ東方で入手したものすべてを自分自身の用に振り向けることができた、と言ってもいいであろう。彼は気質的に、西洋で東方のものとされることの多いロマンティックな魅力に対して弱く、その魅力に対する恋の虜となった。しかし彼はまた、相手の持参金を値踏みすることのできる実際的、現実的な男でもあったのだ。

訳　注

一　不思議な芳香——バートンが、アルジェリア駐屯フランス軍人が入手して訳した仏訳書から英語に重訳し、のち長年にわたって完全なアラビア語原典を北アフリカ各地で捜し求めた好色本シャイフ・ネフザウイ『香りの庭』*Perfumed Garden* あるいは『匂える庭』*Scented Garden*（立木鷹志訳〈仏語版より〉『匂える園』青弓社、一九九四）にちなむものか。

原　注

1　A・シモンズ〔アーサー、詩人、批評家。一八六五〜一九四五〕『顧みられぬ、謎の天才』A. Symonds, 'Neglected and Mysterious Genius,' *Forum*, LXVII, 1922, 246.「バートンの容貌は事実として美しくはなく、そこに現れているのはすさまじい獣的精気、獰猛さが抑圧されている感じ、悪魔的な魅力である。拷問にかけられた壮大さといってもいいほどのものが、この大きな頭部には見られる。悲哀、悲痛の感じで、口は欲望にうずいている。拡がった鼻孔はどのような不思議な芳香（訳注一参照）を吸いこむのであろうか、私は知らない」。

2 バートンの性格描写は、非常に多岐にわたっている。キャメロン前掲書八七九頁には、「外面のいかつさの下には、女のそれのようなやさしい心があった」とある（キャメロンは『黄金を求めて黄金海岸へ』の旅に同行〔第一節二三頁、第三節原注15参照〕）。ハリス前掲書II―三九〇は、「文筆の才能があるにせよ、非凡な弁舌の天分もあるにせよ、究極にはバートンは行動の人、立派な指導者、さらに立派な、人の支配者だった」と主張する。シモンズ前掲書二三九頁は、バートンは「正常と異常の混ざりあいであった。つむじ曲がりで情熱的、機略縦横であこぎで、すぐかっとなって激情にとらわれた」と述べる。リヴィング・エイジ誌所載『卓越した非ヴィクトリア時代人』〔第一章六頁割注『卓越したヴィクトリア時代人たち』参照〕'Eminent un-Victorian,' *Living Age*, CCCIX, 1921, 296 の匿名筆者は、「エンジンを動かしているのは人間の考えなどではなく、彼のエネルギーだった。彼は新しい言語、そのほかさまざまな事実の原野を刈取り機のように通り抜けた。彼の気質はルネサンスそのものだった。好奇心という悪魔が、知識と体験にかけては飽くことなく世界中に彼を駆り立てたのだ」と記す。前掲エディンバラ・レヴュー誌（四四三）のレディ・バートン「伝記」の匿名評者は、バートンの性格理解の鍵は、「少年が規律と従順というもっとも基本的な観念をもたぬまま大人になった」ことを認識することと指摘する。さらにベーカー博士の前掲文（四一一）は、バートンに対する興味は、「生涯の事跡のすべてにおいて、彼の桁外れの男性原理的、人間的な個性を包んでいた、騎士的で、ひたむきなロマンティシズムの雰囲気」に必ず帰着するだろう、としている。

3 ハリス前掲書第二部三九一頁は、この点を強調している。「謎めいた東方の子、そしていくつもの世界最大の宗教を生み出したセム族的考え方の大家にしては、バートンは驚くばかりに感情ぬきの事実中心であった。彼には、夢を追う人の片鱗すらない――」。

4 ハリス前掲書第一部三六三頁。「さまざまな珍奇な習俗や反道徳的行為、人間性に宿る奇異なもの未開なものすべてに対する彼の民族学的欲求は、飽くことを知らない。米国西部のあるリンチ話は彼を魅了して放さなかった。パリの一情痴犯罪《クリム・パッシオネル》に彼は夢中になり、しゃべり始め、やがて彼は、哀感と、面白がるあまりの大はしゃぎ、キャンプファイア効果、暗夜に噴射する火炎、といったものが渾然となったような、魅力あふれるすばらしい語り手に変身してしまった」。

5 シモンズ前掲書二三五ページは、「彼は一個の天才だった、ただし大文章家でなかったのは事実だ」と認めている。前掲匿名の『卓越した非ヴィクトリア時代人』二九七頁は、「語りが平板で、まるで角をまわったとたんに誰かとぶつかるように、ほかより重要な文章が突如として読者の前に現れる」点で「巡礼記」を批判している。アセニーアム誌のH・J・クック『長詩《カシーダ》論評』H. J. Cook, 'Review of The Kasidah', *Athenaeum*, No. 3799, August 18, 1900, 216は、バートンには「詩人にとって他人に分かち与えることのできない才能である、繊細な語感と文体の特徴」が欠けていたと主張する。ただ彼も能弁と迫力のあること、そして「描写的な文章にその場面にぴったりの筆致が多々あるのを見ると、サー・リチャードが砂漠の魔力と謎にごくわずかな紙面しか割かなかったことが惜しまれる」ことを述べている。

6 当時の評論、アンドルー・ウィルスン『「金鉱」評』Andrew Wilson, 'Review of Gold Mines of Midian', *Academy*, XIV, 1878, 129は、文体の変化に注目し、「バートン大尉の筆力に巧緻さがなくなったといっても、彼の意思が、われわれには誤った選択と思われるものを指向したほどではない」という評価を下している。

7 ハリス前掲書第一部三六三頁に、「バートンの哄笑は、胸の奥からのものであってもどこか悲しげなところがあった」とある。

III

ウィルフリド・スコーエン・ブラント——族長《シャイフ》

1　バートン批判にみるブラント像

酔いのまわったバートンが、ブエノス・アイレスの英国大使館アタッシェで物腰の上品なウィルフリド・スコーエン・ブラントに催眠術をかけてみせると言い張っているところほど、グロテスクな場面はまず想像できない。[1]「ちょっとでもその凝視にわが身をさらしていたら——相手は私の両手の親指をつかんでいた——まちがいなく彼の言いなりになってしまっていた」と、ブラントは三十八年後に記している。「けれども私も意思力は強いから、野獣のような彼の目を二分ばかり直視したあと、その場を離れ、それきりだった」。

一八六八年にアルゼンチンで二人のこの出会いがあったとき、バートンは四十八歳、ブラントはそれより二十歳年下だった。ブラントは一八六〇年代には日記をつけていなかったので、一九〇六年に（ライト『バートン伝』〔第二章第六節原注2参照〕の刊行に触発されて）書き込まれたこの回想には、その間に両人が辿った経歴による潤色、ないしは多少の歪曲がされているかもしれない。一八六八年の時点ではブラントはまだ国際政治に関心がなく、またバートンの帝国主義思想も、彼の政治見解にとって常に不可欠の部分ではあったものの、「エジプト問題」が頂点に達した八〇年代の初めまでは派手に公言されたことはない。だがこのときには、ブラントはいうまでもなくエジプト独立を支持して積極的な役割りを演じていて、その生を終えるまで大英帝国主義に対する反論を声高く、そして頻繁に叫び続ける。したがって、前述の一八六八年の出会いのときよりも一九〇六年時点でのほうが、ブラントがバートンに対してより敵対的だったことは充分に考えられる。[2]

ここで帝国主義への論及はされていないが、ブラントの批判のもとにそれに対する強い嫌悪があることは感じとられる。とりわけ彼は、旅というバートンの大仕事を二つのやり方で軽蔑した。まずイスラムの二聖都巡礼はバートンがその旅行記で言うほどの困難事ではないとほのめかしたこと、つぎにバートンがパンパス西部を探り、アンデスの最高峰に登頂すると予告したことに触れて、大々的な公表の意図、もくろみは自分の友人たちを面白がらせるたね以外の何ものでもない、と辛辣な言葉を加えた点である。敵意もあらわな非難の前置きとして、彼は当時バートンが生涯を通じて「もっとも落ちこんで」いて、「人格という点では最悪の状態」にあったことは認める。だがそれ以外には、彼のことを詳しく述べるなかで非難が和らぐ気配すらもない。バートンはアルコールに耽溺し（「あの男がしらふで就寝することは、めったにない」）、「カラーもつけず、よれよれの黒い絹スカーフを巻き、着古した黒のスーツ」という「いつもの」みなりで、そのすべてが「筋骨たくましい体格と厚い胸」のおかげでますます「おぞましく」見える、「釈放されたばかりの服役囚」そのもの、という。彼の記憶に残るバートンの顔は、いままでに見たうちで「もっともまがまがしく」、「野獣のような目をして、浅黒く、邪険で、油断がならなかった」。しかも、バートンの話は自分が実際以上に邪険であこぎに見えるように計算されていたとブラントはつけ加える――「彼の容貌の凶悪さが、たまには多少は気持のいい表情になることもあった」からだ。しかし「彼は昵懇になったアラブたちにもほんとうの好意を示すことは、まずなかった。ほかの英人や彼自身の専門的な関心事のためには、いつでも、進んでアラブを裏切る肚《はら》だったことはまちがいない」。そして、バートンは物質主義を奉ずると公言しながら、彼の内部にあったのは「超自然的なものを信ずるという土台であり、それが考えの最終的結論に面と向かうことを拒否していた」。またバートンの文学的才能については、二流と評価してにべもない。

　彼のバートン批判の多くは、客観的ではある。それにしても性格描写に偏見を見ないわけにはいかず、そこにブラント自身の気性を知る手がかりがある。帝国主義的なもの、卑猥なもの、俗悪なもの、無情なもの、これらすべてへの憎悪。肉体的に力を振り絞ることへの反感。他者を見くだすことで育つ自尊心に見られる自己本位なところ——こういったものが、ブラントの性格の特徴をなすいくつかである。しかし彼のバートン批判にはまた、ブラントの思考と業績を理解するにははるかに重要な二種の共感——アラブに対するそれと、恋にからむ情動に対するそれが明らかに読みとれる。バートンがブラントの注意を惹いたのも、まずは東方の旅のゆえにであり、なかんずく彼のアラビアでの冒険のためだった。そしてブラントにとってバートン夫人は「実際、まったく愚かな女だった[二]」とはいえ、彼女の筆になる夫の伝記は「本物の妻の献身を窺わせて、欠点の埋め合わせになっており」、一方「彼女の愚かさを、彼女が捧げた愛情のためにあれほど長い間にわたって我慢し通したとは」バートンの性格に見られる「りっぱな特色だ」。

　事実、これら二つの共感は、ブラントの著作のほとんどでその内容の情緒的な部分を形づくっている。一九一四年にレディ・グレゴリー〔イザベラ・オーガスタ、アイルランド生まれの劇作家、一八五二〜一九三二。サー・ウィリアム・グレゴリーの夫人〕が、ブラントの書いたもので公表したいと思うものはすべて公刊しては、と持ちかけると、彼が承諾の条件としたのはただ一つ、政治的、哲学的な内容の長詩を入れることだった。その言い分は、自分の詩には少なくとも誠実という長所があること、ただ詩のために、あるいは単なる表現のために詩作をしたのではないこと、そして「国際政治といわれるもののある局面については、恋愛と同じくらいに深い、確たる」関心を抱いていたこと、であった――「私の詩は、実人生での〔恋と政治という〕二つの分野における私の弁明であり、芸術のための芸術の追求ではない」、と彼は言う。[3] 彼の恋愛詩は、人生と生活に対する飽くなき興味で活気を与えられていた。また政治詩と政治論の動機づけとなったのはアラブ民族への賛嘆であり、全世界、とくに東方における自由という大義の擁護であり、そして反帝国主義の当然の帰結であった。

ブラントが異教時代のアラビアの抒情詩をもとに作った詩の気分は、恋愛詩と軌を一にする。彼はアラビア語のもつ享楽的、現実的なものから何ほどかを、またその哀感と純朴の一部を吸収して表現した。ムアッラカート、つまり有名な「吊り下げられた抒情詩」[三]の満足な翻訳がなされていない時代に、ブラントが原詩の異教的な特徴の再捕捉を試みたのは注目に値する。『アラビアの黄金詩』*The Golden Odes of Arabia*〔後述〕の最重要テーマは恋であるが、同時にまた哀愁、いくさの興奮、栄誉への願望、感覚的快楽、そしてベドウィンのあたたかい歓待などの気分が感じとられる。ブラントは東方の雰囲気を作りだすために、アラビア語を翻字し、修辞や語法を当然のように模倣することも頻々とおこなった。アラビア語の詩は、同義語がきわめて豊富な言葉であるところに、歩格が音の強弱よりも長短に基づくので、押韻と歩格が非常に厄介で英語で再現することはできない。だがブラントは、アレグザンダー格対句と頻繁な母音韻、頭韻を用いて原詩の律動を擬すことを試みている。彼の東方詩の主たるものは、レディ・ブラントの翻訳した『馬を盗む』*The Stealing of the Mare* を韻文化したものだ。これは、恋と冒険と英雄的感情のあふれた典型的な東方ロマンスである。物語は散文で挿話的に綴られるが、その語りに挟まれた無韻の六歩格の句によって散文で述べられた行動と情趣が反復される。ブラントは東方風の修辞的表現をうまく使ったが韻文は傑出したものではなく、ときには平板で散文的だった。ここでもまた、彼はアラビア語の歩格を模倣するというむずかしい作業を試みている。

政治詩の場合は、ほとんどが反帝国主義の内容である。『風と旋風』*The Wind and the Whirlwind* は、この種の詩のなかでもっとも重要なものだ。abab で押韻する五歩格四行詩で、エジプト人に決起と英国の支配からみずからを解放することを促した愛国的改革派としてのウラービー・パシャ[四]を称揚する。押韻の定則をいくらか無視し、多くの個所で押韻は母音韻で代替されている。『サタンの赦免』*Satan Absolved*〔後述〕は劇的対話の形をとり、一段と激しい憤りをあらわにした抵抗を帝国主義に向けている。芸術性の点ではこういった東方詩も政治詩も恋愛詩におよばないものの、ブラントの思いやりのあらわれにおいては同じように明確で、したがってこれらの詩文も、作者の理解をどのように進めるかに関わりなく考慮されねばならない。

訳注

一　パンパス西部を探り……――これは本節冒頭の情景につづくもので、「予告した」とは、来訪目的がアルゼンチンの新聞に大きく報道された意。サントス時代の一八六八年八月に休暇をとってブラジルから単身南下したバートンは、九月にブエノス・アイレスでブラントに会い、年末から翌年にかけてパンパスを横断、ウスパリャートでアンデスを越え、サンティアゴから北上してリマにいたったが、アコンカグア登頂は断念した。

二　「……愚かな女だった」――一八六一年に滞在中のブーローニュでバートンと出逢って一目惚れし、十年待って結婚したあと、ブラントがこれほど嫌ったバートンをその死まで盲信的、世話女房的に愛した（たとえば夫の厚遇を求める陳情を外務省首脳に繰り返して関係者を辟易させるなど）生き方をいう。

三　ムアッラカート――イスラム以前、主として六世紀のアラビア（メッカの東北方、セイル）の吟唱詩コンクールで選ばれた詩を、メッカの神殿の壁に掲げたことに由来する後代の集成。イムルルカイス、アンタラ、レビード、ターラファ、ズハイルらの詩が知られる。

四　ウラービー・パシャ――本名アフマド・ウラービー、農民出身の軍人、一八四一～一九一一。一八八一年の武力蜂起で始まった、「ウラービー運動」と呼ばれる立憲制確立と外国支配からの離脱を求める民族運動の指導者。英国の弾圧を受け、セイロン（スリ・ランカ）に流刑（一八八二～一九〇一）となった。

原　注

1　このエピソードの記述とブラントのバートン評は、ウィルフリド・スコーエン・ブラント『わが日録、一八八八～一九一四年の出来ごとの私記』〔以下「日録」〕Wilfrid Scawen Blunt, *My Diaries: Being a Personal Narrative of Events 1888-1914*, 2 vols., New York 1922, II, 128-32 の一九〇六年三月十八日付け書き入れの一部である。同書は、当初一九一九年から二〇年にかけて二巻本としてロンドンで出版された。また一九三二年（ロンドン）刊の一冊本もある。とくに注記しないかぎり、本章の引用文、データはすべて前記の版による。

2　エディス・フィンチは、『ウィルフリド・スコーエン・ブラント』Edith Finch, *Wilfrid Scawen Blunt*, London, 1938, pp. 51-2 で、ブラントがブエノス・アイレスでバートンの影響を受けていたとする。その見方の例証として彼女は、ブラントがさる牧場主の妻との密会の約束をはたすべく暗夜に馬で出かけ、牧場主が突然戻ってきたのを間一髪で逃げのびた云々の噂を採録している。ミス・フィンチの著書はブラント伝として非常にすぐれたものだ。

3　フィンチ前掲書三三九頁に引用されたもの。ブラントの批評家のほとんどは、彼の詩の誠実さについては口を揃えている。たとえばサミュエル・チュー『自己決定の人、ウィルフリド・スコーエン・ブラント』Samuel C. Chew, 'Wilfrid Scawen Blunt: Self-Determinist', *New Republic*, XXIII, 1920, 250は、それを「彼の詩に見られるバイロン的伝統」と呼ぶ。名誉神学博士ジョン・フェンロン『ウィルフリド・スコーエン・ブラント』John F. Fenlon, D.D., 'Wilfrid Scawen Blunt', *Catholic World*, CXVI, 1922, 359は、ブラントはルソーの「自己の集中」を身につけていたが、「天賦の才には恵まれず、自分自身以外のどんなテーマでも難なく扱うのに充分な想像力もなかった」とする。デズモンド・マッカーシー『ウィルフリド・ブラント』Desmond MacCarthy, 'Wilfrid Blunt', *Portraits*, New York 1932, p.33は、「詩を人生表現の一手段〈「芸術の詩」でなく〉として評価する者なら、ウィルフリド・ブラントの詩を忘れることはあるまい」と確言する。さらにパーシー・アドルショー『ウィルフリド・ブラント氏の詩』Percy Addleshaw, 'Mr. Wilfrid Blunt's Poetry', *National Review*, 1897, 206は、「ブラントの詩のほとんどで主たる長所となり、『イン・ウィンクリース』*In Vinculis*と『風と旋風』*The Wind and The Whirlwind*の最大の欠点であるのは、「強い個人的な雰囲気」だとしている。

2　生涯と著作

以下の頁では、アラブ文化がブラントの感性にどのような影響を与えたかをみるために、彼の気質に現れる一定の模様を辿ることにするが、ときには年表上の軌道を横切り、また行きつ戻りつすることも余儀なくされよう。ついては出発にあたって、本人の生涯をいくつかの「時代」に分けるというおなじみの手段に頼るのが得策であろう。[1]

ブラントは、一八五八年末に外交官に任官したことで「社会生活に入ったのは早いほうだった」と言っている。[2] 一八四〇年にサシクスの地主階級の名家〔ノルマンディ公ウィリアムとともに英国に渡った者の子孫で現存する六十八家の一つという〕に生まれた彼は、三児の末子だったが、四二年には父を失った。腰の落ちつかなくなった一家は親戚から親戚へと英国中を転々とし、四六年にはフランスを旅してまわった。その翌年、男児二人はウィンチェスター〔ハンプシアの州都〕近郊のトゥワイフォードの私立学校に入れられたが、そこではまったくみじめな思いをする。一八五一年に、ブラント未亡人は、自分がカトリックに改宗したことをわが子に告げ、子供たちは翌年に洗礼を受けた。五三年早々には、男児二人はストーニーハースト〔ランカシアのカトリック・カレッジ〕のイエズス会士のもとに送られた。同年六月、二人がオスコットに移された直後にブラント未亡人が死亡し、父方の伯母マドリン・ウィンダム夫人が子供たちの後見人となった。彼女はカトリックではなかったが、兄弟を一八五七年までオスコットに在学させた。その上で、ウィルフリドは伯母の手でロンドン社交界に送り出される。その冬は文官試験のための勉強をする間、ロンドンでウォルフォードという夫妻のもとに寄宿した。五八年の秋には、フランス語の仕上げに数週間フランスに行き、帰国して外交官試験に合格する。そして同年の大晦日に無給アタッシェに任用された。

ブラントの外交官勤務は一八五九年から六九年までである。一年半の間、彼はアテネに駐在した。八月に熱病にかかってフランクフルトに転任となったが、途中でコンスタンティノープルに立ち寄り、数週間滞在して業務に携わった。フランクフルトではほぼ二年間を過ごし、フィンチ女史の記すところでは、ブラントは「公然と懐疑者、不信仰者を自称する連中」に囲まれ、とくに大使夫人のレディ・マレットには悩まされた。彼女は絶え間なく信仰上の問題に思いをめぐらせ、『種の起原』や『試論と《エッセーズ・アンド・》批評《レヴューズ》』[二]を論ずるような人だった。[3]一八六二年から翌年にかけての冬は、短期間ながら彼はマドリードに駐在し（闘牛に積極的に参加したことすらある）、六三年から六五年まで三年ちかくパリにいて、有名な高級娼婦キャスリン・ウォルターズ〔後出〕との熱烈な恋に陥る――それは、一生を通じて痕跡の残る経験だった。六五年は年末までの数ヶ月間をリスボンで過ごし、そこでリットン卿（オーエン・メレディス）[三]の感化を受ける。六六年から六七年にかけて、フランクフルトで二度目の駐在を勤める。六八年、姉を伴ってブエノス・アイレスでの任務につく。六九年の初め、スイスに転勤、その暮れにバイロン卿の孫娘、レディ・アン・ノエル[四]と結婚した。その二ヶ月後、「心残りの気持もなく」外交官の職を辞した。[4]

一八七〇年から七五年の間に、まず生後四日の男児を亡くす不幸に見舞われる。その深い心の傷は、のちに女児を得ても充分には癒されなかった。ついで、わずか数ヶ月おきに愛する姉と兄の死に接する。そしてサシクス州クラベットの地所を相続した。夫妻でレヴァントとトルコ領小アジアに旅をした。コンスタンティノープルで肺炎にかかり、看護が効いて健康を回復したと思うと「奔馬性肺結核」への感染を告げられ、余命は数ヶ月のみとのことだった。だが一八七五年には、フランス、イタリアに旅し、外交官勤務の初めより書き溜めてきた詩句『プローテウス[五]の歌とソネット』*Songs and Sonnets by Proteus* が刊行されている。

　その後の十三、四年間を、ブラントは熱心に政治活動に打ちこむ。一八七五年から七九年まで、エジプト、アラビア、インドを旅したことは、彼に東方における政治と、外国人の独裁支配によって現地民が担っている重荷を意識させた。東方諸問題への関与から、一八八〇年以後の彼は英国で社会的に重要な存在となり、八〇年にはリットンに刊行の面倒を見てもらっていた『プローテウスの愛のソネット』*Love Sonnets of Proteus*（一八八一年刊）が彼の名声を高めた。八一年には、ジェッダ〔アラビア西部、紅海岸の海港。メッカへの入口〕でイスラムの考え方への通暁を深め、カイロ近郊で地元の聖者シャイフ・ウバイドの祠堂のある四〇エーカー〔一六ヘクタール強〕の庭園を購入すると、帰国してエジプト民族主義を支援する見解を熱心に説いてまわった。その夏、『イスラムの将来』*The Future of Islam* を執筆、イスラム本来の姿についての考えと、その改革の見通しを披瀝した。翌年には帝国主義の害悪と不公正を糾弾した長詩『風と旋風』〔前出〕を出す。一八八三年にカイロに数日間滞在したときに、まだ残っていたエジプト民族主義者の一部にとって自分が再決起を図る拠り所となっていることを知る。彼は獄中の政治犯を無許可で訪問してクローマー〔第三節訳注一〕の敵意をかき立て、ソールズベリー〔三代侯、ロバート・ギャスコイン＝セシル、一八三〇〜一九〇三。保守的、帝国主義的立場でインド相、外相、三度の首相などを歴任〕には三年間のエジプト入国禁止措置をとられた。またセイロンに追放中の民族主義者〔前出アフマド・ウラービー〕を訪問し、インド本土のモスレムからも援助の陳情を受けて一八八四年に帰国した。そしてエジプト＝スダーン問題に熱中し、著述し演説して止むことがなかった。八五年、『インドについての所見』*Ideas about India* を出版、英国のインド支配の不公平、不公正を概説し、インド自治の可能性を提唱する。ついで下院議員に立候補し、八五年のキャンバーウェル〔当時のロンドンの一行政区〕と八六年のキッダーミンスター〔イングランド中西部、ウスターシアの町〕の選挙に臨むが落選した。失望した彼は、ローマ、イタリアの旅に出る。そのときのことは、一八八九年になってようやく公刊された『新巡礼行』*A New Pilgrimage* に記録されている。八七年、エジプトに行き、気分を一新して帰国すると再度内政問題に跳びこむ。政治の争点はアイルランド自治で、それについて彼は、大英帝国主義のものとはまったく異なる明確な意見を持っていた。彼はデットフォード〔当時のロンドン東南部〕からの立候補を承知したが、集会禁止地区のゴールウェイ州〔アイルランド西部、大西洋岸〕ウッドフォードで政治集会を開催したかどで逮捕、告発され、キルメイナム〔ダブリンの大監獄〕とゴールウェイの監獄で二ヶ月の懲役に服した。その間に行われたデットフォードの選挙では落選する。出獄した時には、政治に意欲を失っていた。このような体験の所産が、獄中で大半が書かれた詩集『イン・ウィンクリース』*In Vinculis*〔＝鎖につながれて〕（一八八九年刊）と、『アイルランドの土地戦争』*The Land War in Ireland* であるが、後者は一九一二年〔アイルランド自治法の成立はその二年後〕まで公刊されなかった。

一八八九年以後、ロンドンの社交シーズンがくるごとにブラントは大いに浮き名を流し、冬になるとシャイフ・ウバイドでアラブの族長《シャイフ》の役を演じて悦に入っていた。[5] 九二年には、十世紀のアラブの叙事詩『馬を盗む』をレディ・アンが翻訳したものを詩に直した。またソネットの連作『エステル』*Esther* を書いたが、これはかつてパリ時代に無韻の物語詩として作り始めたものである。この本には、恋は掴めるうちに掴むというブラント好みの主題の『ナタリアの復活』Natalia's Resurrection と、『恋の抒情詩集』Love Lyrics も入っている。一八九三年、彼は『グリゼルダ』*Griselda* を仕上げる。「押韻詩による社交小説」という副題の、あまり出来のよくない二行連句の物語詩で、これも恋の成就するのは一瞬間で、しかもただ一度だけというテーマがもとになっている。そして戯曲『ナイルの花嫁』*The Bride of the Nile* は、ローマのエジプト支配時代の出来ごとを述べたアラブの物語を脚色したもので、クローマー卿と英軍によるエジプト占領をからかったものだ。これは一八九三年にクラベットで書かれ、ニュービルディングズ〔Newbuildings Place, Southwater, Sussex. ブラントの在所。クラベット近郊の町〕で一九〇七年に上演されている。もう一つの戯曲『小さな左手』*The Little Left Hand* は一八九七年の作だが、上演されたことはない。『白い頬のファンド』*Fand of the Fair Cheek* はアビイ座〔ダブリンの劇場、アイルランド民族演劇の中心〕の俳優むけに書かれた。それまでの戯曲とおなじく六歩格二行連句の作品で、一九〇二年に完成し、一九〇四年に私家版として印刷された。この最後の作は、イエイツの好評を受けている。一八九八年刊のヘンリー＝ウィンダム版ブラント詩集〔ヘンリーは第三節訳注二参照。ウィンダムはヘンリーの友人でアイルランド土地購入法を制定させた保守党議員、文人。一八六三〜一九一三〕に収録されたものでそれまで未公表だったものが一つだけあるが、それは『青春の四行詩』Quatrains of Youth の一部である。ブラントは九九年に大英帝国主義糾弾のために『サタンの赦免』を出版したが、そこで用いたのは「天上の序曲」〔ゲーテの『ファウスト』第一部冒頭〕に見られる『ファウスト』の技法とヨブ記〔旧約聖書〕の手法の折衷だった。そこには一八八二年に『風と旋風』が出たとき、ハーバート・スペンサー〔社会学者、哲学者、一八二〇～一九〇三〕がブラントに書信で示唆した考えがいくらか織りこまれている。レディ・アンの翻訳による前イスラム期の抒情詩を韻文化した『ムアッラカート、あるいはアラビアの黄金詩七篇』*The Mu'allakat or Seven Golden Odes of Arabia* は、一九〇三年の出版である。『秘史シリーズ』The Secret History Series は、一九〇七年から二〇年にかけて刊行された。すなわち、『英国のエジプト占領秘史』〔原注2〕、『リポン〔リポン侯ジョージ・ロビンソン、一八二七～一九〇九。リットン卿の後任のインド総督〕治下のインド』*India under Ripon*, 1909, 『ハルトゥームのゴードン』*Gordon at Khartoum*, 1909〔栗田禎子訳『ハルツームのゴードン』リブロポート刊、一九八三年〕、『アイルランドの土地戦争』〔前出〕、そして『わが日録』〔前出〕である。一九一二年まで、ブラントはこういった同一の問題に関する非常に多数の論説やパンフレット類の執筆に従事したが、もっとも注目に値するパンフレットは『英国占領下のエジプトにおける司法の暴虐』*Atrocities of Justice Under British Rule in Egypt*, 1906 である。そして『詩集、完全収録版』*The Poetical Works, A Complete Edition* は二巻本で一九一四年に出版された。

ブラントが最後にエジプトに滞在したのは、一九〇五年であった。衰えが進む健康状態は、晩年の彼の活動に大きな制約を加えた。一八九六年以後、彼は妻と娘から離反し、一九〇六年になってレディ・アンとの仲は決定的に破綻する。[六] 一九一五年に和解したものの、夫妻の関係に事実上の復旧はないまま、一九一七年にレディ・アンはシャイフ・ウバイドで死去した。一九二二年には、ブラントのきわめて活発な、きわめて多彩な生涯は終焉を迎え、彼はサシクスのニュービルディングズに葬られた。

訳注

一　オスコット——一七九四年創立の神学校を母体とし、バーミンガム近郊に現存。正式名はセント・メアリーズ・カレッジといい、いまは六年制の著名な聖職者養成機関として神学中心の教育を施す。

二　『試論と批評《エッセーズ・アンド・レヴューズ》』—— *Essays and Reviews.* 一八六〇年に出版された、英国教会内の開明派、いわゆる広教会《ブロード・チャーチ》の立場での宗教論集。ニューマンの改宗前の同志パティスン、オクスフォードのギリシア語教授ジョウェットその他が執筆。発刊早々から自由主義的傾向のゆえに非難にさらされ、一八六四年には禁書となった。

三　リットン卿——インド総督、フランス大使などを勤めた外交官、詩人、一八三一～九一。著書はオーエン・メレディスの筆名による『クリテムネストラ』ほか多数。『ポンペイ最後の日』の作者リットン卿の長子。後出（第五節）。

四　レディ・アン・ノエル——ラヴレース伯の長女で、母は詩人バイロンの唯一の嫡出子オーガスタ・エイダ。アラビア語の力ではウィルフリドにまさると言われた。著書に *The Bedouin Tribes of the Euphrates,* 1879 および *A Pilgrimage to Nejd,* 1881.（田隅恒生訳『遍歴のアラビア』法政大学出版局刊、一九九八）。

五　プローテウス——「オデュッセイア」などに現れる、ライオンや蛇に姿を変え、「海の老人」と言われた変幻自在で摑み所のない海神。ブラントはそのタイプからプローテウス視され、自分でもそれに擬した。

六　彼は妻と娘から離反し……——夫妻の関係悪化はブラントの女性問題による。娘ジューディスは母アンの男爵位を継いだ後のレディ・ウェントワースで、彼女は母に対する父の背信を痛烈に非難した。

原注

1　本節の伝記的事項は、別記しないかぎりフィンチ前掲書〔前節原注2〕による。

2　ウィルフリド・スコーエン・ブラント『英国のエジプト占領秘史、諸事件の私記として』〔以下「秘史」〕特別付録つき第二版 Wilfrid Scawen Blunt, *Secret History of the English Occupation of Egypt. Being A Personal Narrative of Events,* 2nd edition with special apprendices, London 1907, p.1.

3　フィンチ前掲書六頁。

4　『秘史』三頁。

5　ブラントのシャイフ・ウバイドにおける生活の牧歌的な情景については、フレデリック・ハリスン〔実証主義哲学者、法律家、一八三一〜一九二三〕『自伝的回想』Frederic Harrison, *Autobiographical Memoirs*, 2 vols., London 1911, II, 173-9 を見られたい。「わがシャイフの名は、どこに行ってもパスポートとして通用すると分かった――牝のアラブ馬が数多く繋がれているパーム椰子の林をぬけ、切り出したままの石の外門まで来ると、ヌビア人のトルコ兵《イェニチェリ》が私に言った、〈「シャイフ《アッシャイフ》がおいでです！」〉。見ると、まさしくウィルフリドだった。非常に大きな白のフードつき外套《ブルヌース》、だぶだぶの白いズボン、それにアラブの――トルコ人のではない――白い被りものと襟の折り返し――モロッコのスルタンのような」（一七五頁）。

3　同情心とカトリシズムと恋

ブラントのプローテウス的性格は、分析を寄せつけない体のものである。彼がもっていた宗教や哲学への関心は、カトリシズム、モダニズム、合理主義、イスラム、そしてイスラムの改革に向けられた。その恋愛体験は相手への迎合から性愛へ、さらに天使のような愛の概念にまで及んでいる。彼は誇り高く、高慢で、人嫌いだった。そして同情心が強く、愛想がよかった。生涯を通じて動物へのやさしい気遣いと馬に対する強い好みを持ち続け〔クラベットにアラビア馬を導入して英国有数の飼育場とし、品種改良に努めた〕、自然の有する唯一の欠陥、それは人間だということがあった。けれども彼の多様な姿勢のなかに一定の模様のようなものを辿り、その模様のなかにアラブ文化への憧憬が集中しているところを示すことは可能と思われる。

ブラントの気質の背景にあるのは、他者を思いやる能力の途方もない大きさである。ジェラード神父は、少年時代にストーニーハーストでブラントと仲がよかったことと、二人で芋虫を紙箱に入れて飼っていたことを、二人が六十二歳のときにブラントに思い出させている。ブラントは、「蓋に星座の形に穴をあけるといって聞かなかった。そうすればなかの芋虫がいまでも野外にいて星が見えると思うだろうから、というわけだ」（「日録」II―一九）。アイルランドで獄中にあったとき、ブラントは空高く飛ぶ鳩やジャックドー《コクマルガラス》を眺めて慰めとした――

またいつなりしや風に逆らいて、綱に繋がれし舟のごとく
翔《と》ぶ一羽の鷗《かもめ》のありて、わが心は和みたりき。

おなじ詩から、彼がパンとミルクだけの乏しい食べものを雀と分けあって楽しんだことがわかる。一匹の蜘蛛が彼のために糸を紡いでくれていると思い、自分とは囚人仲間の「何ものをも怖れぬ鼠」に好感を覚えたこともあった。[1]

動物の行動の自由ということに一家言を持つ結果、彼はカイロの近郊で聖者シャイフ・ウバイドの墓のそばに館を造り、そこを文字通りの動物の楽園とした。寝室は三方が窓になっていて、「カンテラのように」設計され、とくに夜明け前の微光のきざしとともに動物たちの姿を見、声を聞けるようになっていた。それから服を着替えて庭園の塀の外へ出て座り、日の出と砂漠に棲むあらゆる野生動物を眺めて過ごす。庭にいる二匹の狐が彼を楽しませたが、それは狐どもが「労働者になついていて、私もアラブの服を着ているのでこわがらず、ときには私の足先二、三ヤードのところまで」近づいてくるからだった。そして「たとえ狼にも、また塀を越えて入ってくることのあるハイエナにも、絶対的アマン〈聖域〉がなくてはならない」と指示を出す。こうして、みずから作業を監督し、給料を支払い、木鋏で剪定するのも「楽しいなりわい」（I—一四）だった。秋になると、庭園は「鳥獣の楽園で……無数の雀が毎夜オレンジの樹にとまり（それで朝になれば庭全体が鳥かごのように匂った）、すべて完璧」（I—一九四）だという。

一九一〇年四月二十九日の日記には、朝三時四十五分に窓を開けると、五分後に一羽の郭公《かっこう》が歌い始

めた、と記している。それから根気よく、鳴き声の一続きごとに音の数をかぞえ、鳴き一続きの長さとその間隔の時間を測って、こう締めくくる――「これは記録的な仕事にちがいない。鳴き声が続いているうちに、私はカードに鉛筆で数を書き入れた。終わったのは午前四時十五分だった」。ヴィクトリア女王逝去という「大ニュース」が届いたとき、彼はシャイフ・ウバイドの庭にいて「花の咲き始めた豆畑で遊ぶ狐どもを見ていた」。したがって一九〇一年一月二十三日の短い記入は、庭園の楽しみの話と、女王の死がもたらす「世界中で起こる大変革」という政治的予言に分かれている。そして一九〇五年三月十七日にシャイフ・ウバイドを去ることになったとき、彼は「年中降りそそぐ陽光と野生の鳥獣」との訣別にため息をつき、「悲しいかな、私がいなくなると誰が彼らの面倒をみるのだろうか」と嘆く。

ブラントのこのような気性のもつ意味は、いかに強調してもしすぎることはあり得ない、と思われる。それはときには、驚くほどドン・キホーテ的な言動に彼を駆りたてた。たとえば所帯内で起きた一惨事のときにブラントが見せた感情には、完全に同調するのはむずかしい。一九〇一年の三月、狼やハイエナですらいじめてはならぬというシャイフ・ウバイドの規則のために、台所の下働きだったアラビア人が狼に襲われる事件が起こった。その少年は、父親が病院をこわがったこともあって適切な治療を受けられず、狂犬病にかかって心身ともにさいなまれたあげく死亡した。ブラントが息子を亡くした父親に心底から同情したのはいうまでもなく、つぎのように言う父親のあわれな愚痴も、よく理解できた――「七人もいる娘のどれに目をつけてくれてもよかったのに、狼は一人しかいない息子を奪ってしまった」。ところがブラントは、「庭園にやもめの牝と幼獣どもを残すことになった」狼にも、ほとんどおなじほど同情したらしい。そして「神意をどうあてはめたところで」、この悲劇の説明をつけることは自分にはできない、「これが、まちがった、情けないわれらの文明にとっては事件ですらないとは」と思い煩った。当時彼は、この病気が文明のもたらしたものかどうかを知りたがっていたが、のち公刊のために日記を整理したときに、意見を求めていた旅行者の報告で「狂犬病はほかの西洋の疾病とともに、ヨーロッパから十九世紀になって持ちこまれたようだ」と披露することができて大いに満足に思った。いうまでもなく、このとき(一九一九年)には、文明、なかんずく十九世紀のヨーロッパ文明は、抑圧に立ち向かう闘争で彼の仇敵となっていたのである。

その闘争もまた、彼の強烈な同情心に動機をもつ。わずか五歳で、彼はトゥワイフォードの学校にいた。心の底から嫌悪し、後年に思い出すときも残忍と恐怖と恥辱を連想せずにはいられないところだった[2]。

『生の四行詩』では、トゥワイフォードの生活と、「……生を得し青虫、甲虫を見る/外界の災厄のおそれなき石の下に」、そして虫どもが孤独という強みを持っているのに感嘆する習いだったと回想する。またブラントの秘蔵するのは一匹のかたつむりで、「恐怖でいっぱいの生きもの」なのは彼自身と似ているけれども、悲しみを忘れるのに逃げこめる殻があるのははるかに仕合わせだという。彼はかたつむりを木の洞《ほら》に入れ、仲間に気づかれずにうまく抜け出してきては、レタスの葉を与えて育てていた。

されればかのとき——あわれ、かのとき——いかで口にだにし得べき、

かの瞬間の恐怖を。見つけたる獲物に
勝ち誇れる歓声をあげ襲いかかり、
足下に踏み潰したる、かの地獄の犬ども！

（『生の四行詩』）

つづいて彼は当時を回顧してみずからを慰め、人間が神から賦与される「正義感」とは、自分自身の苦しみの成果であると記す。そして言う――「憐れみをひたすら求むる人の心が……溢れいでて／アフリカとヒンドゥスターン〔インド〕への施しとはなりぬ」。少年時代のかたつむり愛好は成人後のアラビアへの傾倒になぞらえうる、という見方、つまり、彼がアラビアを西洋文明に汚されていないところと考え、砂漠をその防御の殻のようなものとみなした、とするのもおもしろいだろう。そして、憐れみを必要とすることが与える能力に移行するというブラントの自己分析にもそれなりの合理性があるが、彼が世界中の抑圧的行動に深く心を動かされていたことは否定しようもない。アメリカにおける私刑や、ロシアのユダヤ人、トルコのアルメニア人に対する大虐殺などの報道は、すべて彼を憤慨させた。しかし抑圧、不法行為が東方で起こったときの彼の憤りはより強く、悲しみはより痛切だったようだ。彼はマンチェスター・ガーディアン紙やトリビューン紙に「言語道断のデンシャワイ事件」について熱っぽい文章を寄せて、英国人を襲った村人に断固たる報復を加えるというクローマー卿のあからさまな意向に反対する世論を喚起しようとした。しかし、処刑の執行はとめようがない。絞首刑の行われた翌日、彼は日記にこう書いた（II―一四七）――「一日中、エジプト人村民のことで気を揉んで過ごした。そしていま、彼らが昨日いまわしい蛮行の状況下で絞首されたと知る。終日、書きものをしたが、この件はいまなお夢魔のように重苦しくのしかかる」。

この種の同情を、ブラントは他人にも求めたのである。彼はハーバート・スペンサー〔一一六頁参照〕に失望したが、それはこの哲学者が「あまりにも情味に乏しく、あまりにも自分自身のことに、自分の病気に、自分の仕事と考えに没入していて、どうやら個々の同情心など念頭にないまでになっている」ためだった。彼は、「老齢によって恵まれることの多い、非常に心に迫ってくる、人を和ませる性格」が、スペンサーには欠けていると見た（I―三一八～九）。また、彼がヘンリー[二]にも欠けていると思ったのは、「人を和ませる性格」（II―六三）だったと思われる。つまりブラントがヘンリーに好感をもてなかったのは、ヘンリーがスティーヴンスンを非難し始めたきっかけ（スティーヴンスンが結婚とともに「まともな人間に転向したこと」）と、彼にとってのヘンリーの心像、「小人《こびと》特有の巨大な胸と頭をもち脚が縮まった、見るもおぞましい小人の肉体」への嫌悪に加えて、むしろより一層、「小人に特有の棘のある物の言い方と世間に対する挑戦的な態度」に強烈な印象をうけたこと、またとくに「ヘンリーが、私のもっとも忌み嫌う暴力、蛮勇を神聖視していること」のためだった。ブラントはヘンリーの葬儀のときには出席をご免こうむったが、それも葬式には行ったことがないという、全然本当らしくもないことを口実にした。すこしでもあの「人を和ませる性格」のある人、もしくは姿態の美しい人のことであれば、死亡とか葬儀とかはブラントとしては思いやりに満ちた言葉がほとばしるように口をつき、みずから足を運びさえする出来ごとだったのだ。

オールダリーのスタンリー卿〔トルコ滞在中にイスラムに改宗した外交官、オリエンタリスト〕が亡くなったときには、「卿が自然と、真のスポーツと、オリエントの学問を好み」、そして「采配を振るうかなりな地所をもち、それを自分のやり方で改良するのを楽しみにして」いたのを、ブラントは「実に見あげたもの」と思っている。ブラントの「卿に対する大いなる敬意、むしろ親愛の念」は、スタンリーのイスラム入信と、「うちとけたところがなくてどうにもならぬ、気違いめいた」妻との離婚を、「そんな気になれなかった」のでモスレムの男としての権利〔原則的に一方的通告で離婚可能とする〕を用いて実行しなかったことに少なからず理由がある（II―八〇～一）。

前述とおなじ年（一九〇三年）、ヘンリーの葬式への不参加からひと月あまりのちに、ブラントはずっと以前にいたいけな少女だったころから知っているレディ・ギャロウェイの葬儀に参列した。「窓から日の光がセシル家の墓標に射し、あわれでいたましく、心にしみ通る光景だった」。彼は会葬者とともに墓域に進んだが、それは「壁際の日当たりのいい隅に用意されていた」（II―六八～九）。近代主義《モダニスト・ムーヴメント》の中心人物だったタイレル神父〔アイルランドの神学者、一八六一～一九〇九。原理重視の近代主義を主唱、イエズス会士だったが破門された〕が亡くなったときには、ブラントは遺骸拝礼に赴き、遺体が「かつて生命をもっていたというより、たまたまそこにあった醜い厄介物の体といったものに見えたが、しばらくの間そのそばに跪いて〈深き底より《デ・プロフンディス》〉〔旧約詩篇一三〇〕を暗誦し、「衣服、いや頸垂帯《ストラ》の縁に接吻した」。辞去したときは、「感動を抑えかねるのは誰しもおなじで、哀惜に涙し、胸がいっぱいになった。完全な、一つの最期だった」（II―二五五）。また彼は一九〇五年に、「鬱病にかかっておそろしい一時期」を過ごしたが、頂点はベドウィンの美女アーイダが砂漠で死んだという知らせを受けたときだった。「美しい瞳と愁いを含んだきれいな声の、背の高い、気だてのまっすぐな娘」で、彼女が天然痘にやられたとは「あまりにもあわれで」、「そのことを思うに忍び」なかった（II―一一三）という。

ブラントがイスラム以前のアラビア詩人のもので強く心に訴えると思ったのは、これと同質の哀感である。彼らの「純朴さ《ナイヴテ》」は、恋や、つらい別れや、死の悲嘆や、死別した人たちの涙を誘う追憶、といった胸を打つ場面で表に現れる。エジプトの学識ゆたかな注釈者は、これを詩の汚点と見た。彼らは心像の意味するものよりは複雑に入りくんだ韻律を重要視し、ブラントもムアッラカートを「称賛するために軽蔑されて」いることは分かっていた。[3] それほど自分自身に関わることでなくとも、彼は情緒面の意味の大きさに強い印象を受けていた。「一八七〇年度パリ日記」（「日録」I―三九〇）には、「マサニエッロ」の上演を見にオペラ座に行ったとき、三幕と四幕の間で愛国的な歌唱がいくつか歌われたことが記されている。ラ・マルセイエーズがとくに印象的で――と彼は思った――主役は跪き、三色旗を体に巻いて歌い終えた。三色旗の上の金めっきした小さな鷲と歌手の軍服がいささか興ざめではあったが、「めったにないほど感激した」とまで書いている。また彼は六十三歳のときに、砂漠からカイロに近づくと実にみごとな対照――前景は白っぽい採石場、その先に塔や城壁や光塔《ミナレット》のある市街が何マイルも拡がり、「さらにむこうには、ナイルとその流域が七マイルの幅でほうれん草を盛った鉢のように緑ゆたかで」――が目に入ることを記している。そして町にのしかかるような断崖の端にくるといきなり町が視界を埋めつくすため、「突然奇観に接したときによくあるように」（II―七九〜八〇）、目に涙があふれ出た。

そして彼は、自然の壮観の場合とおなじく、哲学における情緒面の魅力も評価する。たとえば、ジョージ・バーナード・ショーに強い印象を受けたものの、ショーが自説を縷々《るる》述べるのを聞いたあとの結論は「フェビアン主義には気に入る何ものもない」だった〔作家・批評家のショー（一八五六～一九五〇）は、フェビアン協会設立メンバーの一人〕。「あれは、ふつうならそれに相伴う多少の人道主義的長所もなく、ロマンもなく、原理の誠実さもない社会主義で、単なるご都合主義にすぎない」からだった。むろんブラントがショーに共鳴することなど、ある筈もない。ショーは、「この前の戦争〔南アのボーア戦争（一八九九～一九〇二）〕でボーア人を敵にまわす立場に与していた」（II—二八）のである。

しかしカトリシズムについては、非常に魅力あるものとブラントは見ていた。エディス・フィンチの述べるところ（二一～二頁）では、一八四七年に母親が幼い子供にカトリックへの改宗を伝えたとき、「子供たちは口にするのも恥ずかしい思いでいっぱいになり、泣き崩れてしまった」。ところが、間もなくウィルフリドはストーニーハーストのイエズス会士たち、とくに「心の父」といつも懐かしがっていたポーター神父との日常に結構満足する。彼が在籍したのはわずか六ヶ月だが、もっと長くいたらありがたい感化は永続的になり、彼も「いまや［一八七六年］一人前のイエズス会士になっていただろう」と確信しているのだ。そのつぎに送られたオスコットでは、おなじ宗教に初めのうちは「惹かれるものがなかった」。「心はそれ以上のものを求めて大声をあげていた。そしてついに願いが叶った」のは、チャールズ・メィネル博士という人によってであった。博士は着任後ほとんど即刻、ブラント少年の「知性の父」となった。ポーター神父は「種々の宗教的真理の基礎を心に置いて」いるので、情緒的なブラントは仕合わせだった。メィネル博士の場合は、「それらを知性のなかのさらに堂々たる構造物へと建てあげ」たのだが、これはのちに大きな難問を生むもととなる4〔一三九頁参照〕。とはいえ、ブラントはメイネルと、そしてオスコットと関わりがあったことを、いつも敬意のこもった懐旧の念で思い返していた。『生の四行詩』で当時のことを歌っているのを見ると、彼が修道士になろうと真剣に考えていたことはまちがいない。

われを呼びし声は善の声なりき、
そはこの世の糧《かて》に比ぶれば乏《とぼ》しからぬ宴《うたげ》を語り、
かの静穏なる修道の園にありて
天上の物ごとを永久《とわ》に求むべきわが役を示しぬ。

しかしブラントは、その声から身を引いてしまう。

されど、まことはかくのごとし。われら人類の淪落の血は、
善悪の間を混ざりあいて流るるが常なれども、
わが血は人よりも悪しき混合となりて、
より卑しき、より好色なる氾濫と化して流れたりき。

「よってあの声に従うことはあり得ず」、ブラントの意思は「幼児のそれよりも弱くとも」彼の「誇り

は謀反を起こし、否を唱え」たのである。

一八七六年、十年ばかりの外交官勤務と、ヨーロッパのあちこちで続けておこした色恋沙汰、ついで七年間の結婚生活を経たのちに、彼はストーニーハーストとオスコットで育んだ信仰にもう一度立ち返ろうとして、かつての知性の父、メィネル博士との文通を始めた。そのなかで（九～一〇頁）、彼は自分を教育してくれたイエズス会士には敬愛の念を抱いているが、ミル、スペンサー、ハクスリーには全然夢中になれないし、「自然科学分野の公教育という方法で人間を完全化すること」には信をおけないと確言している。しかし、このようなカトリシズムとの気分的な提携にもかかわらず、彼にはカトリックの教義を信ずることができなかった。彼はこう述べる――「私は物質主義者〔超自然的なものを排する意味の〕ですが、実は〈まったく、しぶしぶながら《ビアン・マルグレ・ムア》〉なのです。そして、邪悪なものごとに対する私の共感は、絶望の上での共感にすぎません」。のちに、政治的な不首尾〔選挙に落選、入獄〕を経験し、「俗世間の問題と、幸福を求めて無駄骨を折ることのいずれにも嫌気がさした」一八八六年、彼はローマへ巡礼に出かけ、そこでならあるいは「超自然の事がらへの失った信仰を取り戻し、信心とともに生涯を終える」ことができるかもしれないと思う。ブラントは教皇レオ十三世〔在位一八七八～一九〇三〕に拝謁し、「神そのもののような人とまったく二人きりで」いることにうろたえてしまうほどだった。教皇の思いやり、やさしさ、そして人としての興味深さに強く打たれて、「希望を全部満たしていただいたわけではないが……辞去したときは涙なしではいられなかった」（II―六四～五）。

しごく当然のことながら、カトリシズムの特徴のうち、ブラントがどうにも承服しかねたのは地獄についての教義である。一九一一年十一月十八日、すでに老境にあった彼だが、「地獄の物理的恐怖を微に入り細を穿って教えられたストーニーハーストでのおそろしい〈修養の時間《リトリート》〉」のことをよく覚えていた。イエズス会士と修練者によるこのようなやり方、「およそ人の創案のなかでもっとも心をひしぐ方法」は、ブラントのイエズス会への親愛のこもった敬意を台なしにしてしまうものの一つだった。けれどもその親愛感は、カトリシズムの情緒的な側面に対する彼の持ち前の共感と相俟って、もう一度教会に戻ろうとする試みと、幼少時の信仰を捨てたことを後年いろいろなときに後悔する気持を起こさせる動機となる。一八九二年にブラントはメイネルから「英国のカトリック聖職者の集まりの内部に生まれた新しい動き」を聞かされた。それはこれまでになかった近代主義《モダニズム》の運動で、「合理的で神秘的、あらゆる形態の信仰を包含し、どの教会の教義も最終的となることは排する、一種の実証哲学、人間性の信奉であって、そこではプラトンも仏陀もムハンマドもひとしく聖者の列に加えられ、キリスト自身も決してこの人たち以上のものではない」という。彼はメイネルから聞いたことを明らかに喜々とした調子で書き留めているが、内心ではそのようなことは「まったく信じられない」と思っていた。そして時をあらためてメイネルと話したところ、軽率に第一印象をつくってしまったと知り、新運動の指導者が「キリストの神性という、根本的でしかも最終的な教義」を固く信じていることが分かる。にもかかわらずメイネルとの対話で気持が明るくなったのは、彼にとってはその結果「カトリック教会といざこざをおこすことなく、私の考えに忠実でいられる、そして決して絶対に不合理とはいえない一つの宗教的立場の視界」が開けたためだった（I―七五～六）。

　そのひと月あと、ブラントはカプチン派内の新運動指導者、カスバートとアンジェロ・ド・バリの両神父にローマ行きの旅費を融通している。しかし二人は教皇に拝謁も許されず、「耳の痛い言葉だけ聞かされて」帰ってきたのには非常に失望し、二人が旅費を返したいといさぎよく申し出たのをきわめて不本意ながら了承した（I―八三）。少なくともその前二年間というもの（一八九〇年から）、ブラントは教会から離反したことを深く悔やんでいたが、一九〇〇年一月十五日には「カトリシズムの連続性」に関するマイヴァート〔英・生物学者、一八二七～一九〇〇。ダーウィン、ハクスリーの自然淘汰説に反対し、人の精神の発達に神の力を見る〕の論文を読んで、もし「四十年前に彼とおなじほど勇気のあるカトリックを一人でも知っていたら、大いなる不信心に陥らずにすんだであろうが、いまとなっては遅すぎる」と記す。また別の機会には「まちがいなくタイレル神父はいままで会った誰にも劣らぬ開けた考えの聖職者だ。ローマでなんと言明されようと進化を信じないわけにいかぬという点で、彼は私と同意見だった」と言い放つ。そして「四十年前にこれほど率直に物を言う聖職者がいたら、私の信仰を救ってくれた筈だ」（I―三六八）と記している。

ブラントの同情心の背後にあったものは、恋愛への関心という特定の形をとることにもなった。フィンチ女史によれば（二二頁）、彼は十一歳で初恋を経験している。相手のアニー・ラプリモーデイは十六歳だったが、後年ローマでさる修道院に入った。『生の四行詩』のなかで、ブラントはこの初恋の回想にふけり、彼女としては彼のもっと熱烈な行動を期待したこともあったのではなかろうかと「後知恵のついた目で」想像し、こう自問する――

のちの生はいかでありけむ、もしわれ若きころ優柔ならで、
言葉も知らぬ恋の手に物言う才のありたれば。

もしそなたにして気丈ならで目に涙をたたえ、
もしわれそなたの煩なる天国に触るることありたれば——

さすれば、わが生はいまのごときものたりうべしや？
そは、なかば分別あり、なかば分別もなき夢のごときもの、
そは、怠惰なる者の手が、想いを、花を、唐草を、蝶を、
手本もなきまま織りあげし一片の絵織物にすぎざるのみ。

フィンチはまた、ブラントが十八歳でロンドン社交界の一員となり、たちまち自分の従妹のメアリー・カリーとの恋に落ちたことも伝えている（三〇〜三二頁）。このロマンスは、長くは続かなかった。おなじ年、つまり一八五八年の十一月に彼は試験に合格して外交官補に推薦され、関心が外へ移っていったためである。ただフィンチによると、その年末にブラントが無給アタッシェに任用される前に、処理を要する一時的な厄介ごとがあった。推薦を受けた彼は、身元関係が好ましくないので採用はむずかしいという意外な通知を受けとった。彼の伯母、ウィンダム夫人はただちに預かりものの青年を引っ張って外務省に赴いたが、二人が突きつけられたのはウォルフォードの「妻の貞操を奪おうとした」という告発状だった。フィンチ女史は、確信をもって非難を根も葉もない話とするが、女史がブラントの未公開手記から引き出した説明は別の意味で興味深い。第一に、ブラントは前の冬にウォルフォード家に止宿中、家内でしばしば起こった口論のときによく妻の肩をもったこと、第二に、思いがけぬ非難に直面

し、外の執務室にいるふざけた秘書たちの情け容赦のない嘲弄にさらされたあと、この若者の「神経はずたずたになり」、「まったく口がきけずに泣き崩れてしまった」。かりにおなじ状況におかれたリチャード・バートンを想像してみると、両者の性格のちがいを見るのにこれ以上の分析は要すまい。バートンなら、ウォルフォード自身との対決の下準備として秘書たちに「決闘を申し入れる」か、または言い立てられた罪がより凶悪に見えるようにさらに詳細な事実を相手に提供したかのいずれかだろう。

任官後、ブラントの色恋沙汰には理想家肌のところがなくなってゆく。フィンチが述べている（三四頁）のは、アテネで彼は「バイロン崇拝者となり」、自分を一種のバイロン的人物と思いこみ始めたことだ――おそらくそれは、「ギリシア賛美《フィルヘリーン》の英国人では最後の一人だったエドワード・ノエルの、青い目をして素足にサンダルの娘」と軽い気持のロマンスを続ける一方で、ヘレン・リュートウェインに情熱を注ぎこむことで強まった一つのポーズであった。この恋の両方から、彼の黒い手帳に書きとめられた詩が生まれたのだ。

しかしブラントが初めて火のような恋の虜になったのは、一八六三年九月、パリでのことである。彼は、パリ在住の英国紳士がよく集まるスキットルズ〔九本のピンを用いるボーリング〕場にしばしば姿を見せたことから、「スキットルズ」と呼ばれていたキャスリン・ウォルターズと出逢った。彼女は十九世紀後半ではおそらくもっとも有名な高級娼婦で、ブラントが彼女の情夫でなくなったのちも彼の好意を保ちつづけた。ブラントの『生の四行詩』には、場数を踏んだ情婦と、どちらかといえば経験が浅いとはいえ熱烈な情夫との間の関係が巧みに描かれ――そして、その喪失が哀惜されている。彼女はソネットの連作『エステル』ではマノンであって、実際、ブラントは自分の体験であろうとプレヴォ〔小説『マノン・レスコー』の作者、一六九七～一七六三〕であろうと、無差別に詩のたねにしおおせたのだと思いたくなる。

パリで三年を過ごしてからリスボンに転勤となるが、そこでの彼は「きわめて面白くなく、面白くありたいときわめて強く願って」いて、「自分のもっとも詩的な局面」と自称する生涯の一時期にあった。彼は言う――「私は、心を惹かれていたある人からの手紙を四六時中待ち続けていた。だが手紙は来ず、私は何人かの若い女性と丘を駈けまわり、あるいはペーニャでドン・フェルナンドや結婚する前の彼の妻とともに痛飲して自分を慰めていた」[5]。彼がロバート・リットンの感化で得るところが大きかったのはこの頃である。リットンはすでに一人前の詩人で、ブラントの「すばらしい順応性のある生き方」に魅せられていた。ブラントのこのような資質は、フィンチが「彼に出逢った誰とでも親しく意見の疎通のできる稀有の才能、生命感、そしてその人たちのためなら目標、感じ方、考えがどんなにつまらない、ごく平凡なものであっても、意義を高めてやろうという感覚」（四七頁）と描いたものだ。リットンも、ブラントにこう書き送ったことがある――「私は、一刻でも自分の気持をあなたのそれのようなうきうきした感じに浸してみたいものと思っています、くたびれた旅人が、どこかのきれいな山中の池に跳びこみたいと願うように」。若いほうの詩人が年上のほうを新鮮な気分にさせていた一方で、後者は前者にむかって詩作上の必要な指導と励ましを与えていた。

ブラントは、他人の作品に恋の気持を捜してもいた。一九〇七年四月二十二日に、これまでの詩でもっともすばらしいのは「雅歌」〔「ソロモンの歌」と呼ばれる旧約聖書中の一書〕だと言い、彼としては「世の中の作品全部を合わせたよりも、これ一つだけ書きたいほど」と称した。彼はどうして「雅歌」が聖書正典に取り入れられているのか、分からなかった、「それは宗教的感情などみじんもない、純粋な性的情熱――だからこそますます美しい――なのに」〔雅歌の正典化は内容上の論議で遅れ、西暦九〇年のヤムニヤ会で旧約では最後に認められた〕。その翌年の一月六日、彼は「一ポルトガル尼僧の恋文」こそ「これまでに書かれたもっとも美しい恋文」と思い、「手紙の中身はありうること」なので、「その真正性に確信をもち」たいと願っている。そして最後に、一九〇九年になってルソーの『告白』を四十年ぶりに読み返した彼は、この書についての自分の感想が以前と変わっていないと知ってこう言う――「〔ルソーが〕パリに出て有名になるまでの初めの部分は未熟ながらも美しく、芸術作品と見てすばらしいし、一青年の告白としても立派なものだ。だが残りは償いのきかない醜悪そのものだ」。そしてなんとなく、自分の回想もおなじような印象を与えるのではなかろうか、と思った――「もっとも、私の青春は際限もなく長引き、ルソーの場合はごくはやばやと終わってしまったが[6]」。

訳注

一 〔デンシャワイ事件……〕クローマー卿――エヴリン・ベアリング、一九〇一年よりクローマー伯、一八四一〜一九一七。軍人出身だが従兄のノースブルック伯のインド総督就任とともにその秘書を務め、植民地行政に通暁した。英国のエジプト占領後、一八八三年より二十四年間にわたって総領事の名目でカイロに駐在、イスマーイール・パシャ、タウフィーク・パシャの両ヘディーウ時代に完全に破綻した行財政を再建して、実質上エジプトを支配した。デンシャワイ事件は、一九〇六年にナイル・デルタの村、デンシャワイで狩猟の英国人が鳥のかわりに現地の農民を射撃した事件。抵抗した農民が極刑に処せられた。

二 ヘンリー―― William Ernest Henley, 1849-1903. 詩人、批評家。R・L・スティーヴンソンに協力、彼の戯曲四篇を共作した。幼年時より肢体不自由で結核性関節炎のため片脚を切断していた（スティーヴンソンの小説『宝島』の隻脚の海賊「一本脚のシルヴァー」は、ヘンリーからヒントを得たとされる）。

原　注

1　ウィルフリド・スコーエン・ブラント『イン・ウィンクリース』Wilfrid Scawen Blunt, *In Vinculis*, London 1889, pp.9-10.

2　ウィルフリド・スコーエン・ブラント『生の四行詩』Wilfrid Scawen Blunt, 'Quatrains of Life', *The Poetical Works, A Complete Edition*, 2 vols., London 1914, I, 416. 以後、ブラントの詩を参照するときは別記しないかぎりこの版による。

3　「日録」II―四二～三。前イスラム期の詩に対するブラントの無条件な礼賛は、ニュー・レヴュー誌所載『無明時代のアラビア詩』'Arabian Poetry of the Days of Ignorance'. *The New Review*, XIV, 1896, 626-35 に見られるとおりで、そこで彼は、享楽的で何ものにもとらわれない砂漠のアラブを誉めちぎっている。

4　オーブリー・ド・ヴィア〔アイルランドの批評家、一八一四～一九〇二〕編、ウィルフリド・ブラントならびにチャールズ・メイネル博士『プローテウスとアマデウス――往復書簡集』Wilfrid Scawen Blunt and Dr. Charles Meynell, *Proteus and Amadeus: A Correspondence*, ed. by Aubrey de Vere, London 1878, p.24. 両筆者名を抜いた出版で、ストーニーハースト、オスコット、ポーター師その他の地名人名には架空名を代用して筆者を秘している。

5　フィンチ前掲書四七頁に引用されたもの。

6　「日録」II―二四六～七。これは、ブラントが「日録」で女性関係をほのめかすときの典型的な事例で、そう多くはない。「日録」本来の意図はいうまでもなく政治的なものである。ブラントの女性関係、とくに出獄後のそれについては、フィンチ前掲書二六六頁より引用した以下の一節が「日録」中の間隙を埋めるに足りる。「ブラントは自分の獄中体験が女友達〔複数〕にとってロマンティックな関心を惹く肩書になっていたのを知る。そのおかげで、彼は社交界の地位をやすやすと取り戻すことができた。女性関係は終始一貫してブラントの人生の背景をなしており、理由はいうまでもないがこの社会復帰の一時期の間、彼にとってはきわめて重要なものであった。彼は注文がむずかしかったし、また度はずれに色好みだったわけでもないが、その後の情事は、彼の性的魅力と好男子ぶりが強みを発揮した社交ゲームの一部分となった。勝ちを得ると、彼の空虚は満たされ、結果として長続きする間柄がしばしば生まれた」。

4 変容

ブラントの気質の表出を一八五八年〔外交官に任官の年〕までについて見てみると、他者への同情をもちうる感受性と能力を背景に、抑圧された者への深い憐憫の情、心情面でカトリシズムに対して気まぐれに抱く親近感、そして理想主義的恋愛の指向というういくつかのはっきりした模様が浮かびあがってくる。こういった模様が相互に複雑な関係をつくるには時間だけでも充分だったろうが、その過程の進行を早めたのは信仰上、哲学上の懐疑という糸がからんだことだった。

この懐疑もまた、彼の感じやすい心に始まることは驚くまでもない。アテネの大使館ではまわりの雰囲気はカトリックよりむしろプロテスタント的で、ブラントが深く恋していると思っていたプロテスタントのヘレン・リュートウェインは、彼が赴任して二年目に死亡した。フィンチ女史は、この出来ごとでブラントは、プロテスタントだったヘレンには「彼の教義によれば地獄の劫火にさらされるおそれ」があるという「ディレンマ」に迫られた（三四頁）としているが、たぶん、これは穿ちすぎであろう。カトリックの教義のいわば鋭い切っ先が、ここには関わっている。だがフィンチは判断根拠を示していないし、私の知るかぎりブラント自身もこのことでは何も書き残していないため、本件をさらに追求しても得るところはない。しかし、このときに彼のカトリシズムに対する、そして恋愛に対する傾向になんらかの混乱が起こり始めていたことには疑いの余地がない。カトリシズムと理想的な恋を両立させることは困難ではないが、宗教的独身維持の要求と、感覚の鋭い二十歳の青年の肉体のそれが生む葛藤を想像するのもむずかしくはない。ブラント自身は、哲学上の問題を強調している。彼は、メィネルへの手紙で〔二五～六頁〕、「信仰と理性という拮抗する要求への、いいかえれば信ずるべきものが一つ以上存在するということへの詮議にからむ大問題〔一二八頁割注参照〕に初めて直面」していると分かったのは、フランクフルトへの赴任途中に数週間滞在したコンスタンティノープルでのことだった、と述べている。また、そのころ、自分の信仰を実践し告白するのはカトリック同士のなかでさえ「なにやかやと、うんざり」すると感じ始めていたと言っている。「いま私が思う以上に、そうでした。若いうちは、感じやすい者が熱望するのはとにかく何か特異であるということ以外にはめったにないわけですから――人についてであれ、心についてであれ、あるいは衣服のことですら」。

しかしこのような葛藤が頂点に達したのは、ブラントがフランクフルトに着いてからである。一八六一年のことで、知的な話といえばすべてダーウィンがらみ、そして『種の起原』〔一八五九年初版〕がらみであった。メィネルとの文通で〔二七頁〕、ブラントは在英の自分の聴罪司祭に『種の起原』や『試論と批評』〔第二節訳注二〕といったものを読む許可を求める手紙を出したと伝えている。彼は「自分の欲するものをほしいままに読みふける誘惑に抗する」ことは、もはやできなくなった、というのだ。希望が拒否されると、彼は初めて「熟慮の末の罪」を犯し、そしてダーウィンに強い感銘を受けたためカトリックの教義には「従来以上にますます満足できなく」なる。彼はかつてはただ悩むだけだった。だがいまや深刻な懐疑にとらわれ、カトリックとしての義務を放棄した。しかしなお、みずからの「地獄に堕ちるに値する罪を犯した状態」を「大いに怖れる」には不足のない信者であった。その冬の間中は、頸の骨を折って大罪を背負ったまま死を迎えることにならぬようにと、田野に馬をとばすのを控えて過ごした。この間に彼は、神は「自然」のなかに見出しうると主張したウーゼム伯の論説にこたえる形で、私的な論文をまとめている。一九〇六年二月十日の日記で、彼はその論文がヘッケル〔独・生物学者、哲学者、ダーウィンの信奉者、一八三四〜一九一九。この当時はイエナ大学教授〕がまだ何も書いていない時期に一元的物質主義の萌芽といえる論を展開したものだ、といくらかの誇りとともに記し、またヘッケルの進化に関するベルリンでの講義を読んだ直後のこととして一九〇九年一月十九日の記入では、自分の見解を詳細にわたって再述している。けれども、彼が論拠を誇示してみせた結果は満足できるものではなかった。つまり「人格神のかわりに私が想定した物神は、最初に姿を見せたときは眩暈《めまい》の起こりそうな考えで、まるで読んでいた禁書から私の呪文で呼び出された悪魔のようなものだった。そして私の知的放蕩のさなかにあって、私は人生がいいようもなくみじめに感じられた」。

　彼はもはや「自然を超えた人間の運命、墓のむこうの生という、あのもう一つの慰藉的な教え」には戻れなかった。『生の四行詩』には、恋の快楽への願望が自分の信仰を粉砕する知的矜持と一体のことがあった、と少なくとも一九一四年にブラントが覚った証拠が見られる。ストーニーハーストとオスコットでの「あの人目につかぬ生活から」、彼は「ある争闘の世界へ／あの快楽の世界へと固く心を決め／人としての喜びを求めて貪欲に……」出ていったのだ。二つのこと、物理的な宇宙の意味と「恋の力」を学びとる決心を、彼は固めていた。

　　いかなるドン・キホーテといえども、潰えたる愚行の

馬に乗りて後先も見ぬ速さに駆られ、
かくも血迷いておのれの行路を選び、さては人生の
過酷なる石に倒れ血を流したる例《ためし》あらんや。

わが理性の馬にまたがり、手綱もゆるく行くに委ね、
尊大なるわれはあらゆる幻影に槍を構えたりき。
はてしなくわれは問いかけぬ、
「いずれを汝は追わんとする、男の快楽《けらく》か、男の苦難か」。

「神との戦い」を宣言した、と自分で思ったのは、最愛の姉が修道院に入るつもりというのに反発して帰国し、彼女が成年になるまで「その意向を延期する」ようにとりまとめたときだった〔姉の生年、コモンロー／教会法のいずれによる成年か不詳〕。彼は徐々に神の存在を否定し始めていたが、まだ「この世の快楽を追うことによって、神を失い、来世の生を失うことの」慰めとするような気にはなれなかった。信仰を取り戻す試みの最後は、一八六二年の晩夏にクラパム〔ロンドン南部〕のリデンプトール会〔一七三二年イタリアで創始された伝道・貧民救済組織〕の修練所で静想《リトリート》に入ったときだが、彼の真摯な努力にもかかわらず、結局は「われ神を信ず」と言うことができなかった。そして、しばらくのちに、愛徳会《シスターズ・オブ・チャリティ》〔一六三四年フランスで創始された女子修道会〕のある行き届いた修道女の看護をうけて健康を回復したときを除くと、ブラントは二度とカトリシズムの教義を信ずることはなかった。

一八六三年の秋、彼は「恋に落ち、身持ちのわるい生活を送り始めた」。「スキットルズ」との愛におぼれた三年の間、彼は自分の情欲に満足して、色情は魂の渇望を満たし得ないとするメィネルに賛同することはできなかった。その間中、「信仰の喪失を思い出すことも悔やむこともなかった」。しかし一八六七年になって、ふたたび彼は失った信仰との折り合いをつけたいと切望し、メィネルに「現世の提供するいかなるものにももう満足できない」（二九頁）と書き送る。

メィネルからの返書は結構なものだったが、充分に結構でなかったのははっきりしている。文通の終わりごろ（一七四頁）、ブラントは自分は優柔不断ではないと思うときもあるものの、「快楽がいつもすぐ手近にあるなら、彼女はいまでも無知に満足なのです。最少の慰みでも、それが続くかぎりはほかのあらゆることを閉め出し、快楽に、甘い、触知できるような快楽に接すると、いまもすっかりのぼせあがってしまいます」と書いている。

これが、一八六〇年代から七〇年代初頭にかけての苦闘を通じてようやく明らかになってきた、新しい模様である。一八六九年に結婚し、まもなく世襲の地所を相続〔兄の死去による。その結果多額の資産を継承〕してからは、ある種のおだやかな審美感覚と一種の享楽的な姿勢が、徐々にそれまでの色欲本位の恋愛と信仰上の動揺に取って代わってゆく。四行詩『セド・ノス・クイ・ウィウィムス』Sed Nos Qui Vivimus〔＝されどわれらは生きてあり〕（一八八八〜八九）はこの新しい音色を奏でている。

われは、われら二人の生を繋ぐ環に触るるを好めり。
そは理を超えたる喜びへの盲愛、日なたでの慰安、日かげでの歓喜、

人の、人を超えたるところはいまなお最良のものなり。子らへの慈愛、
ふるさとの草地と谷への愛着、一族のものへの情愛。

そしてまた、

人生はうるわし！　われらを愛でし人々のこの思慮、
無言裡にさまざまなる形にて示されし愛の包容精神、
妻、子、熱誠もてわれらを首座につけし下僕下婢は、
その聖堂の壁龕《へきがん》にわれらを高々と安置せり！　傍らには、天使も侍立す。

一八七六年〔メイネル師との文通を始めた、また初めてエジプトを訪れて現地民の窮状に接した年〕以前にあった内面的動揺状態のこのような変容に、ブラントに対するアラブ文化の影響が寄与したものは、おそらくなにもない。そしてアラブ文化がなんらかの影響を与えたときには、それもまた、ひとえにブラントの気質中のおびただしい惻隠の情というあの基盤によるものだった。

5　生涯の使命

「秘史」[1]の記述で、ブラント夫妻が一八七三年にアラビア語を話す世界への最初の旅にとりかかったのは、「晩春の英国を脱出」するため、そして彼の「健康状態がまずまず」だったため、と分かっている。コンスタンティノープルでブラントは重症の肺炎にかかったが、回復するとイスタンブルの馬市で数頭の駄馬を買ってユスキュダル側へ連れて行き、トルコの農民生活をつぶさに見てまわるかたわら、「人の行き来する道から離れた小アジアの丘陵や芥子《けし》畑をさすらう快い夏の六週間を過ごした」。その記すところでは、「旅する者は誰しもそうだろうが、こうした人たちが律儀で善良なこと、彼らの政府の悪辣なことを身にしみて知らされた」。通訳を介して夫妻は百姓たちと話を交わし、支配者が押しつける困苦の不満を訴えられるとブラントはこのようなことを語った――「苦しみのひどさが彼らどころではない国もある。貧しい男が夜は路傍で横になり、一回食べるものを煮炊きするのに木の枝の二、三本も集めてくると、翌日には法官《カーディー》の前に連れていかれ、牢にぶちこまれる覚悟でいなければならない」。聞き入るほうは、そんな暴政が世の中にあるとは信じようとしなかった。そして、文明が個人の自由を侵害しつつあるのだ、というブラントの素朴な結論は、「東方の物ごとについての政治的な省察として私が記憶する最初のもの」となった。

夫妻は一八七四年の初めにはアルジェリアにいて、そこで「西洋人に対して限度を超えた忍従を強いられている東方の人たち」を目撃したとき、さらに政治的な想いをめぐらせる機会を得る。すでに普仏戦争〔一八七〇〜七一〕はアラブの蜂起を誘発していて、「モスレムの現地民はキリスト教国による極端に過酷な抑圧を経験しつつあった」。フランス人には満腔の親愛感をもつブラントだったが、その同情は全面的にアラブに向けられていた。おなじ年、彼はジェベル・アムールでサハラ砂漠の大部族と多少の接触があった。そして「彼らの壮大な遊牧生活」と「駱駝の群と馬」と彼らの「数々の雄々しい行動の記憶に満ちた崇高な伝統のある生き方」に触れて歓喜した。その反面、「酒場をつくり、豚を引き連れた欧州人《フランク》の移住者どもの下劣さ浅ましさ」は、「この二つ目〔豚〕を土地の主《あるじ》とし、先のほうは自分に仕える僕《しもべ》としてきた場違いぶり」に接した彼の憤怒を燃え上がらせた。このことを彼は自分だけの問題ではないと思ったが、「これまでにない政治的教訓として私の心に留めた」。

一八七五年から翌年にかけての冬、ブラント夫妻は「東方諸国でたのしい旅の経験をもう一度味わってみようというほかには」さしたる考えもなく、二人には初めてのエジプトを訪問した。夫妻はいなかを知りたいと思い、「すでにヨーロッパのようなところもある都会で時間を無駄にしない」つもりだった。こうして農夫《ファツラーフーン》たちとの親密なつきあいが始まり、やがてブラントは彼らの擁護者となってゆく。「〈利札《クーポン》〉のことで目の色を変えている」ヨーロッパの公債所有者〔エジプトのヘディーウ、とくにイスマーイール・パシャ（在位一八六三〜七九）が乱発した利札つき公債証書の購入者〕の要求に応えねばならぬ徴税吏にいじめぬかれる彼らの貧窮ぶりを、ブラントは極端なものと捉えた。市の立つ日には、女たちが「鞭をもった徴税吏が村をうろついているので」自分の衣服や装身具をギリシア人の金貸しに売りわたす悲惨な光景が見られた。ブラント夫妻はそのがらくた類を買いとってやり、女たちの気の毒な話を聞いたが、「こういった度を超えた苛斂誅求《かれんちゅうきゅう》の真因であるヨーロッパの財政的圧力がまだよく分かっていなかったのは、百姓自身と似たようなものだった」。二人はエジプト人の当局者に非難を向けたが、「非難のうちわれわれ英国人の負うべき持ち分には、ほとんど気がついていなかった」。一八七六年の時点ではブラントもまだ「英国の信奉者」であって、「東方における英国支配の恩恵という一般の考え方を共にして」いた。彼は、英国の保護下にあるという「特権」をエジプトも「インドと共有して当然だという以外には、エジプト人を思いやる」こともなかったのである。その彼も、インドにはまだ行ったことがなかった。

その春に、夫妻はアラビアを初訪問するが〔シナイ半島を訪れたのみ〕、二人ともアラビア語にまったく不案内のため旅は意味をなさず、ときとして困難でもあった。一八七七〜七八年の冬には、メソポタミアとシリア砂漠に散在するいくつかの大部族とのつきあいができ〔アレッポからユーフラテス沿いにバグダードにいたり、ティグリス沿いに北上してダマスカスに戻った〕、このときはアラブの言語と習慣にかなり通じていたので、旅は「非常におもしろく、成功裡に」終わった。この旅からは、妻が執筆しブラントも一部を受けもった『ユーフラテス流域のベドウィン諸族』*Bedouin Tribes of the Euphrates* が生まれ、またブラントは、やがてクラベット種〔ブラントの在所クラベットに設けた英国有数の飼育場より産出のアラビア馬。元来夫妻とも非常な馬好きでもあった〕として有名になるアラビア馬の初代を持ち帰っている。しかし何よりも重要なのは、この旅がブラントの心にアラブへの共感を植えつけたことで、それが彼のその後の人生を動かすのだ。

さらに一八七八年の秋、夫妻は「アラビア半島中央部に入りこみ、アラビア馬のふる里、発祥の地であるネジュドを訪れること」を目的にふたたびアラビアを旅する〔紀行は Lady Anne Blunt, *A Pilgrimage to Nejd*, 1881. 田隅恒生訳『遍歴のアラビア』法政大学出版局刊、一九九八〕。この訪問の成果は、「あの驚嘆すべき半島の中核部に、長い世紀を重ねて存在しつづけた、古代の、誰にも束縛されない統治の体制」があったことを理解したこと、そしてブラントが「アラブ民族に対してかねて抱懐していた」、「親愛と賛嘆の熱烈な気持」を確かめたことだった。彼はそれを、「政治的〈初恋〉、ますますわが心を奪い、アラブが自立という貴重な天与の才を保持するのに役立つなら何でもしよう、と私に決心させた一つのロマンス」と称する。彼にとってアラビアは、彼が「履行を義務づけ」られた「一生の使命を見出した」、「神聖な地」と映った。

旅の間に、夫妻は「イラクと南ペルシアという、文明の匂いはするが、〔アラビアほどは〕結構ではない世界」を通過し、つぎの春にはそこを訪ねて戻ってくる。この両地域が、いずれもおなじアラブ民族の居住地でありながらアラビア半島中央部との間に見せる対照は、アラブ世界はトルコの圧制を離脱せねばならぬという彼の信念を確認させた。そして彼はまだ、それが英国の保護下で実現できることを期待していた。

一八七九年、総督になってすでに二年以上を経ていたリットン卿〔第二節訳注三〕の招きで、ブラント夫妻はインドに赴く。リットンは管下の外務長官だったサー・アルフレッド・ライアル〔インド西北部（現パキスタン）担当副総督、文人、一八三五〜一九一二〕に指示して、ブラントが「アラビア所見」を展開するのに役立ちそうな情報を提供させた〔スエズ以南の半島沿岸、ペルシア湾岸、イラク南部もインド政庁の管轄下だった〕。その所見に、リットン卿は「ロマンの男、そして詩人として」即座に「共感を表明」していたのだ。ブラントはまた、インドの財政について広範囲な情報を入手した。シムラ〔インド北部のリゾート。当時は夏期の政庁所在地〕滞在中に書いた書簡で、ブラントは以下のような不満を述べている。

政府閣僚、地方弁務官そのほかを擁する「最良の支配者」のもとにあるインド財政の謎の数々を検討して、私は、現在の進度で国土を「開発」しつづけていると、早晩住民は食人に走らざるを得ない、という結論に達しました。食べるものとしては、おたがい以外にないからです。

また私はよく理解できずにいます、なぜわれわれ英国人は、この飢餓に瀕しているインド人から金を取り立て、彼らが欲してもいない鉄道を彼らのために建設し、通行料のいる道路や監獄や気違い病院やサー・バートル・フリーア〔インド行政官としてはボンベイ知事などを歴任、シンド主席弁務官としてセポイの反乱を鎮圧（一八五七）。一八一五〜八四〕の記念館を造らねばならないのか、なぜ彼らに、その情けないほどわずかな米の収穫で警官や治安判事や技師などの大群を養わせることを固執するのか――。インド人はこのような物は何一つ必要としません。あのあばら骨の浮き出た体を見れば誰でも分かるように、彼らは自分の食べる米がすごく必要なのです。

彼らの非常な重荷になっている借金については、それを帳消しに――少なくともインドの債務としては――するのが公正というものと考えます。住民ではなく、政府が抱えている債務の弁済のために住民に課税するという、政府が認めた道義上の義務など、私はまったく了解しかねます。公的負債なるものはすべて、自治の進んだ国においてさえ、大なり小なりいい加減なものですが、インドのように外国による専制のもとでは、それはただの詐欺にすぎません（「秘史」六二一〜三頁）。

ブラントの短いインド訪問は、彼みずから認めるように、彼の大英帝国主義に対するその後の姿勢を形づくるのに「無視できない影響」を与えるものだった。しかし当時、彼は英国の東方支配について

「もはや良き結果は無理としても、良き意図だけは、信頼は低下しつつあったが」まだ信じていて、英国の大衆にその欠点に気づかせることさえできれば改善は可能と考えていた。だがアラブ世界に対する彼の関心を織りなす糸は、一八八〇年六月二十六日には彼の生涯の「模様」のなかにはっきりと見えてくる。その日、彼は日記にこう記した――「もし純粋のアラビア種の馬を英国に導入することができ、そしてトルコ人の桎梏を離れたアラビアが姿を見せるのに役立つなら、私も無駄に生きたことにはなるまい」。

四十歳になっても、かつて公式には政治に関与したことのないブラントだったが、それに加えて「聴衆にむかって演説をしたことも、評論誌に文章を書いたことも、新聞に寄稿したことも、何一つなかった」。彼はみずからを顧みて「若いときは体質的に内気で」と言い、したがって人目に立つのをいやがったが、その姿勢は、秘匿すべきことのあるなしにかかわらず「つねに内密を装う」外交官経験でより強まっていた。ところが「たとえ立場としてはどんなに曖昧で不明瞭であろうと、東方世界における一つの使命」を担ったいま、彼は語り、書き、そして演壇に立ちさえし始める。

一八八〇年八月二十二日、シェフィールド〔イングランド中部、ヨークシアの都市〕で開かれた英国学術協会〔一八三一年設立の科学振興機関〕の会合で、ブラントはキャメロン大尉〔『インドへの未来の幹線』'Our Future Highway to India,' 1880 でその構想を明らかにした。〕が唱道した「ユーフラテス流域鉄道」建設に反対する演説を行った。その鉄道が独立で採算がとれるかという疑問を呈したのをみると、あるいは彼の念頭にあったのは、インドで知った融資の教訓であろう。すでに彼は、およそ西の東に対する賦課と名のつくものにはすべて反対していた。後年『英国のエジプト占領秘史』（一九〇七）

〔第二節前出〕で、ブラントは自分の妻がバイロン卿の孫娘であることに触れた上で、こう断言している——英国を事実上のエジプト支配者とならしめた一八八一～八二年の政治上の諸事件〔財政を破綻させたイスマーイール・パシャ退位（一八七九）後のアフマド・ウラービー指導の軍反乱（一八八一）、英国の介入と占領（一八八二）〕に鑑みて、彼と妻とはともに「アラブの自由の大義を擁護する努力は、バイロンが一八二七年〔ブラント原文自体の誤記との原注。正しくは一八二四年〕に死を捧げたもの〔ギリシアのトルコからの独立〕とおなじくらいに価値がある」と思った、と。

まもなく彼は、自分の使命を有効に果たすにはよそ者としてではなく、イスラム的思考の内側に立って作業しなければならぬと知る。こうして一八八一年、巡礼の季節を利用してメッカへ入る港町ジェッダに行き、ウラマー、つまりイスラムの学識者について講義を受けた。彼は話をよく聞き、質問をし、その結果コーランの諸問題について多大の知識を得たが、それはのちにエジプトでイスラムの思想家たちへの彼の自己紹介として役立った。[2] 英国のエジプト占領はこのときであったが、アラブ民族の自由を守るというブラントの曖昧な使命は、たちどころに、エジプト独立を熱っぽく論ずるという、はるかに具体的な形をとるにいたった。彼は東方問題に関する最初の著作『イスラムの将来』（一八八二）をあわただしくまとめたが、そこにはアラビア、エジプト、インドへの旅の成果のはしりが、ジェッダその他でモスレムから聞き取ったことのそれとともに述べられている。

つづく十年間に、彼は東方、なかんずくエジプトの諸問題に関する論文を迷うことなく、続々と発表した。そのあと執筆量は減り始め、水のしたたるように先細りとなった末、一九一二年の雑誌「エジプト」に所載の数篇の論文を最後に途絶えてしまう。

ブラントの集中的で旺盛な政治関与の時期は、「エジプト問題」の始まった一八八一年からアイルランドで投獄されデットフォードの下院選挙で敗れた一八八八年までである。その行動を個別的に検討するのは本稿の目的ではないが、東方にかかわる彼の政治活動の指針となったいくつかの原則には多少の説明を加えておくべきと思われる。

一八八二年の時点では、力の弱い民族の保護者としての英国に対するブラントの信任はまだ完全に損なわれていなかった。『イスラムの将来』では、アラブ的思考がスペインとフランスを経て英国にまで浸透したことを語りつつ、セム族の考え方が「諸民族の精神」にかつて与え、いまも与えている莫大な影響を忘れないことを自分の同胞に訴えた。「純粋にベドウィン的な概念である騎士道」はさいわいにも英国人のなかに「まだかろうじて生き残って」おり、また「イスラム侵入前のアラビアのあとを引くロマン」は彼の考えでは「いまなおわれわれの行動に共通の動機」であり、そして「イエメンの押韻詩のなかにあって」英国の詩人たちの手本の一つになっている。英国人はいまも「アブラハムにとっての神」に祈りを捧げ、また「ユダヤ人の聖地」、あの「アラビアにとっては腹違いの妹である地[二]」を崇めている。セム族の考え方が西洋でもこれほど力をもっているのなら、と彼は問いかける――「アラブ的な考え方の精髄」であるイスラムに対して、それが世紀を超えて隆盛を続けてきた土地でわれわれが勝てると思うとはどういうことだろうか。「イスラムがヨーロッパ制圧の難題を放棄したように、キリスト教国はイスラム教徒の改宗などというできる見込みもない仕事はすっかり放棄している。よっていまこそ、おなじ神を信じ、崇拝する人類の二大集団を道義的共感で結び合わせるべきだ」。

ブラントは読者に対して、イスラムが宗教の体制であるばかりか、政治のそれでもあることについて念を押し、預言者ムハンマドの活動を引きあいに出して彼が一宗教に加えて一つの国家を創設したことを明らかにした。ここに、ヨーロッパがオスマン帝国からもぎとった各種の譲許が「いたるところで信仰心の篤い人々の是認を得られなかった」理由がある、と彼は考える。社会的、政治的な発展はすべて、信仰上の教義とも合致していることが必要で、したがって西欧が奴隷制の非合法化や、婚姻、内縁関係、離婚についてコーラン上の許諾をよりきびしく解釈することを求めるなら、そのような変革が宗教としてのイスラム自体の内部改革を通じてもち出されるまで待ってやらねばならない。ブラントはこうした点は実行可能として疑わず、のみならず「他日、それに着手する機会がくる」ことを期待した。ただ自分が「改革の細目を案出する」立場にないため、当面は「方法論の提示だけに甘んじざるをえない」。

ブラントは英国に対し、「正統派の人たちが作りそして唱える、イスラムは前進できない、というあらゆる定則」とは逆に、イスラムは動いており、自分がついて行けないからとてアラブの考え方の前進を足踏みさせる知性の欠けたトルコ人がいるばかりに、一時的に動きを止めているにすぎない、と断言する。そしてイスラムには十五世紀のキリスト教の「宗教改革者」にあたる開放的な一派が生まれていて、「イスラムもまた自力で宗教改革をなしとげる」ことを全面的に確信すると述べる。彼の考えでは、このことすべてが英国にとって極端に重要な意味をもつのは、インドでモスレムが忠誠を尽くすか反乱に走るかという問題がそこにかかっているためだ、とする。ブラントは正統派と改革派の間の紛争に英国が介入することを促したわけではないが、「完全に合法的な仕方で」英国が「物ごとの自然な流れに働きかけることで自国の権益に有利な水路へと導く」ことは可能であることを示唆した。

考える力のあるモスレムは、カリフの座を、イスラム外の強い圧力に曝されているコンスタンティノープルから引き上げるべきだという認識を日増しに強めている。ブラントの希望は、カリフの座を発祥の地〔預言者ムハンマドの直接の後継者、四代の「正統カリフ」がいた〕のアラビアに、そしてメッカに移すことだった。そこでなら、カリフは「特権賦与条約《カピチュレーション》を笠にきたヨーロッパ人《フランク》の大使たちによる勧告を怖れる必要もない」だろうし、「神の使徒〔ムハンマド〕の後継者が、あるべき形で自由に振る舞い、また混ざりもののないイスラムの清浄な空気を呼吸できるだろう」。さらに、メッカのカリフなら、季節ごとに巡礼が聖神殿へ続々とやってくるので世界中のイスラムの鼓動を感じとれることだろう。したがって英国の果たすべき役割は、海軍国としてカリフをあらゆる攻撃から護ることができるメッカへカリフを遷す機運の育成にあるべきだ、という。

一八八一年と八二年のエジプトにおける大事件——アレクサンドリア砲撃、英軍による占領、そしてブラントが肩を入れていた民族運動が粉砕されたこと——とともに、アラブ民族の独立とイスラムの改革という彼の壮大な持論は、緊急に必要となった親エジプト、親農夫《ファッラーフ》宣伝工作の前に挫折せざるをえなかった。E・M・フォースター〔作家、評論家、『インドへの道』*A Passage to India* の作者。一八七九〜一九七〇〕の言うように、ブラントはたいしてエジプトの〈役に立って〉いない。要路の人物との縁故があったにしてはさしたる影響力をもたなかった。「ただ、彼は〈役に立とう〉と努めていた」[3]。ブラントの気質を理解する上で、このことはたしかにそれなりの意味はある。彼はその気になれば、民族運動を指導したウラービーの公正な処遇について注意を喚起するのに多少は力を発揮し得ただろうし、現に、エジプトにおける英国の失政とみなしたものへの詳細を示して世間の関心を促していたからだ。だが占領が長びき、撤兵は頻繁に延期されて、英国にはエジプトを手放す気のないことが明らかになるにつれ、ブラントはますます憤りを募らせた。彼が英国の善き意図に抱いていた、なけなしの信頼も消しとんだ。いまやあきらかに、大英帝国主義は彼にとって正真正銘の仇《かたき》でありイスラムの敵であった。

クローマー卿とそのエジプト政策は、ブラントの具体的標的となった。彼はクローマーを行われた不公正のすべてに責任ありとし、デンシャワイ事件ののちクローマーがメリット勲位を授けられたときには吐き気を催した。[4]『エジプトにおける司法の暴虐』（一九〇六）〔第二節前出〕で、ブラントは執筆の二つの目的を説明している――まだ自分の記憶にあたらしいデンシャワイ事件のような「事例の経過を調べ、明らかに」すること、そして「英国人と現地人、とくに英国の役人とエジプトの農夫《ファッラーフ》との間の犯罪関係」が政治的に処理されて、当事者の功罪とは関わりなく英国の役人を是認し、ファッラーフは処罰してきた「本質的に不公平な基準を、この方法で開示する」ことにある、[5]と。また彼は、もし次の国会がデンシャワイ事件を「サー・エドワード・グレイ〔この当時は下院議員、外務担当国務相、のち子爵。一八六二〜一九三三〕が、なされた不当行為は非とすると明言せざるをえなくなるような形で」取りあげもせず、「もしエジプトで、テロ行為の申し開きのために誰一人出頭も求められないようなら」、「わが国の犯した不正が世界中に知れわたるように」パンフレットをフランス語で書き、そして「長い間われわれが誇りとしてきた英国の正義が空虚で無意味な言葉となり下がったことをすべてのエジプト人が、また全東方世界が理解できるように」アラビア語で書いて公表すると警告した。[6]結論としてブラントは、クローマー卿の釈明か、エジプトにおける彼の職務の解任かのいずれかを要求した。[7]

そして一九〇七年四月十一日のブラントの日記に述べられているのは、目ざめともにクローマー辞任の報[三]に接した驚喜の物語である――「たちまちぱっちりと目が覚めて、体の下でベッドが揺れるほど笑いがこみ上げ、何分間も止まらなかった。ニュースへの返電はただ一語、〈ウワァーイ《フー・フープ》！〉。これからチャペル街へ出かけ、明日はクラウズへ行くが、一日かけた狐狩りの終わりに、ポケットにはクローマーのブラシ〔狩の記念にする狐の尻尾〕を入れ、鞍にはあの老いぼれの赤狐のマスク〔記念の狐の首〕をぶらさげた猟師さながら、うきうきした気分でいっぱいだ。ウワァーイ《フー・フープ》！」

しかしこれは、ブラントが世界の政治的悪行の多くを辿ることで行き着いたあの大英帝国主義に対する、長い、失望つづきの戦いで味わったただ一瞬の歓喜にすぎない。「秘史」（三六〜七頁）のなかで、彼が英国が伝統的なやり方から「レヴァントにおける強奪と背信行為という新政策」へ踏み出したことの第一歩として注目しているのは、「キプロスの謀略」と欧州列強による一八七八年のベルリン会議[四]である。会議から帰国したディズレーリ〔当時は首相〕は、「世界周知の勝利」を唱え「名誉ある平和」をかちとったと豪語していた。「われわれの世代が目撃したオリエントと北アフリカの自由に対する犯罪の半ば」は、この会合から生まれている。よってブラントは、それまでとおなじ戦いを闘いつつ、一八九五年のエチオピアにおけるイタリアの軍事行動を痛烈に非難した（「日録」I―二〇七）。この侵攻には、キリスト教国のための「十字軍と称する口実すら」ない。エチオピア人自身がキリスト教徒であるからで、それをいうなら「カラブリア〔民度の低いイタリア南部〕の住民もおなじだが、ただシバの女王がソロモン王によって生んだ子の直系末裔のエチオピア皇帝に比べれば、クイリナリスの王座にあるサヴォイ家〔ローマのクイリナリス宮殿を王宮とする当時のイタリア王家（一八六一〜一九四六）〕の血統などは、つい昨日生まれたようなものだ」。一八九五年十二月十二日に、彼は最大の嫌悪感をもって、ロンドンの新聞がこの軍事行動に「株式市場はなんの反応も見せないだろう」としか批評しなかったことを記している。

「南アフリカ特許会社〔南ア開発のため女王の特許により設立された〕のあのごろつき連中が、ドクター・ジェムスンに率いられて」[五]トランスヴァールに侵入し、ボーア人に殲滅させられると、ブラントは、捕虜となったジェムスンが絞首されることを「心底から」期待した（I—二一二）。彼の見るところ、英国の新聞各紙はジェムスンを英雄に仕立てたいあまりに「尊大と臆病が入り交じり、トランスヴァールのことではむかむかしている」。彼にとって、ジェムスンは「三十六時間戦い、十五名を失っただけですぐ降伏し、金儲けと土地強奪以外にまともな名分が何もないことはおくびにも出さない」男であった。新しく桂冠詩人となったオースティンが、この機会を捉えて「なにやら調子のいい、へたくそな詩をどうにか作りあげ、さる音楽堂で朗読させたのは[六]、英国人がいかに落ちぶれたかの現れだ」（I—二一四）。

一八九六年一月九日に、ブラントは「植民地風の喧嘩腰の振舞いという壊疽《えそ》がわれわれを蝕《むしば》みつつある」と書き、さらに続けた——「力の弱い国で自由を抑圧する習慣がわれわれ自身の自由を危険に追いこんでいる。どんな最後がくるか、見たいものだ」。英国は「エリザベス女王時代、イギリス諸島のほかには一片の領土もなかったあの〈ゆったりとした日々〉のほうが、いまよりはよほど仕合わせで、敬意も払われており、かぎりなくまともだった」。

一八九一年四月三十日、ブラントはパリのあるところで理髪のため足をとめた。床屋は非常に能弁、かつ非常に残忍な男で、トンキン〔ヴェトナム北部〕にいた兵士あがりと分かる。その人生観は、'en agissant avec des brutes il faut être brutal'〔野蛮人どもを相手にするには野蛮にならなきゃ〕だった。もし一ヶ月間だけ総督をやらせてくれれば、‘j'aurais exterminé tout ce monde Tonquinois’〔トンキン人などみなごろしにしてやるのだが〕。そしてある国が植民地をもちたければ、英国のインド統治のように統治することが必要だ、と言う。その意見に賛成か、と訊ねられたブラントは「そうでもない」と答えた。

「政治における科学的残虐」が見紛うべくもなく増加傾向にあるとブラントは思っていたが、理由はそれが「強者の自己本位は正しいと自身に示すことで、彼らの自己中心的本能」をくすぐるためだとした。しかしダーウィンの適者生存の法則を国際政治に適用しようとする人は、「人類が推論力を異常に発達させたことと破壊的な武器を発明したことで、みずからを、人知れずはたらいている自然律の埒《らち》外に出してしまったのを忘れている」。そしてダーウィンがこのような悪用には何の責任もないことは、「とくに『ビーグル号航海記』で未開人種への」思いやりを見せていることで分かると主張した（I―六九〜七〇）。また、ブラントは「ゴードンが妹に出した手紙でおなじみの、伝道と好戦心が渾然一体となった言葉遣いに」見られるような型の愛国心には共感をもたなかった。「こうした人たちは英国旗、〈いとしの古きユニオン・ジャック〉を世界中に立て、それを戦火に訴えてでも守りぬくことを天命と確信している。ピサロ〔インカ帝国を征服したスペインの軍人。一四七五〜一五四一〕も、あの年を経た壮麗なインカの世界を壊滅させたときには、まちがいなくおなじ調子でペルーから書を送ったものだ。まさしく〈文明は毒薬なり〉」。まがい物の愛国心のもう一つの型は、「商業帝国主義者」、つまり関心といえば「市場を獲得し維持する」ことしかない愛国者のもつそれである（I―七六〜七）。

最後にブラントは、一八九九年、タイムズ紙が女王の八十歳の誕生日に「シドニー・スミス〔コンスタンティノープル在勤時代にトルコを支援して出撃、パレスティナのアクレを攻撃中のナポレオンを撤退させて英雄となった海軍提督。一七六四〜一八四〇〕の予言の完璧な成就」だと指摘する「ばかばかしい手紙」を掲載したのに、なにか誇りを感ずるような種類の愛国者では決してなかった。シドニー・スミスは「その六十年前に女王陛下にむかって、戦争を回避すること、また良心にかけて〈私は孤児も寡婦もつくらなかった〉と言うことが女王の生涯の誇りとなるように、と熱心に説いた」のである。「その治世のうちに、自分の支配下にあるいくつもの種族がまるごとみなごろしに遭うのを見てきた、そしてつい先日も自分の軍隊が三万人《(ママ)》のイスラム修道士《ダルウィーシュ》を殺したことで神に感謝を捧げた人にとって」、なんという皮肉だろうか、というのだ。[8]

また彼は、同胞が「世界をとんでもない情況に残したまま」十九世紀に終末を迎えさせるのを大目に見るほど、彼らに忠義だてする気もなかった。大英帝国が主犯なのはただ影響力の範囲が大きいというだけのことで、ヨーロッパの他国、それにアメリカさえもが罪が軽いのは、おなじように大規模な惨事を惹き起こす機会がなかったためにすぎない。しかし、彼らといえどもできるかぎりの寄与はしている。英国の軍隊が南アフリカでキチナー〔ゴードン戦死後マフディー軍を殲滅し、スーダン総督を務め、のち南アでボーア戦を指導した司令官、元帥。一八五〇～一九一六〕の命令で農地を焼き払い、「女王と上下両院と主教たちが、公然と神に感謝しつつその仕事を進める費用の支出に賛成票を投じている間に」、合衆国は「年に五千万ドルを費やしてフィリピン人を殺戮し、ベルギー国王は彼の全資産をコンゴに投資し、そこで自分の懐を肥やすために黒人に残虐をはたらいている」。「そして全ヨーロッパの国々は」、「中国でおなじようなこの世の地獄をつくりだし、占領した都市ではまるで中世とかわらぬ途方もない虐殺、略奪、強姦をおこなって」いたとする。ブラントは彼らをすべてひとしく神の呪いに委ね、「そこに生まれたことをおおいに誇りに思っていたすばらしい十九世紀」に侮蔑に満ちた別れを告げる（I—三七五～六）。

一九一一年の十月、ブラントは、いまそれが何であれ、自分の「使命」にはあきらめをつけ、ピットに倣《なら》って「もうイスラムの地図は巻いてほしい」といった気持になっていた。七 一九一二年の秋には、雑誌「エジプト」むけに書いていた一、二の論文も終わる。彼はロンドンの屋敷を引き払い、余生、つまり「私が生を享けた、生まれながらわがものである人生」を一人の大地方地主として過ごし始める。

「イスラムはチャンスを失った」と、彼は記している――そして地中海で大英帝国が蹉跌《さてつ》をきたしたあとに続く究極の変化を「見るまでは、私は生きていないだろう」。彼は、何が起ころうとエジプトが「ヨーロッパの支配から逃れることはできまい」、また、イスラムは宗教としては「あるいは世代を重ねて」生きのびるかもしれないが、国家として再生することは絶無だろう、と思いこむ。そして「過去三十年間の仕事は完全に無駄だった」(II—四〇一〜三) と受けとめていた。

訳 注

一 「ユーフラテス流域鉄道」……――ブラントの見解は、本文にある二度の旅行でシリアのアレクサンドレッタからペルシア湾のブーシェヘルまでの実地を踏破した経験に基づいていて、説得力がある。それは『ユーフラテス流域鉄道についての覚書』'Memorandum on the Euphrates Valley Railway' と題して、アン・ブラントのアラビア紀行 (前掲一四六頁割注) に付録として収録されている (アラビア半島の記録とは無関係のため邦訳書では割愛)。論文の要旨は、「山岳地、沼沢地経由の技術問題は別として、人口稀薄の現地の一般客はなく、利用は英国からインドへの兵員、軍備の緊急輸送が主眼となるが、スエズ開通で陸路によるカルカタ (当時の英領インド首府) までの所要日数短縮は四日間にすぎず、貨物積み替えとコレラその他の伝染病感染による危険に比し利点がなさすぎる。欧州の旅行者にしても、上記に加えてペルシア湾の夏期の暑熱は紅海以上で、利用者は期待できない。領国内通過に対するトルコ政府の方針次第では、予期せぬ事態もありうる。メリットのない計画への過大投資はすべきでない」というもの。

二　「アラビアにとっては……」――ユダヤ人の祖アブラハムが正妻サラのエジプト人下婢ハガルに生ませたイシュマエル（イスマーイール）から、アラブが始まったとされることをいう。嫡子イサクが生まれると、イシュマエルとハガルはサラの嫉妬で砂漠に追われた（旧約創世記一六―一以下）。

三　クローマー辞任の報――前年夏のデンシャワイ事件の処分（無辜の農民四名が絞首刑）に対し、年初より現地と英本国で強硬な反発が起こり、バルフォア（保守党）のあとを継いでいた当時のキャンベル・バナーマン内閣（自由党、一九〇五～八）は、融和方針に傾いていた。しかし当のクローマーは休暇帰国中で現地に対し無策だったこと、また彼自身の健康問題もあって、急遽辞任したという経緯がある。

四　「キプロスの謀略」と……――露土戦争の戦後処理のベルリン会議の直前に、英国がアナトリアの保全を代償にトルコとキプロス租借の密約を結んでいたことが会議で明るみに出たことをいう。結局、トルコはキプロスを英国に割譲した。第一章五頁参照。

五　ドクター・ジェムスンに率いられて――サー・リアンダー・スター・ジェムスンはエディンバラ生まれの医師で、南アの政治家。ボーア戦争中間期の一八九五年に、ボーア人政府の打倒を計るが失敗、英国で入獄。のちケープ植民地首相。一八五三～一九一七。

六　オースティンが……――アルフレッド・オースティン（一八三五～一九一三）は詩人としては不評で、一八九六年に桂冠詩人に選ばれたときも物笑いとなったが、その直後にジェムスンの襲撃を称える詩を発表。彼はストーニーハーストとオスコットに学んだのちカトリックを捨て、伯父の遺産を継いで弁護士から文学に転ずるまではブラントに酷似するが、以後はディズレーリに私淑して熱烈な帝国主義者になる。

七　ピットに倣って……――一八〇五年の対ナポレオン戦に敗れた翌年一月、死期を迎えた宰相ウィリアム・ピットが、病室の壁の「ヨーロッパの地図」をもう見たくないから巻いてくれと述べた言葉を読み替えたもの。

原注

1 東方の政治状況に対するブラントの関知についての引用、データ類は「秘史」を典拠とする。
2 ブラント『イスラムの将来』Wilfrid Scawen Blunt, *The Future of Islam*, London 1882, pp.6-7. ブラントのイスラムの大義支持に関連する以下の記述は、同書に基づく。
3 フォースター『アビンジャー〔著者が相続した居館のあるサリー州の村〕の収穫』E. M. Forster, *Abinger Harvest*, New York 1936, p.282.
4 「日録」II—一四八。
5 ブラント『英国占領下のエジプトにおける司法の暴虐』〔以下「暴虐」〕Wilfrid Scawen Blunt, *Atrocities of Justice under British Rule in Egypt*, London 1906, pp.3-4.
6 「暴虐」六〜七頁。
7 同右六〇〜三頁。
8 「日録」I—三二一。修道士は、一八九八年十月にスダーンのウンム・ドゥルマーンの戦闘で虐殺されたもの。事件に対する帝国主義的観点からの見方については、クローマー初代伯エヴリン・ベァリング『現代エジプト論』Evelyn Baring, First Earl of Cromer, *Modern Egypt*, 2 vols., New York 1908, II, 109-10 を見られたい。当時の世論は、ゴードンの復讐を求めて沸騰していた。

6　彷徨と挫折

東方諸国での使命というこの「模様」で小さからぬ役割を演じたのは、ブラントのより私的な面での苦闘だった。これまでに検討してきたのは、自然を超えたものへの関心と物質主義〔第三節一二九頁割注参照〕との間の、あるいはカトリシズムへの心情的傾倒と感覚的に生をむさぼることとの間での——むしろ、このように分解はできない、両者の一つずつが一体化したもの同士の間での——葛藤である。その苦闘は一八六〇年代初めにスキットルズとの愛欲の生活で一時的に決着がついていたものの、一八七六年にはふたたび荒れ狂い、カトリシズムの信仰を回復したいという願いが動機となって、ブラントはメィネルとの文通を始める。したがって、スキットルズとアラビアとの間に類似を考えるのはむずかしくはない。一八六三年にスキットルズへの激しい愛欲が苦しい葛藤を鎮めたのとまったく同様に、一八七八年に葛藤の再発を一時的に抑えたのはアラビアへの関心であり、「政治的〈初恋〉、ますますわが心を奪い、アラブが自立という貴重な天与の才を保持するのに役立つなら何でもしようと私に決心させた一つのロマンス」(「秘史」五八頁)であった。これが、宗教としてのイスラムへの関心という模様の背景である。それが発展してカリフ位をアラビアへ戻そうという持論になり、イスラムの宗教改革に個人として参画したいという希望となり、砂漠に隠者として過ごす場所を見つけようという願いとなり、そしてついにはあらゆる宗教との永遠の訣別となる。

「秘史」(八九頁)によれば、一八八〇年の夏、ブラントは「アラビアへ行き、アラビアにカリフを復興する運動の先頭に立つ考えに凝り固まっていた。もっと些細な目的でも、それに自身を捧げた人は偉大といわれてきた。けれども私はいま、この企てが真にやり甲斐のある運動とわかって満足感にひたっている」。

翌年、既述のように彼はジェッダでモスレムの考え方の理解を深めていて、『イスラムの将来』を公刊した一八八二年には、イスラムを開放的に改革する可能性はあるとの確信をもつ。そして同書で、「現状においては改革に伴う大きな難点はここにある——シャリーア、イスラム実定法が正統イスラムではいまなお疑問を挟むことを許さぬ権威として存在することだ」と説明する。「すばらしい法律」かもしれないがいくつかの点でまったく申し分がないとはいえない、としながらも、彼は、アラブ的〔トルコ的でもペルシア的でもない〕な考え方がもう一度至高のものとなれば「法律をより広く、より字義にとらわれずに解釈することと」が招来されようし、その場合はイスラムとキリスト教が「真の和解」をはたすことすら可能という、筋の通った確信をもっていた。また「正統イスラムの道は、キリスト教国におけるカトリック教会がなりはてたような砕石舗装《マカダム》をされたものではなく」、そこには「絶対不可謬のローマ教皇位にたとえかすかであれ相当する職位」もない、と考えた。彼はその歴史を辿っていて、イスラムとは「創生期において、また創始後何世紀にもわたって、すぐれて合理的な教条であった。そしてイスラムが初めて宗教としての勝利を博したのは信仰もさることながら理性を通じてであった」ということに気づく。また、アラブが八世紀にギリシア哲学に接したとき、彼らは「自分たちの信条の本体に論理的にそれを組み入れるという自然な方法で同化した。そしていま、十九世紀においては外国の道徳意識を彼ら自身の道徳体系に同化させつつある」のに注目する。

ブラントの意見では、イスラムの知的成長はトルコ人によって抑えられている。トルコ人は十六世紀に東方を席巻したとき、アブー・ハニーファ〔クーファ育ちのペルシア系スンナ派法学者。四大法学の一つ、とくにオスマントルコの属する「ハナフィー」派の祖。六九九?～七六七〕のイスラム法を都合のいい法体系と考え、支配権を完全に確立すると「これ以上の学問は外道と布告して、学校を事実上閉鎖した」。こうして、理性はイスラムから閉めだされた、とする。

このようなイスラム観の可否は、この際は重要でない。重要なのは、ブラントが自分でうまく受け入れられるような仕方でイスラムを描いた点に留意することだ。理性と信仰のアマルガムという点で、また道徳律の柔軟さという点で、それはブラント自身の願望の産物といえよう。しかしその後の七年間の政治活動は、彼がイスラム信奉にさらに近寄るのを妨げた。一八八九年にアイルランドの監獄から釈放されたあと、彼は過去の政治的業績を評価している。「日録」（Ｉ—二五～六）には、エジプトをヨーロッパによる併合から救い、「一八八五年〔ゴードン戦死の年〕のスダーン戦争を中断させたことで、アフリカ征服の時計をまちがいなく一世代、ひょっとすると一世紀は逆戻りさせた」と思っていたことが記されている。[二]

しかし彼は「そもそも何か公共の面で役に立つ」ことは断念していた。「充分にやった――たぶん、やりすぎた」と思い、「公生活の営まれる機構にはいやけがさし、うんざり」していたのだ。こうして彼は、そこそこのことはなしとげる自信があった「芸術と詩の世界」に、「詩人の誰もが知っているわけでない体験の強み」をもって立ち帰った。そして言う、「ところで、完全な自由のなかには、なんと楽しい人生があることか！」。いままで、これほども「愉快でいられることを、友人とのつきあいの楽しさを、ときたまのロマンスの出来ごとを、気楽な日常という途切れない仕合わせを深く味わえること」はなかった、と思う。このような気分が、いま引用した『セド・ノス・クイ・ウィウィムス』〔一四二頁参照〕の句には現れている。彼は満ち足りた思いだった。入獄経験が「女友だち」の評判を落とすことはなく、かえって「ロマンティックな興味をひく肩書」となり、おかげで社交界での地位をやすやすと取り戻すこともできた。このことと、成人しつつあった娘〔一八七三年生まれのジューディス〕への父親らしい関心もあって、次の数年間は彼の気持は政治から離れていた。[1] エジプトの冬の住まいに滞在中は、地所の改良に専念している。このころ、彼は書いている――「この楽しい仕事で余生を送れたら、いうことはない」（I―一五）。

ところが一八九四年十月二十六日、彼は日記にこう記す――いとこのテレンス・バークと一緒に「来春トリポリ砂漠のサヌーシー派[三]を訪れて、場合によってはイスラムに入信する計画をたてていたが、「かねて探していたような隠棲地がキュレネ〔リビア北東、地中海岸の古代都市（古代名キレナイカ）〕あたりに見つかるかもしれない」。この計画はものにならず、キュレネ近辺の隠棲地も忘れられたが、一八九六年一月になって同案をまた考え始める。彼は、自分の将来は暗いと思っていた――「こんどの夏もわが人生に価値あるものが何も得られないなら、もう英国には帰るまい。あるいはこの春に、私の運命がほんとうにわかるかもしれない」と記している。

しかしブラントが、レディ・アンが同行してくれないことだけを残念に思いつつ〔妻の心はすでにブラントを離れていた〕、非常な意気込みで、ベンガジとシーワへ向かうのは翌一八九七年の春になってからだった。連れのアラブ、ベサイスは、砂漠で隠者の人生を送りたいというブラントの希望に耳を傾け、アフダル山地《ジェベル》〔ベンガジの東方、キュレネの背後の山地〕でその種の生活を続けていた自分の心の父、シディ・マイムーム〔シディは北アフリカのイスラム神秘主義修道者の称号〕へ案内すると請け合った。二人はこの話に夢中になったあまり道に迷い、「行路がわかったのは、かなりたってからだった」。ザイトウンのサヌーシー派の修道場に着いたとき、ブラントは修道者に強烈な印象を受ける。「サヌーシー派の修行者になるのも、決してわるくない」と彼は記している。だが翌日、一八九七年二月二十八日に起こったのは、大幻滅の始まりだった。ブラント一行はシーワ族に襲われて略奪され、囚われの身となる。ブラントは暴行を受け、ついにマオウンやほかの主だった族長に耳打ちして英国人だとうち明けてしまう。彼は襲撃を大目に見る口実を探そうとした――一番もっともらしいのは、断食月《ラマダーン》の最中で、「シーワ族は気が立っていた」というもの――が、サヌーシー派のイスラムには信を失った。とくに皮肉なのは、アフワーン、つまり修道者自身が襲撃に参加している疑いが強かったことだ。襲撃でアフダル山地まで行く計画はご破算になり、したがってブラントの隠遁場所は見つからずじまいだった。のみならず彼は、サヌーシー派の真価もたいしたものでなく、オアシスの町〔リビア地方のオアシスは大抵サヌーシー派の拠点だった〕では「狂気の沙汰にすぎず、弾圧されて然るべき」存在と思うにいたる。非常な難行軍の末、カイロへ、そしてシャイフ・ウバイドに帰着したとき、彼は事件を締めくくる見解を述べている――「シーワでサヌーシー派を体験したことで、私はイスラムにはどこを見ても希望はないと確信した。こういった改革者についてバラ色の物語を作りあげていたが、それは実のある根拠に欠けていたと思う。これからは、向かう方角はイスラム、という以外のことはしないでおく。結局、世の中に宗教の数は少ないに越したことはないということだ」(I―二七六)。

一八八八年と八九年に政治的な敗北を喫したとき、ブラントは社交界と詩文を指向したものだった。一八九七年のいま、イスラムの改革と、できれば砂漠で隠者の生活を送るという高邁な目標についても失望を味わって、彼は再度社交界に出てゆく。けれども、健康が思わしくなく、苛烈な旅を繰り返したことはその代償を求め始めていた。もはや旅には出ず、骨の折れる仕事はすべて終わりにして、しかも二年間というもの、ひどい疼痛に悩まされて死ぬ思いだった。

それでも、かつて彼の生の模様を織りあげた糸はいまも見てとれる。一八九七年六月二十七日の日記には、スウィンフォードでアルフレッド・オースティン〔前節訳注六〕、レディ・パジェト、そしてレディ・ウィンザーと芝生に座っておしゃべりで過ごした快い午後のひとときのことが細かく記されている。誰かが言いだしてそれぞれの天国観を語ったとき、ブラントのそれは「そばに小川の流れる庭で眠るべく横になり、そのまま十万年の間眠ったあと鳥の声で目を覚まし、最愛の人に〈そこにいたのかね?〉と呼びかけると彼女から〈そうよ、あなたもね?〉と答が返ってきて、ついで寝返りをうち、もう一度十万年間の眠りに入ること」であった。オースティンへの嫌悪の気持を表すにはそれと並記しておくだけで足りるとばかり、ブラントは彼の考えも記している――「やはり庭園にいるのだが、彼が座っている間に海戦で英国の勝利、陸戦でも英国の勝利をかわるがわる知らせる電報が途切れもなく届くこと」。

ブラントは宗教に失望したが、ロマンを愛する性向に加えて病気のために、ホリウェルの聖ウィニフレッドの泉〔北ウェールズの町ホリウェルにある七世紀の伝説上の聖女ウィニフレッドにゆかりの聖泉〕への旅に出た。「あそこで沐浴した巡礼で私ほどキリスト教の信仰心もなく、人まねの気もない者はあるまい」(I―二九二～三)、そして「宗教上のどんな信条もまったく別にして、私には聖地や聖者を信ずる気持があり、あの聖女が私にとって効験あらたかなことを固く信じていた」と記す。聖泉で沐浴した日には、「聖ウィニフレッドのおかげで」痛みがすっかりとれたと書いている。「夢も見ないで眠れること」のほかには来世の生は信じないと再度断言する一方で、彼は聖ウィニフレッドは自分の守護聖女だといい、それはこの聖女を信じていたし、彼自身も曽祖母ウィニフレッド・スコーエンの名にあやかって命名されたからだ、という〔女子名ウィニフレッドは、アーサー王伝説のグヴィネヴィアにあたるウェールズ語グウェンフレヴィからきたとされ、七世紀の実在の聖職者の名ウィルフリドとのつながりは語源的にもないようだ〕。もっとも一九一九年にこのくだりに自分でつけた注釈にある記憶では、治癒は長続きせず、聖ウィニフレッドの泉に背を向けたとたんに彼はまた痛みを感じた。死も間際という事態に陥ったとき、彼はこう書いた――「世界は健康な人だけのためにある。瀕死の人はまったく目につかぬようにしておけ、というわれらの父祖の格言は正しかった」。ついで病状は危篤となり、そして一命をとりとめたとき、彼は「聖ウィニフレッドは恩恵のほどこしを繰り延べたにすぎないこと、また多くの奇跡の例に洩れず、彼女の選んだのは平癒の辿る自然の道なのだと覚った」。お礼参りのつもりでブラントはホリウェルを再訪し、松葉杖を「寝巻きでくるんで」置くと、つぎのように記した札を添えた。

聖ウィニフレッドの泉に浴せしのち長患いの平癒したるをもって謝恩のしるしに参らす。聖女のしもべなる、W・S・B　一八九八年十月十九日

それに比べるとやや現実的な意思表示は、町議会がさる「ソーダ水会社」に賃貸するため泉を閉鎖

する方針をもっているのに反対する弁護士費用として、二十ポンドを寄付していることだ。ただ先の謝恩では、彼はカトリシズムへの偏愛を見せていない。ところが、その数年後、最後の訪問となったシャイフ・ウバイド滞在中に、彼はウバイドの墓所へ感傷的な参詣をしている。この墓で、エジプト人の下僕サレムが、英国人シャイフの発病以来、彼のためにずっと祈りを捧げていたのである。ブラントは大きな感動を覚え、ファトハ[四]を詠誦してこのイスラム聖者への謝意を表した。[2]

さらに、年少時のカトリシズムへの傾倒と理性信奉の痕跡の見られることもある。一八九九年三月十一日、ワッツ〔三十年間に著名人三百名のポートレートを制作した画家、彫刻家、一八一七～一九〇四〕に肖像画を描いてもらっていたときのことだが、画家が宗教儀式を説明したのを、ブラントは絵の概略をいうのにふさわしい、自然には存在しないがわれわれの理解に必要なもの、として褒めそやしている。また彼の気に入ったのは、宗教における理性の立場を語る画家の説明だった。画家は、理性を親指になぞらえ、それなくしてはほかの指（情緒、信仰、博愛、希望）はなにも摑めない、としたのである。しかしおそらく、その称賛は、なによりも肖像についてのブラントの審美的満足感で高められていたのだ。数ヶ月後、彼はハワーディス、つまり「伝承」〔預言者ムハンマドの言行の伝承、ハディースの複数形としてブラントが使用した表記 Hawadith〕が動物を慈しむことを命じているとムハンマド・アブドゥフ[五]から教えられて喜んだが、この学識深いモスレムがブラント自身のカトリック教会に対するのとおなじく、もはやイスラムへの信を失い、二人とも「人類にとっての明るい未来」を予見できないでいるのを知る（I—三四六）。一九〇四年九月五日には、ある社交的な会合で、なにか超自然的なものを信ずるか、と聞かれた彼は、「然り、邪視をわずかながら信じている」と答えている。ほぼおなじころに、トルストイの考えが、世界は「正義にむかって進歩しつつあり」、そして「宗教はどんな種類のものであれ人々を非利己的にする」などと言っているかぎり、同意はできないと言う（II―一〇六）。また一九一一年にはイタリアの暴虐」〔一九一一年九～十月にイタリアはトルコ領リビアに侵攻、占領。これでトルコは北アフリカ全域を失う〕との関連で、この戦争を十字軍だとするイタリアの声明をローマ教皇が支持しているとの噂を聞いたブラントは、「教皇よ、地獄に堕ちよ」と言うを辞さないとした。しかも、彼の考えでは「それでも、この途方もない悪虐から善が生まれるかも知れない、人の気持には急激な反転がありうるから。そのとき世界は、キリスト教がなんとおぞましくその信条と絶縁して、ただの強奪宗教となったかを目のあたりにすることだろう」（II―三六九）。これが、不羈を愛する半島アラブの諸部族への賛嘆に始まる、ブラントの反帝国主義の頂点だった。

このような因習的宗教への背馳と一体をなすのが、ブラントの黒人賛美である。一八九九年八月八日、「未開の南アフリカ」を見物にロンドンへ出かけたが、それは彼によると「帝政ローマ時代の見世物への逆戻り」であった。ところがこの見世物は、狙いとは反対の影響をブラントに与えた。彼は、囚われの「黒人たち」が「その尊厳をなんとか保ちつづけ」、「ふんぞり返っている白人ども」がばかに見えるようにしおおせたのに、感服する気しか起こらなかった。「黒人が白人に優ることが、徹頭徹尾歴然としていた」、そして「白人の勝利をもたらしたのは彼らのマクシム銃〔マクシム卿が発明した連射機関銃〕にすぎないことを分からせるには、舞台上の白人が駄弁を弄するには及ばない」と彼は記している。また十二年後の一九一一年二月二十一日、彼は「黒人と白人に」よるボクシングの懸賞試合を観戦した。興味があったのは「人種の優越という問題がからんでいる」からにすぎないが、大いに驚いたことには、体格が大きくてたくましいのは白人で、小柄なのが黒人だった。ところが体格面の不利にもかかわらず、黒人が「卓越の技と卓越の度胸で」第五ラウンドの終わりに勝点を得てねばり勝ちしたのは、ブラントとしては見にきた甲斐があった。この結果に彼が喜んだことで重要なのは、その黒人賛美にとどまらず、白人蔑視に注目することだろう。ほぼ三年ののち、『生の四行詩』のなかでブラントは、このように歌っている。

……人類生誕に先立つ原初の美を湛えいし、うるわしき
われらが母なる大地の夢を夢見ぬ。

そして、この自然──「猛り狂う」ような自然〔a Nature, 'red in tooth and claw' は、テニスンの *In Memorium* より〕などでは断じてない──という楽園に人類が現れる──。

すべて威厳と畏怖もて形作られし、
掟きびしき世に、彼は卑猥なる話を好める者を喜ばしぬ、
清浄の世界にありてひとつ不浄なるもの、
そは尻に毛はなく、顎の出でたる彼のみにして。

この詩句も、あれほど優雅で洗練された男が現実に洩らした不注意な言葉と受けとめるわけにはいかない。ブラントは人間嫌いに陥っていたが、それは第一義的には文明、とくにヨーロッパのキリスト教文明にむけられた人間嫌いだった。

七十歳の誕生日（一九一〇年八月十七日）に「けん玉遊びで十二回のうち九回という成績を得ることが

できた」のは「われながら自慢」できたものの、加齢と失意は犠牲を求めていた。一九一三年を悲嘆のうちに終えたとき、彼は日記にこう記した――「私はこのいま、ここに独りきりでいる。この暗い世界で悲しみに打ちひしがれている」。自分の「物の見方とそれを詳述するいくらかの技量と意気地の正常なこと」にはまだ自信があったとはいえ、死後に自説を祖述してくれる回心者を育てられなかったことには落胆していた。彼の見るところ、その考えは東方で実を結びつつあり、「いつの日にか行為の上で正当と立証される」であろうが、「私の名前が権威をもつ自分の一派を創始できなかった」ことについての「挫折感」で傷ついていた。そしてなによりも、そのことに非常に拘泥している自分自身を「嫌悪した」。

詩人としての自分の定位置を、彼は「東方諸民族」の運命と結びつけていた。彼らがヨーロッパからの独立を達成すれば、ブラントは後世から「東方諸民族の大義に生きた先駆者」(II―二〇三～四)として認められよう、と信じた。現在、東方諸国のほとんどは、ヨーロッパの支配を離れている。しかしブラントがこの「大義」を擁護したにもかかわらず、彼の詩人としての名声は恋愛詩に向けられていて、政治詩に関わるものではない。『プローテウスの愛のソネット』と『エステル』は、彼の詩集ではおそらく最上のものだが、これらにしても詩歌として最高の境地を極めたとはいいがたい。彼は表現の才に恵まれ、誠実な気持はその詩をあたたかく、親愛感をもって訴えるものにしている。しかし、詩人が感じとったはずの霊感が読者に伝わってくることはめったにない。全体として彼の詩には、はっきりとした曲線を描いて展開してゆくところが見られない。芸術性の発展がない。彼には詩的な気質はあったが、天稟のひらめきが欠けていた。

一九一七年以後、彼はほとんどサシクスを離れることはなく、そこに対する愛着は「わが心の永遠に失われることのない天性として、いまも私とともにある」と言っていた。この地には嫉妬を覚えるほどで、「その魅力を賛美するよそ者が侵入する」のに腹を立てていた。それどころか、フィンチ女史によれば、ブラントは、キプリング〔一八六五～一九三六〕、ベロック〔一八七〇～一九五三〕、フランシス・トムスン〔一八五九～一九〇七〕とともにサシクスの詩人の一人として自分が登場している『ペトワース〔ウェスト・サセクスの町〕の花束』*The Petworth Posy* という小さな本に「憤慨する」ことすらあった。彼は、そこで生まれ、ないしはそこに一族としてなんらかの繋がりがあるのは自分だけ〔第二節一一一頁割注参照〕と思ったのだ。また「ここに何の関係もない、異様で、帝国主義的な」ローマ時代の廃墟に怒りを向けるという「筋の通らない文句をつけ」さえした。[3]

ブラントは最後にはこう言っている――「私の場合、幸福は二つのことにかかっている――痛みのとれること、そして愛する人たちとともにいられること、けれども……ほんとうに断言できるのは、天然のままの世界が総じて結構な世界だということ、そして面倒な知力を振りまわす人類とはその攪乱者であること、さらに何といっても死でけりをつけるのが世界にとって最良ということだ」。[4]

ブラントは、腰を据えて『幸福の宗教』*Religion of Happiness* の執筆を始めたときに、自分の知性の命ずるところと心のそれとの間にある不均衡をなくす最後の試みをしたようだ。しかし、それが未完に終わったのはなぜかといえば、おそらく――とフィンチは述べている――「それによって彼は〈神の

《さまざまな姿》が関わってくるこれらのことすべては、キリスト教の体制もまるごとそうであるように、無意味の最たるもの〉という結論にいたったからで、この見方を離れることは、彼にはついになかっただろう」。[5]ブラントの友人のなかには、「彼は臨終のときに、完全に捨てきってはいなかったローマ・カトリック教会とその教義への信仰をもう一度回復したのだ」という人もあった、と彼女は述べている。[6]事実、ブラントはカトリック教会の最後の聖餐を受けている。だが、それがカトリシズムへの真実の復帰だったかどうかを論じても意味がない。われわれが関心をもつブラントについては、「彼が使い古した、東方の旅行用カーペット」に遺体を包み、棺には入れずにニュービルディングズの林に埋葬したときよりはるか以前に、彼の人生の模様は完成していたのである。

R・B・カニンガム・グレアム〔スコットランドの民族運動指導者、国会議員。一八五二〜一九三六〕は、ブラントを「百個所ものちがった点で人生に触れた男」と言っている。[7]この説の正しさを確認するには、八十二年間の非凡な生涯に活力を与えた精神を寸言で表そうと試みた数々のブラント評を見るだけで足りよう。試みのそれぞれが、「百個所ものちがった点」のどれかをめぐるものになっているからだ[8]——しかも、検討を要する点はそれよりさらに多く残っている。その一つが、アラブ文化に対するブラントの打ちこみである。

訳注

一　シャリーア——イスラム本来の規範を具体化したもの。古来の慣行に基づく習慣法や、社会生活の近代化に伴う世俗法とは別のもので、道徳律と実定法の両面を併せもちモスレムとしての意識と行動を規制する。

二　一八八五年のスダーン戦争を……――このあたりのブラントの意識と行動については『ハルツームのゴードン――同時代人の証言』栗田禎子訳・板垣雄三解説、リブロポート刊（第二節参照）に詳述されている。

三　サヌーシー派――アルジェリア生まれの神学者ムハンマド・サヌーシー（一七八七～一八五九）が一八三七年にメッカで創めた戦闘的イスラム神秘主義教団（サヌーシーヤ）。リビアを中心に北アフリカに拡がり、後年のリビア独立運動につながる。

四　ファトハ――コーラン第一章「開扉の章」。わずか七節（七行）の短い全章、あるいはとくにその第五節「願わくば我らを導いて正しき道を辿らしめ給え」（井筒俊彦訳、岩波文庫版）を唱えて、礼拝、誓約などに用いる。

五　ムハンマド・アブドゥフ――イスラム改革を指導した近代エジプトの著名な神学者、一八四九～一九〇五。この当時はエジプトでもっとも権威あるとされたムフティー（イスラム法の解釈権限のある法学者）。以下の本文に「もはやイスラムへの信を失い」とあるのはいささか誤解を招こう。

原　注

1　「日録」I―一二参照。ブラントは、ほかの理由もあげている。「そのとき、初めてウィリアム・モリス〔詩人、美術工芸家、一八三四～九六〕と親交を深めたこと」で、それが政治的には「自分の殻に閉じこもる」決意を固めさせた（「日録」I―一二三、一二五）。また翌年にはエジプトに失望したことで、前年の社交上の逸楽へ「旧に倍する強い関心」をもって舞い戻ることになった（「日録」I―五三）。

2　「日録」II―一一四。彼には一貫して宗教祭儀への好みがあった。十五年前にも、シャイフ・ウバイドでの行動記録で「いにしえのモーセ風の祭式と迷信」を好むと明言したことがある（「日録」I―一五）。

3　フィンチ前掲書三五四～五頁。

4　同右三五三頁。

5　同右三五三～四頁。

6 同右三七一頁には、彼の遺書に述べられた埋葬指図が引用されている。ただフィンチは、ブラントがカトリック教会の最後の聖餐を受けたときのブラントの本心には疑問をもっているようだ。

7 カニンガム・グレアム『ウィルフリド・スコーエン・ブラント』R.B. Cunninghame Graham, 'Wilfrid Scawen Blunt', *English Review*, XXV, 1992, 487.

8 たとえば、グレアム前掲文(四八九頁)は、ブラントを「全世界を自分の持ち場と思っているスーパー渡り職人」と呼ぶ。フランシス・トーイ『英国のドン・キホーテ』Francis Toye, 'An English Don Quixote', *English Review*, LV, 1932, 559 は「彼は、本質的に十九世紀の英国紳士に生まれかわったドン・キホーテだった。彼の風車は抽象的には帝国主義と借款であり、具体的にはセシル・ローズとクローマー卿だった。彼らの関わるところでは、ブラントは頭に血がのぼった」と述べる。ジョン・フェンロン前掲文〔第一節原注3参照〕三六九頁には「近代の歴史を通じて、神もこの世での希望も見失った男として、彼ほどあわれな例はない」とある。シスター・レイネーア『ウィルフリド・スコーエン・ブラントの著作』Sister Mary Joan Reinehr, *The Writings of Wilfrid Scawen Blunt*, Milwaukee, Wis., 1940. p.1 は、「ブラントのロマンティックな魂は、とどまることなくゆたかな人生を欲し、完全な満足が得られたのは精力的な行動を起こしたときのみだった」と述べる。そしてフォースター前掲書二七九頁は、「彼は感じやすく、熱狂的で、また誠実だった。しかし、人生観を超越して、意見の中身は何であれ行為と言葉が永遠のものとなる境域へ人を運び去る、あの火のような旋風を自分の内部にもっていなかった。彼の人生は、その詩もそうだがこの至高の素質が欠けていた」と記している。

7　ブラントのアラビア

これまで、ブラントの気質を分析するにあたって、背後にあった惻隠の情の非凡な発揮能力を指摘することに努めてきた。それが、圧制に苦しむ東方諸民族への彼の思いやりの気持を深めたのであり、対照的に、束縛のない、不羈を愛する大砂漠のアラブたちへの賛嘆の念を高めたのである。

惻隠の情というこの「心の和む性格」は、地方の大地主としての日常にも現れていて、クラベットの地所での彼のとり仕切りは、穏和で父性的だった。[1] ただブラントには、立場についての地主的矜持と肉体労働をきらう気持もあって、この二つの資性は族長《シャイフ》の率いる部族制のもとで生活するアラブの敬意を集めるもとになっていた。彼はシャイフの衣裳をまとい、ベドウィンのアラビア語を話し、シャイフ・ウバイドの彼の四十エーカーのオアシスでは、ベドウィンの生活慣習を守って百人ばかりのほとんどがアラビアのベドウィンあがりの現地民を支配した。

また、アラブ文化の影響は詩人としてのブラントにも明らかにみられる。彼はイスラム前のアラブの詩を、素朴な感情の表出、とらわれのなさ、そして快楽尊重のゆえに称揚した。特別に語学に秀でていたわけではない彼は、[2] 妻の卓抜した語学力に頼って、彼女が英訳したムアッラカート詩と『馬を盗む』を韻文に直している。けれども詩人の生涯を送るだけでは、アラビアとの出会いの以前ですらブラントは満足できなかった。彼はおそらくは無意識のうちに人生における「使命」を捜し求めていたのであり、当初は漠として定義もできなかったアラブの解放という大義を護ることにそれを見出し、そしてみずから現実化したのである。

生を感覚的にむさぼることとカトリシズムへの心情的傾倒との間の葛藤、ならびにそのより具体的な帰結である信仰と理性は両立できないという確信――それが多分に彼の惻隠の情とこまやかな感受性の産物だったことも、すでに見てきたとおりである。東方に向けた彼の使命は、ちょうど一八六〇年代初期にスキットルズへの愛が信仰上の懐疑にとって代わったのと同様に、初めのうちは上述の葛藤の苦しみを鎮める役を果たしていた。政治的十字軍は、彼に宗教としてのイスラムを学ばせたが、それが彼を惹きつけたのは、一部にはイスラムが信仰と理性を一体化しうると見たためだった。ブラントは正式にイスラムに入信する寸前まで行き、隠棲の場を求めて砂漠をさまよい、そしてイスラムの宗教的改革に彼自身の役割を演じたいという念願が潰えて、いたましく挫折の思いを味わった。

しかし、結実にはいたらなかったものの、ロマンは生きつづけた。[3] ブラントがアラブの文化に関心を持ったのは三十五歳で健康維持のために旅に出たときのまったく偶然の結果だが、その出会いの情況はその文化の本源、アラビアが「政治的〈初恋〉」となるという体のものであった。そして多くの初恋の例に洩れず、恋する者を完全に満足させはしなかったにも関わらず、あるいはむしろそのゆえにこそ、アラビアはロマンティックな魅力をますます深めたのである。

原注

1 フィンチ前掲書三五五～六頁。女史は「彼の優しさは、ほんとうに優しい人なら大抵はあらわに見せないそれとおなじく、意図からと同程度に敏感な想像から発するものだった。彼は小作人、使用人のいずれについても、しきたりや個々人の性癖を理解し、その人ならではの知識を尊重し、彼らの気の利いた話に興味をもち、面白がって聞き入った」と述べている。

2 ただし、彼はアラビア語が好きだった。パードリグ・カラム〔アイルランド出身で米国に移住した詩人、劇作家。一八八一～一九七二〕『ウィルフリド・スコーエン・ブラント』Padraic Colum, 'Wilfrid Scawen Blunt', *Commonweal*, XIV, 1931, 636 は、ブラントがかつてあるアラビア語の詩を朗誦したあと「アラビア語は、広い空間にむかって声高らかに叫ぶべき言語――屋外の、砂漠の言葉だ」と言ったと記す。シェーン・レズリー『ウィルフリド・ブラント』Shane Leslie, 'Wilfrid Blunt', *Men Were Different*, London 1937, p.259 によると、ブラントは自分のアラビア語をおだてられるのに非常に弱かった、という。

3 シェーン・レズリーは「彼のアラブへの愛は、自分の人生への愛だった」（前掲書二三七頁）、そして「結局、イスラムは彼の挫折した人生で最大の期待はずれであることが判明した」（二二九頁）と記している。

Ⅳ

チャールズ・モンタギュー・ダウティ——ナザレびと《ナスラーニー》

1　両極端の評価

ウィルフリド・ブラントは、『馬を盗む』を「アラビアの事物についての、英国人ではもっとも完璧なその知識を称えてチャールズ・ダウティ殿《エスクワイア》に」献呈した。ブラントはダウティの『アラビア・デセルタ』[一]に述べられている地域、なかんずくネジュド地方を旅したことがあるので〔前章第五節一四六頁参照〕、同書の内容の正確さを判定する資格があると思ったのだ。また一八八八年四月二十六日〔「アラビア・デセルタ」公刊直後〕の日記には、ダウティのアラビアの本を読んでいること、それが「これまでに書かれたものでは断然最上で」あることを記している。彼の見たところ、同書は思ったよりも「アラブの考え方に好意的ではないが、叙述が徹底的かつ精密で」、ダウティは「そこに住む人たちの性格の好ましい面よりもわるい面のほうに」目が行っているようだった。[1]

ブラントは、自分が「アラビア・デセルタ」の真価を最初に認めた一人で、それをバーン＝ジョーンズ〔ロゼッティやモリスと親交のあったラファエル前派の画家、一八三三〜九八〕とウィリアム・モリス〔前章第六節原注1〕に紹介したのも自分だと吹聴していた。[2]そして彼の評価には、審美的な観点を超えるものがあった。一八九七年にシーワでサヌーシー派に襲われたあと、彼は、むずかしい状況に置かれていた間中、「まちがいなく、過去二世紀の間に書かれた最上の散文」であるダウティを読んで過ごした、と日記に記している。「ダウティはわれわれが陥ったような事態に対してはすばらしい助言者だ。襲撃をうけた日に私が無抵抗の姿勢をとったのは、多分に彼の感化のおかげである。あれ以外のやり方をすれば、私の命はなかったろう」[3]。彼の同書への熱中ぶりは衰えることがなく、十九世紀に出た本のなかではほかの何よりも「アラビア・デセルタ」を書きたかったと、晩年によく語ったことも伝えられている。[4]しかし彼は、ダウティの散文を十九世紀を通じて最高のものと思う一方で、ダウティの詩は最低とみなしていた。[5]

リチャード・バートンはダウティの詩を評価できるまで長命を保てなかったが、一八八八年に「アラビア・デセルタ」が出版されたときには、仮借ない批評を加えた。[6]彼は、「メガ・ビブリオン・メガ・カコン」Mega Vivlion Mega Kakon〔＝「大いなる書は大いなる禍」〕〔ギリシアの抒情詩人カリマコスの言葉〕が「一般読者の判定」ではないか、そしてこの本は地理学、古代碑文の解読、そしてアラビア語を学ぶ者には有意義ではあろうが、その彼らにしてもダウティの「〈世間知のなさ〉には驚くにちがいない」と案じた。そして同書をさらに具体的に描写して、「言い古された話を特筆大書したもので……そのきざなこと奇矯なこと、その偏見と誤判断にもかかわらず実にうまく物語られている」とする。ついで彼は、アラブの文化や言語のことでダウティの犯した誤りを詳述するが、それは同時に、バートンの卓越した知識と、一言の挨拶もなかったことへの不満を示していて印象的だ。「ダウティ氏は、私がアラビアについて書いてきたものを読んでいないと言ってこられた。これを私は、私自身のためでなく同氏のために惜しむ。私の〈巡礼記〉を一読しておられれば、多数の誤りを犯さずに済んだものを」、とバートンは記している。とくにバートンを不快にさせたのは、「「ダウティが」度重なる屈辱に甘んじたことを述べている点で」、そのために「ついには精神的味覚も食傷してしまう」。

彼は、ダウティがアラブにひどい扱いを受けたのは東方の事物についての無知によるとし、受けた恥辱の数々を列挙した。ダウティは「虐められ、脅かされ、嘲罵をあびせられている。子供にまで石を投げつけられ、奴隷にすら追い立てられている。鬚を引っぱられ拳固や棒でしたたかに撲られ、どこに行っても生命の危険にさらされ、出歩くには必須の武器も男らしい刀剣ではなく〔フェンシングの名手でその著書もあるバートンに比し〕、ペンナイフ一本と隠し持つ拳銃一挺だった」。誇り高いバートンにとっては、これほど腹に据えかねる話はない。「ダウティ氏は、自分の誠実さ律儀さが例外なく粗暴な相手にも通じた、と断言している。だがどんなときでも、またどこであろうと、汗臭いごろつきどもの虐待に耐えるしかなかった一英国人の旅物語から、英国という名誉ある名に何か得るものがあろうとは、なんとしても私には思えない」と彼は言う。

上述のような正反対の両者の批評は、われわれのもつバートンとブラントの印象を補強するに加えて、「アラビア・デセルタ」への三つの取り組み方――アラブについてのダウティの知識、彼のアラブとの人間関係、そして彼の散文の文体について――を指し示す。最後の項目は、当面の目的にとってはほかの二項よりは重要ではない。ただ文体の分析抜きではあるが、用いられた文体の適切なことには注目しておいていいだろう。

訳　注

一　『アラビア・デセルタ』――以下の本文で詳述されるダウティの主著。正式には『アラビア・デセルタ（砂漠のアラビア）の旅』だが、通例『アラビア・デセルタ』と称される。以後「アラビア・デセルタ」と略記。この呼称は、ローマ人がアラビアを大まかに三分して、アラビア・フェリクス（「恵まれたアラビア」、香料産地の南部）、アラビア・デセルタ（「砂漠のアラビア」、半島中央部）、アラビア・ペトラエア（「石のアラビア」、西北部のシナイ、ペトラ地方）としたことによる。

原注

1 アン・トレニア『チャールズ・M・ダウティ』Anne Treneer, *Charles M. Doughty*, London 1935, p.392 に引用されたもの。

2 D・G・ホウガース『チャールズ・M・ダウティ伝』D. G. Hogarth, *The Life of Charles M. Doughty*, Oxford 1928, p.127 参照〔ホウガースについては第二節訳注1参照〕。

3 ウィルフリド・ブラント「日録」Wilfrid Scawen Blunt, *My Diaries*, 2 vols., New York 1922, I, 273.

4 サミュエル・チュー『ウィルフリド・スコーエン・ブラント——忌憚なき一つの見解』Samuel C. Chew, 'Wilfrid Scawen Blunt: An Intimate View', *The North American Review*, CCXVII, 1923, 667 の記述。

5 エディス・フィンチ『ウィルフリド・スコーエン・ブラント』Edith Finch, *Wilfrid Scawen Blunt*, London 1938, p.338.

6 リチャード・F・バートン『ダウティ氏のアラビアの旅』Richard F. Burton, 'Mr. Douthy's Travels in Arabia', *Academy*, XXXIV, July 28, 1888, 47-8.

2　足跡と業績

ダウティは一八四三年八月十九日に生まれ、サファク州セバトンの地主で聖職者の父、チャールズ・モンタギュー・ダウティ師の名を採って命名された。[1] 母は旧名をフレデリーカ・ボーモントといい、第二代ホサム男爵の子息でロチェスターのプレベンダリー〔主教座聖堂名誉参事会員（主教／司教座聖堂あるいは共住聖職者団聖堂からの聖職給の受給権をもつ聖職者）〕、デニントンの教区司祭《レクター》だったフレデリック・ホサム師の娘である。父母いずれの家系からしても、彼は地主階級の一員だった。母方の一族は高位聖職者、廷臣、武人、大使を輩出しており、十七世紀半ばからでも提督六名、将軍三名、主教、判事、植民地総督各一名が生まれている。したがってダウティが生を享けたときのまわりの雰囲気は、無条件の忠誠心、愛国心を当然のこととする、貴族社会の、そして保守主義のそれであった。

生まれた子は非常に虚弱だったため、ただちに父親が洗礼を施した。健康に恵まれなかったことは、ダウティの最初の大きな失望の原因となる。彼はホサム家に伝わる冒険心、とくに海洋でのそれを受け継ぎ、海軍で身を立てるべく訓練されたが、一八六二年に健康診断ではねられてしまう。後年彼は、あとの人生を何ごとによらず自分にできるやり方で祖国のために捧げたと記しているが、このときの失意は老年になっても消えることがなかった。一九二二年には、ホウガースに出した手紙で、戦中の臨時司令官という肩書にすらせつない羨望の気持を見せたこともある。

最初の大望をくじかれた彼は、気を持ちなおして年少時の関心の的だった地質学を指向する。サファク州の白亜層の研究に没頭し、一八六二年には、ホースン出土の石器をテーマにケンブリッジで開かれた英国学術協会の会合と情報のやりとりができるまでになっていた。六一年から六三年までケンブリッジに在学、そこではキーズから数人の仲間とダウニングに転じている。[二] 彼は英国学術協会の終身会員となり、同年つまり六三年には氷河研究のためノルウェーを訪れた。一八六四年、バースで開催の協会の会合でその報告を行い、六六年度の英国学術協会会報第三四号に寄稿した。その論文は、より完全な形でおなじ年に『ノルウェーのフェシュテダール・ブレイ丘陵氷河について』*On the Foestedal-brae Glaciers in Norway* と題するパンフレットで公表されている。

ダウニング・カレッジでは、彼は「なにかにとらわれて、超然とした、他人とはうちとけない生活」を送った。ホウガースは、一八六四年にハーディング師がダウティに出した手紙を引用しているが、そこには「この地球に関する、研究と壮大な野心」への言及があり、またハーディングが、ダウティの「この世のむなしさを超えて高く舞いあがり、そこを光彩あらしめんがために、そして神のまことの栄光を讃えんがために生きてきた有徳の人々のなかに座を占めたい」という願いを善しとしたことが述べられている。ダウティは一八六五年十二月に自然科学優等卒業試験《トライポス》を受けたが、二級の二番だった。ホウガースによると、ダウティの試験官の一人で地質学を教えたT・G・ボニーは、ずっと後に「彼は非常にだらしない男だったために、最優秀にしてやれなかったのが残念だ。誰かがカラー一本頼んだだけでも、衣裳簞笥を目の前に全部ひっくり返すようなところがあった」と語ったという。

一八六五年から七〇年まで、ダウティはロンドン大学とオクスフォードのボドリーアン図書館〔一六〇二年にサー・トマス・ボドリーが設立〕で研究生活を送ったが、学んだのは地質学でも自然科学でもなく、初期英文学だった。一九〇五年度のケンブリッジ大学出版局特別評議員《シンディクス》への申告では、一八六五年には「愛国的な（そして〔英国民の〕ラテン、ケルト、ゲルマンの起源《オリジヌ》を考究する）著作」の執筆を検討し始めていた、と述べている。さらに一九二三年には、ホウガースあての手紙で「高貴なるチョーサー〔ジョフリー、『カンタベリー物語』の作者、一三四三?〜一四〇〇〕と親愛なるスペンサー〔エドマンド、『神仙女王』の作者。一五五二?〜九九〕の伝統」の研究に「全部合わせると実に六十年ちかく」を費やしたと書いている。ただ一八六六年から七〇年の間の一時期に、彼の人生には別の変化があった。実家が深刻な金銭上の損失を蒙り、ホウガースの言葉を使えば、ダウティは「窮乏の人」となった。

研究中に、ダウティはエラスムス〔蘭・人文学者、一四六六?〜一五三六〕とジョゼフ・スカリジェ〔仏・言語学者、古典学者、一五四〇〜一六〇九〕に興味を抱く。オランダに出かけ、「デンマーク語とともに（私は一八六三〜六四年にほぼ一年間ノルウエーにいた）〔ノルウェーでは、十四世紀以来デンマーク語の文語に基づくブークモールと称する言葉が成立し、公用語の一つとなっている〕、私に英語に対する言語学的関心をもたせたオランダ語《ホランディッシュ》」を学んだのは、この人たちへの追慕の念からだった、と彼ははるか後に記している。

一八七〇年からアラビアでの冒険の始まりまでの間、彼は世界を旅する巡歴学生で、語学、歴史、考古学、地理学などを勉強しながら質素な単独生活を送っている。七〇〜七一年の冬をオランダで、その夏をベルギーのルーヴァンで過ごしたが、彼の見たこの町は「非常に不潔、不健康」で、「住民はまったくローマ・カトリック」だった。ついでフランスに入り、南下してやがてリヴィエラのメントウニに恰好な下宿を見つけ、そこで七一〜七二年の冬を過ごした。二月になると南行を再開し、イタリアを旅してまわる。フィレンツェにはしばらく滞在したが、ローマにはほとんど時間を割かなかった。ラ・カーヴァではさる騎士勲章佩勲者《シニョール・カヴァリエーレ》の私邸に宿泊したが、家族は家事的なことでは実によくダウティの面倒を見てくれた。夏の終わりにはふたたび南をめざし、一八七二年の九月初めにメッシーナにわたった。シチリアでは六週間、マルタでは三週間しか滞在していない。十月後半にはアルジェリアにいて、そこで初めてイスラムと砂漠を瞥見し、また地質学上の関心を復活させている。十二月第二週にはスペインに入った。健康の不調と旅の困難なことが、ホウガースの引用した日記に見られる。バルセロナは、スペインで見たうちで「唯一の活気ある町」だった。一八七三年四月から七四年二月まではギリシアを旅した。彼は学習旅行の地中海の部として、イタリア、シチリア、スペイン、ギリシアの歴訪を意図していたらしい。マルタ、チュニジア、アルジェリアは、シチリアからスペインに行くのにより便利な経路がなかったため、たまたま立ち寄ったということのようだ。

ところが一八七三〜七四年の冬以後、ダウティは西洋にことさら背を向け、聖書の舞台に入って行く。シリア、レバノン、パレスティナをまわり、そしてエジプトに入った。一八七五年二月からは、たぶん三ヶ月ばかりをシナイ半島で過ごしている。また半島を北上してペトラにいたったが、ここが彼の予定していた東方旅行の終着点だったらしい。「ペトラを見ること以外は考えていなかったのです。アラビア語はほんのわずかしか話せず……この地の歴史も学んでいませんでした」と、彼はシュプレンガー〔オーストリア生まれの英国の地理学者、東洋学者。一八一三〜九三〕への手紙で述べているからだ。

ペトラへ行く途中、ダウティは一晩、アイン・ムーサ〔「モーセの泉」。マアンとペトラの中間、モーセにゆかりのオアシス〕という水場で何人かのアラブと野営した。そこで彼は、アラブがメディーナ、メッカへの巡礼道路沿いに刻文や石の造営物のあるメダーイン・サーリフというところの話をしているのを耳にする。翌日にはペトラで、またメダーイン・サーリフの岩に刻まれた遺物のことを聞いた彼は、それを初めて観察し、記録して、ヨーロッパの学者に見せようと決心する。

こう決めたあとのことは、「アラビア・デセルタ」に述べられている〔実際にアラビア入りするまでダマスカスで約一年間アラビア語を学んだ〕。発音がカールつまりチャールズに似ているからと「ハリール」Khalīl と名乗り、巡礼に同行してメダーイン・サーリフまで行く。そして、巡礼がダマスカスにむかって聖地から戻ってくるときに、合流するつもりだった。だが刻文の拓本を取りおえると、その辛苦の成果を帰路の巡礼に託してダマスカスの英国領事に届けてもらうこととし、彼自身は町なかと荒れはてた砂漠とを問わず遊牧民とともに暮らしつつ、困苦欠乏と危難に耐えて北西アラビアをまわって歩いた。そして最後はジェッダに出て、そこからボンベイに行き、短い滞在だったが元気を回復すると英国へ出航した。シリア人の衣服をまとったハリールがダマスカスを出発したのは一八七六年十一月十日で、ボンベイ着は一八七八年の十月であった。

旅の間に収集した学術上のデータを公刊するには多少の困難があった。アロイス・シュプレンガー教授がドイツの雑誌に紙面を用意してくれたので、論文は一八八一年と八二年のグローブス〔ラテン語「地球」〕誌に掲載された。これらの論文は、発見についてのダウティの先行権を確定するのに必要なものだった。彼は自分がアラビアを離れてからほぼ六ヶ月後にブラント夫妻がネジュドのハーイルに到達したのを知り[三]、またシュプレンガーからは、ミディアン再訪を企てていたバートンが〔再訪の実行は一八七七年十二月から翌年四月まで〕、メダーイン・サーリフについての質問をフォン・クレーマーに出していたことを一八七九年十一月に聞いている。

再三の交信と条件の交渉を重ねた末、ダウティのメダーイン・サーリフ刻文の拓本は、パリの「碑文・文芸アカデミー」Académie des Inscriptions et belles-lettres〔フランス学士院の歴史、考古、文献部門、一六六三年創立〕で編纂中のセム族碑文集成の一冊としてエルネスト・ルナンの指導下に公刊された。その巻『アラビア北部で収集された刻文資料』*Documents épigraphiques recueillis dans le nord de l'Arabie* が出版されたのは一八八四年である。ダウティは、この問題では最初に大英博物館に拓本の購入を持ちかけたことで、自分の愛国義務は果たしたと考えた。ホウガースへの手紙で、彼はその拓本が「バーチ博士〔サミュエル、エジプト学者、古文字学者。一八一三～八五〕にむしろ軽侮のまなざしで断られた」と述べている。

一方で、ダウティは「アラビア・デセルタ」を書き上げるのにかかりきりだった。同書は版元に非常な面倒をかけないでもなく、結果として損失を蒙らせた上で、ようやく一八八八年にケンブリッジ大学出版局から刊行された。引きうける版元が容易に見つからなかったのはむろんテーマのためではなく、用いられた文体のためである。けれどもダウティは、文章にはいささかの手を加えることも頑固に拒否した。通常は擬古体といわれる彼の文体は、バーカー・フェアリーとアン・トレニアによって立派な分析が行われている。アラビア語の多用に加えて、そこにはダウティに対するアラビアの影響の反映が見られる。しかし概していえば、ダウティの散文は初期英文学の作者、なかんずくチョーサーとスペンサーの研究を通じて生まれたものである。

バーカー・フェアリーは、「アラビア・デセルタ」の刊行以後、「ダウティの人生を語ることは、彼の著書を語ることとほとんど区別がつかなくなった」と述べている。[2] ここに言われる著書とは、すべて韻文のものだ。「アラビア・デセルタ」以外の散文は、一九二二年三月十九日付けロンドン・オブザーヴァ紙に載った、ホウガースの『アラビア潜入』*Penetration of Arabia* への書評のみである。この批評はアラビアでの彼の体験の追憶につながり、若干の砂漠の記述がある。一九〇〇年に陸海軍《アーミー・アンド・ネーヴィー》用品販売所《ストアズ》からダウティが自費出版した『武装を終えて』*Under Arms* は、八十篇ばかりの無韻八音節の、短いスタンザからなる。それは当時までのボーア戦争を年代記風に綴り、英国の軍人に愛国的奮励を促している。一九〇六年には『ブリテンの夜明け』*The Dawn in Britain* が二巻本で公刊された。ダウティは「アラビア・デセルタ」の出版後は大叙事詩の完成に取り組んでいたが、その構想はすでに述べたように、一八六五年という早いころからあたためていたものだ。この詩は二十四節に分かたれ、黎明期のキリスト教と、「究極の島」The Utmost Land（この叙事詩のもとの予定題名）における国民的感情の自覚をほぼ五百年の間のこととして描いている。一九〇八年には『アダムの追放（五歌よりなる神聖詩劇）』*Adam Cast Forth* (*A Sacred Drama in Five Songs*) が出たが、これは、エデンの園を放逐されたアダムとイヴは地球上では引き離されるが、のちにメッカに近い、アラブが「アラファート」つまり「再認」と呼ぶ山で再会するというイスラムの伝承をもとにしている。そして一九〇九年に『断崖（時勢劇、全五場）』*The Cliffs* (*A Drama of the Times, in 5 Parts*) を出したことでダウティは現代に目を向けた。これと『雲』*The Clouds*（一九一二）は、外国の侵略の危険に備えて同胞を目覚めさせようとする、彼らへの呼びかけである。[四] 一九二一年一月二十日付けのエドワード・ガーネット〔多数の作家を育てたことで知られる批評家。「アラビア・デセルタ」縮約版の編者。一八六八〜一九三七〕あての手紙で、ダウティはこう述べている。

私の気持、そしていささか自然について学んだ者としては、熱烈な愛国心をもたず信仰心もない国民、そのようなものには、彼ら自身を現状よりも向上させる大志も高邁な理想も欠けていると思われます。すでに自滅しているのです。それは、人間の頽廃した大集団にすぎません。未来は、その最良の息子たちの心を広くし、浄化できる、そして人性の到達しうる最善のものにむかって彼らを押し出し、彼らとともに多数の庶民を潮《うしお》のごとく駆り立てる、そのような高い資性の人たちが支配する社会のものなのです。[3]

これが、ダウティに現代にかかわる前記の二篇の詩――語りかける相手には極端な愛国主義ともヒステリー的とも受けとられた詩――を作らせたのであった。『巨人族ティーターン（征服され、人類への奉仕を強いられたる）』*The Titans* (*Subdued to the Service of Man*) は一九一六年、そして『マンソウル、あるいは世界の謎』*Mansoul or The Riddle of the World* は、一九一九年に出版された。[五] そして一九二三年には、『マンソウル』の「新・改訂版」が出された。この詩は、人類の歴史的起源を超えて生命自体の意味の哲学的考察という領域にまで踏み込んだものである。ダウティは、一九二三年にT・E・ローレンスにこう書き送っている――「マンソウルの本には、私の知るかぎり先人はいません。チョーサーとスペンサーの目と、そして一つの生涯（祖国愛の強い）が母国語の学習を通して見た〈自然〉からのみ生まれたものだからです。私はこれを将来の世代への遺産とすることに甘んじます」。また同年に書いたエドワード・ガーネットへの手紙には、こうある――「スペンサーの詩句一行だけを別として、これ〔マンソウル〕には私の知る既存の書物から引いたものは一切ありません。これは、わが生涯の最近の九年間を捧げたもので、私としては最良の作品です」。[4]

『マンソウル』という遺産を請求する将来の世代はいまなお姿を見せず、それどころかある小さなグループの批評家、とくにバーカー・フェアリーとアン・トレニアの研究者的努力にもかかわらず、ダウティの詩は全体としてまだ評価されていない。[5] 東方の影響は、彼の詩については軽微である。[6]「アラビア・デセルタ」を想起させるような叙述的な詩句はあるし、『アダムの追放』にはアラファアート神話も見えるけれども、大体においては、未開の生活や原初を思わす荒れはてた景観の印象が、彼の東方体験が詩作に与えた唯一の寄与であるにすぎない。ダウティがもっともよく知られるのは、いまも「アラビア・デセルタ」の著者としてであり、東方が彼の感性に刻みつけた影響の充分な証拠が見られるのは同書を措いてほかにはない。

訳注

一　ホウガース——David George Hogarth. 中東、東地中海各地で発掘調査に従事した考古学者。第一次大戦の前から戦中にかけては発掘と情報活動の面でT・E・ローレンスを指導した。死去まで、十八年間にわたりオクスフォード大学アシュモリアン博物館長。一八六二〜一九二七。

二　キーズ——正式にはゴンヴィル・アンド・キーズ・カレッジ Gonville and Caius College. 一五五七年に解剖学者、人文学者のジョン・キーズ　John Caius　が以前のゴンヴィル・ホールを改造して創設した学寮。ダウニング——Downing College. サー・ジョージ・ダウニング（「ダウニング街」に名の残る革命時代の外交官ジョージ・ダウニングの孫）の遺志により一八〇〇年に創立。ダウティが学寮を転じたのは、ダウニングが講義の出席にきびしくなかったためという。

三　ブラント夫妻が……──シャンマル地方のアミール、イブン・ラシード家の本拠ハーイルにブラント夫妻が滞在したのは一八七九年一月二十四日から二月一日までで、ダウティが二度にわたって同地を訪れてからほぼ一年後のことだが、なぜかブラント夫妻は滞在中にダウティのことを全然耳にしていない（一四六頁前掲田隅訳、アン・ブラント『遍歴のアラビア』参照）。

四　外国の侵略の……──二篇とも好戦的なドイツの来襲を想定した、いま見ればほとんど荒唐無稽な筋の劇詩。航空機、潜水艦から通信妨害電波、レーザー光線といったものが予見されている。

五　『マンソウル』──*'Mansoul'* という題名は、スティーヴン・タバチニック『チャールズ・ダウティ』Stephen Ely Tabachnick, *Charles Doughty*, Boston 1981 につぎのとおり解説されている。「マンソウル」は「勝利」を意味するアラビア語「マンスール manṣūr」と語感が似ていること、「マンスール」はキリスト教徒を意味するアラビア語「ナスラーニー naṣrānī」と語根で関係があること、一方、マンソウルはジョン・バニヤンの寓意物語『聖戦』*The Holy War* に宇宙の中心として描かれた町マンソウル Mansoul（＝Man's Soul, 人の心）であって、これらを併せて「人の心をめぐる罪業との戦いにおけるキリスト教の勝利」の含意をもたせたものという。manṣūr という語については、第六節の本文ならびに訳注一を参照のこと。

原　注

1　以下の伝記的、書誌的データはホウガース前掲書に基づく。ホウガースはダウティ未亡人に夫の伝記を書くように依頼され、未公開資料、とくに書簡、家族・友人の思い出話などの提供を受けた。彼自身も、ダウティと多少の文通があった。

2　バーカー・フェアリー『チャールズ・M・ダウティ──批判的研究』Barker Fairley, *Charles M. Doughty: A Critical Study*, London 1927, p.9.

3 ホウガース前掲書一七三頁に引用されたもの。フェアリー前掲書一八三〜四頁には、『断崖』と『雲』の失敗の原因は、ダウティが「自分の内部に根ざしている」、そしてほかの詩では主題の選択を左右したこともある、「学者的、科学的本性」を放棄したこと、とある。またジョン・ハロウェイ『詩と分かりやすい言葉——C・M・ダウティの韻文』John Holloway, 'Poetry and Plain Language: The Verse of C. M. Doughty', *Essays in Criticism*, IV, January 1954, 67 には、前記二篇の詩の失敗は、もとにあるのがダウティにとっては死活にかかわるような体験でなく、不安だったため、とある。

4 ホウガース前掲書一九一頁に引用されたもの。

5 ハロウェイは近作の論文（五八頁）で、ダウティの擬古文は男らしくなく、ふまじめとするジェラード・マンリー・ホプキンズの非難に対してその文体を弁護している。

6 しかし、マーティン・アームストロング『チャールズ・ダウティ』Martin Armstrong, 'Charles Doughty', *The North American Review*, CCXIV, 1921, 260 は、「彼〔ダウティ〕の詩風は彼の散文を強めたものなので、その詩は〈アラビア・デセルタ〉に描かれたきびしい精神的体験から直接に生まれたといっても見当違いではあるまい」と言う。「タイムズ」文芸サプリメント〔以下ＴＬＳ〕所載の『チャールズ・モンタギュー・ダウティ』'Charles Montagu Doughty', *The Times Literary Supplement*, XXV, February 11, 1926, 86 の匿名評者は、『アダムの追放』はダウティの叙事詩ではない、それは「オアシスから砂漠に追いやられ、よろめきながらこの世のエデンの園に戻ってきた男の知見をもとに書かれた、強烈で崇高なもの」と思われるからだ、と述べて悲哀の思いを表している。また彼は、この詩を「彼がアラビアの砂漠で経験したもの、見聞きしたものすべての最高の単純化」と呼んでいる。

3 『アラビア・デセルタの旅』

T・E・ローレンスは、「アラビア・デセルタ」を「砂漠地帯のアラブについての最初の、しかも必要不可欠な著作」と呼び、「アラビアを学ぶ者すべてに一冊持たせたい」と述べた。[1] ダウティが、自分の体験を正確に叙述しようとしたことに疑いの余地はない。「本書は子供むき〔'milk for babes' 新約コリント前書三―二「われ汝らに乳のみ飲ませて堅き食物を与えざりき」〕に書いたものではない」と、彼は初版の緒言に記している――「それは一枚の鏡にも譬えられよう。そこには、サムン〔不純物を漉したバター〕と駱駝の臭いがする一塊《ひとくれ》のアラビアの土があるがままの形で映っている」。同書に記録されたアラブの会話は「彼らの口から出た通りに、時々刻々書きとめて」あり、「アラビア語に直してもう一度聞かせてやれば、かつての自分の暮らしを思い出した者は誰しも、いうなればほかならぬわが声を耳にすることになろう。そして武骨な見物人はさこそとばかりに膝を打ち、証人になってやるといい、〈神かけて《アー・ウェッラー》！ まったくこの通りだ！〉と叫ぶことだろう」（I―二九）。

ダウティには、いろいろな意味で目的を達成する資格があった。東方のロマンに満ちた魅力はしばしば西洋の物書きたちの心を惑わせ、東方の物ごとについての彼らの判断をゆがめさせてきた。そしてフェアリーが指摘したように「あらゆる国のなかで、アラビアはロマンティックな詩人たちの天国だった。それは、異国情緒のロマンに満ちる選ばれた地となっていた」。だがダウティのアラビア観はそうではない、とフェアリーは主張する——彼にとってのアラビアは、絵画的なところなどみじんもないし、ありうべくもなかった。そことの彼の取り組みは、彼の性格中の、絵画性が存在しうるような部分を通じてではなかったからだ」。フェアリーによれば、ダウティの関心は「英国人の人生が営まれた昔の道筋」にあり、アラビアへの興味も第一義的には歴史的なものだった。「ダウティはアラビアを、異国趣味の物書きたちが見るような夢の国と思ったことは一度もない」と彼は言う。[2] むしろアラビアは、精査を待っている諸事実に満ちた一世界であった。そしてダウティには、科学者として自然現象を尊重し、細事にも正確を期する、学者的性向があった。[3] 彼の大学での主たる関心は地質学にあり、アラビア内奥の旅を実行した動機の一つもヨーロッパの学者にとって重要な意味のある地質学上、地理学上のデータを見つけたいということだった。自著の第二版への緒言で、彼はこう述べている。「哲学的な知識と教訓を探求するこれら多数の知性ある人士にとって最大の関心は〈地球の来歴〉であり、その多種多様な生物であり、世代を重ねた人類の過去であり、古代の岩石である」。またローレンスは、「アラビア・デセルタ」の解説で同書の学術的性格を明確に指摘し（それを唯一の意義としたわけではないが）、第一次大戦中に同書が「軍用教科書となり、東部戦線でのわが勝利に寄与した」と述べている。むろんダウティは、自著にそのような用いられ方があるとは予想しなかったものの、その脱ロマン的アラビア観は力説していた。彼の説明（I—九五）では、「著者の私としては、腹を空かせた一人の男の見たこと、疲れはてた一人の男の語ったこと以外には、この本に何ものも求めないでほしいと願っている。そのほかには、太陽は私を一個のアラブ人にはしたが、私を東洋趣味《オリエンタリズム》の方向に逸らせたことは決してない、ということだ」。そしてローレンスは、「アラビア・デセルタ」をこの視点で読んだのである。彼は言う、「そこに感傷はなく、オリエントの旅行記にごくざらに見られるあの欠点、ただ絵のようなだけ、ということはまったくない」。

ダウティが巡礼のキャラバンに同行して旅を始めたとき、種々雑多な巡礼者とその装具の集合が見せる多彩をきわめた光景を気のすむかぎりに描写すれば、ロマンティシズムを満足させるまたとない機会となったはずだ。彼は現場の詳細を苦労して記録しているが、「ヨーロッパ人のオリエント趣味」を嫌悪するあまり、その情景のロマン溢れる印象をうち消すほうに傾いている。[4] ダマスカス仕立ての大巡礼団が動き出す壮観を、彼は意地悪く、もしくはたぶん何も意識せずに描いて読者に提供するのだ(I―一〇五)。

乗用駱駝の引き具の上には、鏡片を一面に貼りつけ、駝鳥《だちょう》の羽根飾りを挿し、そして小さな鈴を何列にも結びつけた緋色の被いが重なって掛かっている。駱駝の緩慢な足取りとともに鈴の音が鳴り、一斉に鎮まるときには異様な荘重さがたちこめる。それは、驚くばかりに風変わりではあるが、私の耳にはありがたみは無きにひとしい巡礼《ハッジ》信仰の音なのだ。

ダウティは、遊牧民の「もって生まれたきびしい判断」にとっては、「辺境の大都市のそのようなとりとめのない〈アラビア物語〉は、愚か者の俗っぽいしわざにすぎない」と見た。しかしその彼も、遊牧民が「町の住民のたわいもない幻想はもたないものの、セム風、オリエント風の特質」をたっぷりと具えていて、「多くの者は自分の人生を、神秘の宝物、天からある日転がりこんでくる財宝に恵まれるもののように夢見ている」ことは認めざるをえなかった。「町でのおしゃべり」の代わりに、遊牧の「アラブたち〔ダウティは「複数の遊牧アラブ」を「アァラブ」Aarabと表記するが、本訳書では「アラブ」で統一する〕」には、驢馬のいななきのように耳障りな吟唱詩があって、どんな荒れはてた寒村にいっても耳にはいってくる」。彼らは過去の襲撃行や砂漠の冒険を物語るのに「カサシード（押韻詩をつくる文盲の砂漠の詩人たち）が繰りひろげる英知と歓楽との間のリズム」を引用する。ただダウティには、このような詩人《カッサード》〔カサシードの単数〕の誦ずるものはほとんど聞きとれず、「わけの分からぬ言葉」だった（I―一〇五）。われわれの知るようなオリエントの物語に出くわしたときでも、彼はベドウィンがもっぱら退屈しながら聞いているとしか見えなかった。しかし町の住民には、「ちょうど芝居見物がヨーロッパの市民にとってわれを忘れさせる逸楽の何刻かであるように」、そのような語りは大きな慰安だったのだ。彼は、「それは〈いやしき境遇にありし者が努めて身を立て、仕合わせを得しころ〉に英国の高貴な詩人が歌った、古き良き騎士にとって心の喜びであったもの、ほとんどそのものといっていい」と見た。しかし内容的には彼の敬愛するチョーサーに似ていても、彼は「あの長たらしい成り行きは、ヨーロッパ人の耳には（単調で退屈なために）ごたごたしたたわごとのような音になってしまう」と思い、物語をその語り手についてみれば「アブドゥラーの狂気の沙汰」と評するのである（II―一五〇～一）。また彼は、歌うたいのアラブの娘というロマンを誘う見方を振りきっている（I―六〇七）。「こちらでは、女が歌うのは（祭りで娘たちが詩を一連ずつ詠唱するときのほかは）聞いたことがない――「無明の時代」〔第二章第三節訳注三〕にアラビアのこのような砂漠にいた、美しい歌姫たちの催淫的な転調に声を落とす歌いぶりは、どこへ行ってしまったのか？　ハレムの女たちは、男っぽい宗教〔イスラム〕のもつ、新しいアラビア風謹直のなかでは歌もうたわない」と彼は述べている。

この引用の最後の部分が持つ意味は、即座には明白でない。ダウティは、「催淫的な転調」の魅力や、「男っぽい宗教のもつ、新しいアラビア風謹直」への共感を匂わせているわけではない。また、それを事実を単にそのまま記録したものとすることは、とうていできない。ダウティにはひとしく不快だったアラブの二大関心事——性愛とイスラム——の両者をこのように対置した背後の感情を理解するのは、「アラビア・デセルタ」に書き残された感性上の体験の性質を理解することの始まりである。われわれが必ずしも同意できないと思われるのは、ローレンスの「ダウティはこの人たちのなかへ感情を抑えて入ってゆき、彼らの生活ぶりを観察し、一語一語言葉を選んで書き留めた」とか、あるいは「ダウティは、アラブたちに内心の思いをうち明ける気を起こさせるほど彼らに対する満腔の好意を抱きながらも、一貫して態度はアラブで精神はヨーロッパ人であることによって、完璧な判断力を保持していた」とかいう言辞である。[5] このようなことは、せいぜいダウティがそう願った意図の域を出ず、しかも幸いなことにごく一部しか達成されなかったものだ。

正確な事実の報告も、むろんされている。彼は、巡礼団のキャラバンが通った跡のことでかねて伝えられたような「あたりに散らばった駱駝の骸骨も、その死体の上に吹き寄せられて積もった砂の山も」見たことはなく、盲信の誤りを是正することを忘れてはいない。アラブにとって家畜は貴重で、死にかかったものは急いで屠殺して肉と皮を利用する。放棄せざるをえなくなった動物はハイエナ、狼、腐肉をねらう鳥などが手早く貪り、骨は当然のことに四散してしまう。ダウティは、「砂漠に放置され、あるいは吹き寄せる風が砂に埋めてしまった骨などは」一度も見なかったというだけではなく、アラビアの内奥では風は弱く、またまれにしか吹かないことも説明するのだ（I―九六）。そして巡礼者の状況、その窮乏ぶり、熱烈な信仰を、それに彼自身がどう反応したかについてはさしたる手がかりを与えないまま、ことこまかに叙述する。たとえば、巡礼団中のペルシア人は「七百人ちかくを」数えた。彼らは「膝下まで届く粗毛の外套をまとい、その下には幅の広い木綿の上衣を着て、頭にはスカンディナヴィア人のような皮の縁なし帽をかぶっている」。こういった巡礼たちは、「一度はこの信仰の大旅行で自らの体を疲労困憊に追いこむべく、それまで永年の間わずかずつ節倹を重ね、真心こめて貯えてきたのである」（I―九八）。ダウティはつねに、自分の周囲に注意を払うのを怠らない――たとえば（I―九七）、足下に踏みしめるのは細かな砂だが、そこでは「聖路をここまで遠くやってきた、ということで浮かれて騒ぐ、ダマスカス生まれの若い下僕どもが転げ回り、相手の上にほかの一人を投げ飛ばしたりしていた」。

　ダウティは、アラブの言葉に一心に耳を傾けた。ある男がこのように説明するのを聞く――「アラビア語の話し方には三通りがある。〈アルアリー〉は、偉い人に話をするときに使う上品な言い方だ。〈アルワスト〉は並みの言葉遣い、つまり日常生活に使う。そしてもっと崩れ、乱れて、筋だけに擦り切れた〈アルドゥーン〉（それぞれ上、中、下の意）はさらに低級――〈神かけて《ウエッラー》、ハリールのこの話しぶりのような〉」。ここで彼は自分の立場の弁護が必要と思い、読者にむかって「それでもやはり、ベドウィンの口から出たあのぞんざいな言い方は、学校で教わるどんな町言葉よりはるかにましだ」と解説を加えている（I―一六八）。

　彼は遊牧民の会話に用いられる慣用語を急いで覚えた。「アイヤル・アンム、〈父方のおじの子供たち〉は、部族成員のすべてに適用できる、と彼は説明する。「アンム」は本来は父方のおじ〔おじ、おばに伯、叔の差はなく、父方、母方でのみ区別する〕を意味するが、彼は、ベドウィンが客からみた主人にも、「妻と前夫との間に生まれた子の父親」にも、さらには召使いや奴隷の雇い主にも用いるのを知る。「イブン・アヒー」は、字義は「私の兄弟の息子」だが、主人が自分の客を指すときにもそれを使うし、年長者もしくは目上の人が年下か目下の者に話しかけるときにも使う。「私の父」アブーイは年下あるいは下位の者が、年齢あるいは立場の面で上位の人と話をするときに用いる呼びかけの言葉である。ダウティはこう記す――「人間味に溢れているのは、心の底から出るあのやさしい説得の言葉だ。参考までにいうと、アナ・アブーク〈わが言葉に嘘はない、われはそなたの父なれば〉、あるいはアナ・アフーク〈われはそなたの兄弟なり〉、アフタク〈そなたの姉妹〉、ウマク〈そなたの母〉。これらに似ているのが、〈我は汝の神、エホバ〉〔旧約出エジプト記二〇―一二、申命記五―一六〕以下の神授の戒律を奉じたモーセに見られる崇高な業《わざ》である」（I―三六〇～一）。

個人的な受けとめに伴う言外の含みをまったく感じさせないのは、アラブの部族生活、そのほとんど家父長的といっていい穏健で人情味のある支配の型についての評言だ。「遊牧民の族長《シャイフ》は、家内的な手法での節度と先見をもって一族を統率している。彼らはメンジル（部族会議）における調停者であり部族民間の仲裁人だ」と彼は述べる（I―三六一～二）。しかし、部族民個人の「関心はつねにグラッズウ［襲撃、略奪］にある。ならず者でも勝利を得るかもしれない、どちらが負けようが、またどんな不実をはたらこうが、彼は頓着しない。あのようなひどい無知と局限状態での生活を続けていると、人間も野生化する」。まともな境遇にあっても「有徳、高潔な精神の持ち主は限られているが、人より劣った者にとっては凶悪な霊鬼がのさばる泥だらけ岩だらけの道ばかりで、通路すら容易に見つからぬところでも」、このような人たちには「人間らしい生活がほかよりも坦々と用意されている。彼らこそ砂漠の貴族、円熟した中庸を弁えた人々であり、博識で鋭敏な判断力を具えた調停者なのだ」（I―三〇一～二）。ダウティは、アラブの知性に対してすら、多少の望みを託す。彼の思うには、アラブが「これほども融通性のある精神をもつ以上、なんらかの面で学習の能率を上げるためには、欠けているのはきっかけだけ、ということだろう」。ただ彼もこの判断には限度を設けることが必要と考え、「容易な模倣に頼る形での」と遠慮のない限定を加えている（II―五六）。

彼の説明によると、「これらのセム族にあっては、心はいずれ塵に帰るべき肉体に付着している」が、彼らが宗教的信頼をよせるのは「天のなかでも自分に近いところのそれであり、人間らしいやさしさのある共同生活とは、ほとんどが彼ら自身の周囲にあるものだ」。その証拠が、アラブには「人間の荒廃した精神の犯す大罪」、自殺がないことである。「アラブが自分のまわりのすべてに神の手が作用しているのを見、自分の名前には神の名が入っており〔たとえばアブドゥラー（神のしもべ）〕、「そして」ひとこと口にするごとに神を求める〔たとえばイン・シャー・アッラー（神、欲したまうならば）〕というのに、どうして彼らが神の摂理に絶望することがありえようか、とダウティは問いかける。また彼はアラブの歓待を受けた経験から、その基礎に宗教的なものがあると説く。客はすべて神の客、というわけだ。もっとも彼は、アラブの歓待の実践にはもう一つの動機――隣人によく思われたいという願いがありそうだと、まことにめざとく観察している。ダウティはこの点には多言を費やさず、彼が耳にした「町住まいのアラビア人の口」から出たある「言いぐさ」の形で説明する――つまり「〈通りがかりのよそ者が地方のアラブについて言っていることをお伝えすると、あちらでは訪れた客に、主人が必ずこう聞くらしい――前夜はどこで泊まられたか、充分なもてなしを受けられたか？　と〉」（II—二五九〜六〇）。しかしこの観察は、東方の人たちに見られる非常に重要な特徴、つまり彼らのきわめて高度な社会意識に触れるものだ。砂漠にあっては、仲間うちの評判が個人の徳性に対する唯一の有効な是認手段だったのである。

ダウティはまた、アラブの家族生活を観察する機会があり、「女の運命は、ここでは不平等な内妻身分に甘んずることであり、このきびしい人生で倦み疲れた隷属をつづけること」と記している。女は父の支配下から夫の支配下に移る。彼女には結婚に際して選択の自由はなく、結婚後は夫の意のままに無視されかねない。唯一の救いは、家族内で自分の居場所を確保するために息子を多く生むことだ。「したがって、結婚して長く仕合わせな生涯を送れる遊牧民の妻など、ほとんどいない！」。つまり「その運命が貞節で結び合わされていない男女の間で、心が一つになることがありえようか？」（I—二七七〜八）。町に住む女性の境遇がまだしも安楽とはいえず、「とらわれの生活で、彼女がさわやかな気持でいられることは、めったに、あるいはまったくない」（II—三七六）。

砂漠でダウティを親身に世話してくれたザイドの「コーヒーの席」で交わした会話を再録することで、彼は既婚女性の面被《ヴェール》という習慣がいかに根深いものかを明らかにしている。彼は、アラブのなかでもこの習慣をもっともきびしく守る部族がもっとも乱れているのではないか、として皆に反論した。けれども彼は、ザイドと、コーヒー沸かしの炉端に座った人々の黙諾を得たものの、その表情から読みとれたのは、彼らが内心では「お前のいうのはクッファール［異教徒（複数）］の考えだ——妻の顔は、夫以外の何者にも見せるべきではないのだから」（I—二八〇）と思っていることだった。家族のなかでの夫の地位は絶対権力者のそれだ、と彼は見た。ハイバル〔メディナの北方約二百キロ、溶岩原の町。ダウティは一八七七年十一月に三人のアラブとともにハーイルから苦難を重ねてハイバルに入り、三ヶ月後に再度ハーイルに戻った〕で彼と親しかったムハンマド・ネジューミーも、仲間に対しては人当たりがよく、穏やかだったが、「自家内では一戦士で」、妻と連れ子の男児を鉄の手できびしく支配していた（II—一六〇）。ただ砂漠に出ると、子供たちは「親の指図を受けずに成長する」。彼らが学ぶのは部族民のテントで耳にする俚諺、格言からのみであり、「彼らの唯一の検閲官は周囲の批判なのだ」。ダウティの見るところ、父親は息子に対してことさらに寛容だった。そして貧しいアラブには、年老いたときの慰めとなり、ついには自分を立派に葬り、いつまでも忘れずにいてくれるのは息子しかいない、と彼は述べる。したがって男にとって息子とは、自分を未来に、わが目で見るまで生き永らえることはないような未来にすら、繋ぐ環なのである（I—二八一〜三）。

ダウティは、彼の観察を解説で補筆拡張するときにつねに判断を誤らなかったわけではない。「ルッバは単純で善良な男だったが、自分のハキーム〔医師。ダウティのこと〕に一言の礼も言わなかった」と彼は不満を洩らす。この苦情は、東方では貧者にはより恵まれた者から施しをうける権利があることへの理解の欠如をさらけ出すものだ。既述のように、バートンは恩をうけた人に対する東方人の態度を明らかにしようとしたが〔第二章第三節原注7〕、ダウティ自身も別のところで述べている（I—三八四）のを見ると、そのような態度に多少は気づいていたようだ。「遊牧民でも平俗な部類は人の食べもの（だけだが）を奪うことに良心の咎めをろくに、あるいはまったく感じない。彼らはそれはざらにあること、ハイル・アッラー〔神からの賜りもの〕と思っている」。さらにまた、ダウティは、世話になった一家にいた「みじめな老寡婦」のことを語っている（I—二六三）。「彼女は自分の亡くなった娘の、父親のいない子供たちの母親をつとめていた。息子の一人は非常な奇形で、動物のように砂を這いまわる。するとこのまったくあわれな、見るかげもない祖母は、忍耐のかぎりの溜め息とともに宗教的反語の感をこめて〈ヤー、ラティーフ〉［まあ、かわいいこと！］と言う」〔傍点は著者アサド／原文の括弧部分〕。ダウティの「ヤー、ラティーフ」の翻訳ではたしかに宗教的な反語が感じられようが、むしろ考えられるのは、年老いた祖母が神を表すのに好んで使われるアラビア語の名辞の一つ（「おお、心やさしきお方よ！」）を用いて彼女の神を求めていたということだ。こう解すると、反語の性格もいくらか変わってくるし、イスラムの趣旨に照らせば老婆自身もさほど奇異なものではなくなるであろう。

「アラビア・デセルタ」の厖大さを思えば、こうしたことは片々たる些事にすぎない。しかし、ダウティがアラブ気質に必ずしも完全に適応していなかったことには留意しておいたほうがいい。彼はアラブたちを「物わかりのよくない連中」ととらえたが、それはたとえば（I—三〇三）、アラブが「家畜のパン」と思い、「たとえ敵方の領分にあってさえ」粗末に扱うことはないある種の柴を火にくべて、意図せずして彼らを傷つけたとき、相手は「異教徒のやることだから」とぶつぶつ言ったためだった。アラブが文句を言うのを「物わかりのよくない」とするなら、当然彼も、相手の感情をそこまで害したことの咎めをいさぎよく受け容れなかった点で、物わかりがわるかったのだ。

「アラビア・デセルタ」が、非常に正確な報告と、まずまず正確な解説以上のものは提供できなかったのであれば、アラビアを題材とする興味深い本がまた一冊出たというだけのことだったろう。しかし同書は、精細な事実に基づいてダウティが感性上の体験を再生したがゆえにいまも「偉大な」著作であり、また、一方には「ハリール」と彼の流儀を、片方にはアラビアとアラブを置いた、その間の肉体的・精神的両面での格闘の記録なのだ。

訳　注

一　ダウティが「まあ、かわいいこと!」(原文 'oh happy sight!') と訳して反語《アイロニー》とみなした「ヤー、ラティーフ」'ya latif' の、ラティーフというアラビア語には、「優雅な、上品な、優しい、快い」elegant, gracious, kind, agreeable といった意味があるが、イスラムでアッラーの諸属性を表す九十九の名辞(「慈悲深き者」「慈愛あまねき者」「信仰の保護者」などの)の一つ、「心やさしき者」(「アッラティーフ」'al latifi', 英語では 'Gracious One') をつくる言葉であるので、その意味での神への呼びかけと解すべきではないか、というもの。事実、「ヤー、ラティーフ」はそれだけで「おお、神よ」「おや、まあ!」「やれやれ」にあたる成句である。著者(トマス・アサド)は、ダウティが「ラティーフ」を表面上の意味でしか捉えられず、神の属性の一つを表すことを知らなかった、とまで断定することは避けているが、本文の趣旨はそこにあると解される。

原　注

1　ダウティ「アラビア・デセルタ」新訂決定版一巻本[発行日付なし]に対するT・E・ローレンスの「解説」T. E. Lawrence, 'Introduction', to Charles M. Doughty, *Arabia Deserta*, new and definite edition in one volume, (New York, Random House, [N.D.]), I, 17. 筆者〔トマス・アサド〕の典拠は、二巻本の頁付けになったこの版である。同書は、当初ケンブリッジ大学出版局から二巻本で一八八八年に刊行された。ついでメディチ・ソサイエティ社〔出版・紙製品業〕発行人フィリップ・リー・ウォーナーとジョナサン・ケープ〔同名の著名出版社の創始者、一八七九〜一九六〇〕Philip Lee Warner, Publisher to the Medici Society Ltd., and Jonathan Cape により、著者の新しい序文とT・E・ローレンスの解説を付した二巻本で一九二一年に、またメディチ・ソサイエティとジョナサン・ケープより著者の三度目の序文つき、ただしローレンスの解説ぬきの二巻本で一九二三年に、そしてジョナサン・ケープとメディチ・ソサイエティより三度目の序文とローレンスの解説つき、薄紙使用の一巻本で一九二六年に出版されている（同書は総語数六十万、千二百頁の大著だが、エドワード・ガーネット（第二節一九二頁割注）が編纂し序文を書いた三十数万語の縮約版（一九〇八）、それにローレンスの上記解説とエディ・ルグランの挿絵を付したもの（一九五三）が出て、読者が広まったといわれる）。

2　フェアリー前掲書七九頁。

3　トレニア前掲書一九頁に、ダウティは「自然現象を直接調査したいという天性」、ならびに「祖国と、自分の熱誠自体に夢中になること」において「ルネサンスの子そのもの」だった、とある。

4　この所見は、フェアリー前掲書四六頁にある。

5　ローレンス前掲文二三～四頁。またマーティン・アームストロング『チャールズ・ダウティの著作』Martin Armstrong, 'The Works of Charles Doughty', *Fortnightly Review*, CXXV, 1926, 24. には「旅行記の目的がその地の住民の迫真的な、完全な印象、つまり旅人の先入観や偏見でゆがめられたり限定されたりしていない印象を述べることであるならば、ダウティの書は理想を達成している」とある。

4　ベドウィンとの心のふれあい

バートンがダウティのアラブに関する知識に加えた酷評も、彼がアラブから得たのは屈辱と拒絶だけだといわんばかりの言葉とおなじく、極端に徹底的というわけではない。トレニア女史も、もっともなことだが「アラビア・デセルタ」の「ほのぼのとした、おだやかな面」がほとんど理解されていないのを惜しんでいる（三九頁）。女史は、ダウティがフクラ族、モアヒブ族のアラブとともに過ごした遊牧生活に充分満足していたことを指摘する。しかし彼は、町住まいのアラブのなかででもいくらかは満足し、親交を保っていた。「彼は非常に我慢強く、寛容で、情け深く、何の疑念ももたれずに周囲の信頼を得ることができた」とローレンスも記している。[1]「アラビア・デセルタ」には、砂漠のアラブであれ町に住むそれであれ、ハリールに多大の疑念を抱いていたことが明らかにわかる場面がいくらも見られるが、ダウティが「我慢強く、寛容で、情け深」いときがあったのは事実である。彼には、人間同士の友愛、人類を一つにつなぐ絆というきわめて奥の深い、あたたかい感覚があった。たとえばメダーイン・サーリフで、彼は「ごつごつした石の層をモルタルなしで積み上げた井戸の内壁は、遊牧民の無数の世代が用いたやわらかい細引によって深くえぐられている（このようなものを見て感動を覚えずにいられようか？）」（I―一四五）と書き留めている。また彼は、この共感を、「人生という寓話でスーワッフ、つまり流浪の隠者の役を演ずる者にふさわしい」とみずから思う「飾りけのない、率直な言葉遣い」に結びつけ、「おだやかさと誠意を見せることによって」アラブたちを、最初は凶暴な仇《かたき》だった連中ですらも、自分の側に引き入れられると考えたのだ（II—五九）。

アルアッリー〔メダーイン・サーリフに近い村〕でのことだが（I—一九一）、子供たちが「やーい！ ナスラーニー［ナザレびと、キリスト教徒］」と嘲罵を浴びせたとき、大人は「振り向いて叱りつけ」たし、彼らの集まりで座っていると、よく「だれにも自分自身の信仰がある《クッル・ワーヒド・アリー・ディーンフ》」と、「聞きやすい聖句」〔この言葉は、のちにハイバルで親しいネジューミーが兵士の集会へダウティを連れて行った際にも口にしている〕を説いてくれたものだった。ハーイルでは（II—六二～三）、相手の「コーヒーの席」に招かれたとき、幼い息子がなぶるように「おい、ナスラーニー！ お前には天国など当てにできないぞ！」と言う。ダウティはやさしく答えて、「いいかい、若いの、私だってそう願っていてもいいのだよ……ほかの人のように、そしてそれ以上に。——タアル・フッブニー！ こちらへ来て、キスをしてくれないか」。またイブン・ラシードの若い廷臣の多くが「フェン・ルッブク〈あんたの主なる神はどこにいるのかね？〉」とあざけるのに、「フィ・クッル・マカーン〈主はいたるところにおわす〉」と答えて、彼らを納得させている。「ナスラーニーのこの言葉は、不思議なことに彼らの気に入り、まもなくカスル［城］〔英語の'castle'でなく'kasr'（現在の表記では'qaṣr'）〕の誰の口にものぼるようになった」。

屈辱を強いられたハイバルですら（II—一六〇～一）、ダウティは少なくとも一人の誠意ある友ムハンマドを得ていて、親愛と敬意をこめて「アンム」〔二〇三頁参照〕と呼んでいる。ムハンマドの妻は遊牧民の女、ベドウィーアで、彼女にダウティは大いに同情していた。ムハンマドが激高して息子を殴ろうとした〔未成年の実子を鍛えるべく極度に父権を行使して働かせたあげく〕ときのことを、彼は語っている——「このベドウィーアは二人の間に跳びこんで、自分の継子を庇ってやったのだ、その男の子は彼女にはつれなかったのに。私はネジューミー〔ムハンマド・アンネジューミーが正式名〕の腕を摑んだが、彼の膂力《りょりょく》は気の毒なこの女を傷つけてしまった。そして大荒れが収まると、女は泣き笑いしながら言った――〈ウェッラー、ムハンマド、あんたの手はものすごいよ、私は骨が折れてしまったみたい〉」。

ハイバルを去るとき、ダウティは若干の薬と、新しい膝丈の着衣《チュニカ》、そして新品の銃床をあるじの世話になったお礼に渡そうとした。ムハンマドは不満だった。「だめだ、ハリール、思い出だけで私を仕合わせにしておいてくれ、お返しなどでいい思い出を壊さないでくれ！　あんたにしてもらいたいのは、ときどき〈神よ、あの男を忘れたまうな〉と言ってくれることだけだ」。ダウティは彼を説き伏せて贈り物を受けとらせたが、それによってあの「ムハンマド親父《アンム・ムハンマド》」がもっていた、夏の果物に粉をふいている蠟のように、ちょっとでも粗末に扱おうものなら取れてしまう寛容な誠実さ、人間らしい情愛」に背いた、と思う。「贈り物を受けとったとき、私が彼のせっかくの善行を奪い去った、と彼は感じたのだ」（II―二三三）と、ダウティは述べている。

町の住人の場合は、イスラムを奉じて一緒に定住することを、しばしばダウティに促した。彼が妻に選べるようにと、自分たちのなかの女を提供もした。ハーイルでは、彼と親しかった者は「生まれがユダヤ人のアブドゥラー」のことを話し、改宗後の仕合わせや、喜んで受け入れるから戻ってこいという両親の訴えを拒んでいることを語った。「あの男は〈律法と約束〉〔モーセの十戒に表される神の命令とアブラハムへの神の約束〕を棄て去った。しかし人性の情愛に感動している者が、世に立つべく大事に育て、しつけてくれたすべてをそう軽々しくあとにするわけにはいくまい！」（I―一五四～五）とダウティは記している。
ダウティは、ベドウィンからも結婚の申し出を受けている。砂漠でともに暮らしたシャイフの一人、ザイドは、二人いる妻の片方を差し出した（I―三六五）。ダウティは、ザイドの一族に親しみを覚えていた。「立派な男に添い、その息子たちを生んだ、かぎられた善良な女の場合はいずれも端正な顔立ちをして、物腰は品のある大夫人そのもの」（I―三六七）で、彼女たちが皆、薬を見にやって来る、と彼は書いている。ダウティは町やオアシスの定住地を離れるとせいせいしたが、そのあたりが狂信的な連中でいっぱいなためだった。彼はベドウィンと運命をともにする途を選び、貧しい遊牧民が「シャツ用の布一枚とマント」を買えるだけのごく僅かな金を払って「手に負えない、狂信的な部族のなかを」無事に旅することを得た（I―六一四）。

彼の見るところ、遊牧民に残忍な面はまったくなく（I―三八四）、思いやりに富み、親切なことがしばしばであった。空腹で衰弱して、おなじように飢えに苦しむアラブたちが駱駝用の水を汲み上げる仕事に汗を流しているのを見ながら佇んでいたとき（I―五〇七）、ダウティは自分の駱駝にも水を汲んでやってほしいと神の名を称えて彼らの雅量に訴えたことがある。「神が汝を助けたまわんことを、ハリール」と彼らは言った――「心配するな、座っておれ、駱駝には俺たちが水をやるから」。

ラマダーンの間、断食のおそろしい試練を経たあと、ベドウィンは祝祭〔イスラム暦の断食月ラマダーンがあけた翌月初めの三日間の祭、イード・アルフィトル。巡礼月の犠牲祭とならぶ大祭日〕を楽しみ、ハリールに英国の祝日の踊りを披露しろといって聞かなかった。拒めば「せっかくの浮かれ気分を台なしにする」かもしれぬと思ったが、彼らが無遠慮な批判をすることも予想できたので、ダウティは「型にはまった身ぶりを示すのがいささか恥ずかしかった」。ところが、素朴なアラブたちは仰天した。「〈わあ、あのなんと妙な跳ねかた、脚の出しかた！　あっちへ行ったりこっちへ来たりの、この踊りかた！〉――ベドウィンにとっては、まるでモリス・ダンス〔英国の古い仮装ダンス〕だった！　けれども、われわれの円舞のことを聞き、男が女の腰に腕をまわし、どの男も美しい女と胸を合わせて踊りながら前方へ移ってゆくのだと知ると、彼らはわれわれを軽蔑すべきもの、無頼の徒のほかには考えられなくなってしまった」（I―六〇七）。

ダウティにキリスト教徒の断食のことを訊ねたとき、キリスト教徒にも軽い断食の習慣があると説明されても、彼らは容易に信じなかった。「〈あはは！　一体それを断食というのかね？　うーん、ウェッラー、ハリールよ、笑いごとでも冗談でもないぜ〉――〈でも、あのような物の豊富な国では、断食ということになっているのだよ、死ぬにひとしい、とね、それほど僅かな、貧弱なもの、貧乏人の食べ物で我慢するのは〉――〈神は全能におわす！　なるほど、じゃ結構な断食、というわけだ！――そしてベドウィンたちは驚きとも笑いともつかぬ叫びをあげた――あーあ、そんな断食で毎日を過ごせ、と神が言ってくれたなら！〉と」（I―五八八）。

ラマダーンの間、ダウティはザイドの妹が彼女の四旬節〔キリスト教の復活祭の前四十日間。断食、懺悔の期間〕を守って「長い日没の刻まで食べも飲みもせず」、その一方で「赤ん坊には授乳をして」いるのを見ていた。そして「あのみじめな男、夫に愛情をこめて仕え、従う善良な女、やさしい母親、がんばり屋の主婦」に、心からの称賛と憐憫を惜しまなかった（I―五八六）。凶作で食料の不足した季節に、彼は澄みきった空の下に横たわり、星のきらめきを見つめて心の慰めとしたこともある。そして瞑想にふけった。

まわりは敵ばかりのところで、私は居ごこちのいい寝室のベッドと枕の上にまさるさわやかさを覚える——俗世間の都会からここにいたる道はなく、千年の歳月が一筋の日光のように過ぎてゆく。われわれのいる世界は、自然が人を産み、それが人自身にとっても一つの謎となり、悪霊が人のなかに破滅の種子を蒔いた世界ではない。あの無辺際の景観を眺めていると、私には擦り切れた肉体のこの生命は潮の引くように失せていって、魂が雛鷹のような翼を翻してあの神々しい薄明へ向かってゆくように思われた（I—五二〇）。

砂漠にあっては、飢餓と窮乏の周期が彼の感覚、感受性を研ぎすました。「物を考えるベドウィンの気の引き立つような話」に耳を傾けるのは、楽しみの一つだった。それは「旅するものにとっては純粋な人間学の学校の一課業で、それを無視することができないのは、人はどこでもおなじ考えだからだ。しかり、おなじ巣穴で育ったものは畜生でさえ共通の性質を帯びる」。そして「羊の乳房の下でアラブが支える容器にほとばしる乳の音すらも」彼を喜ばせたのだった（I—三〇五）。

ダウティが心の広いところを見せたこともある。辛抱強く、あるシャイフの妻にむかって「妻にふさわしい従順さ」を説いたときのことだ。その結果、ハリールに頼んで夫に離婚されないためのヒジャーブ、護符を書いてもらって果たそうと思っていた目的は達せられた（I—五一二）。喜捨が無駄でないことを貧しいアラブたちに説明するのに、「貧しきものを憐れむものはエホバに貸すなり。その施しはエホバ償いたまわん」〔旧約・箴言一九—一七〕という聖書の言葉を引いて彼らに感銘を与えたこともある。また死後の生について語り、イーブリースやシャイターン[二]への怖れ、つまり幼稚なサタン恐怖を払いのけてやろうとした。人々は彼の「驚異的に風変わりな」知識を理解できなかったが、ダウティは彼らを無知のゆえに罵ったり咎めたりはしなかった。アラブの質問の動機、つまり、彼らは先に逝った父や友だちに再会できるか、が知りたくてたまらなかったということに、ほろりとさせられたためだ（I―四九三～四）。

「駱駝の貧しい持ち主が、自分は夕食ぬきなのにただの旅の者」にすぎないダウティのために駱駝の乳を搾りに跳び出していったこと（I―二五六）や、自分がもてなしている、よそものの客からはわずかな煙草すら受けとろうとしなかった非常に高潔なシャイフ・ダイフラー（「神の賓客」の意）のことは、人間のもつあたたかい心についてのダウティの意識を強めるものだった。「彼らは単純で、信心深いが、（形式的な）礼拝はしないアラブであって、信仰について人にけちをつけるような質問は口にしたこともない。けれども、荒野にあって敬神の念に富む人情のゆたかな人々だった」（II―八三）。

訳注

一　イブン・ラシード――アラビア半島中北部、ジェベル・シャンマル地方のアミールで、ハーイルを本拠とするラシード家の当主だったムハンマド・ブン・アブドゥラー・ブン・ラシード（在位一八七二～九七）。一族の主だった男をすべて抹殺してアミールの地位につき、リヤードのサウード一族との抗争に勝って、一時は半島中央部の覇権を握ったが、その死後ラシード家は急速に衰退、サウード家が取って代わり、現在にいたる。ダウティは二度のハーイル訪問のうち、最初のときのみムハンマドに会っている。なお既述のレディ・アン・ブラント『遍歴のアラビア』に、きわめて興味深いムハンマドとの会見記がある。

二　イーブリースやシャイターン――一般にはいずれも悪魔だが、「（コーランでは）冠詞つきで単数形のシャイターンがイブリースであり、これが悪霊であるサタンたちの頭目」(『イスラム事典』平凡社)、「イブリース(悪魔)——悪魔の固有名詞で、シャイターン(悪魔)、アドゥッ＝ラーヒ(アッラーの敵)とも呼ばれる」(黒田壽郎編『イスラーム辞典』東京堂出版)とされる。

原　注

1　ローレンス前掲文一九頁。しかし、ジョン・ミドルトン・マリー『アラビア・デセルタ』John Middleton Murry, 'Arabia Deserta,' *The Adelphi*, III, March 1926, 660 には、「これが未知のアラビアと闘った男——より高い、より開けた伝統を背後に有しながら[アラブと]同じような狂熱を基礎にもつ男だった」とある。

5　軋轢と確執

しかしながら、「アラビア・デセルタ」の心あたたまる、親しみやすい面は、全体のごく一部にすぎない。体調不良、絶え間のない死の恐怖、そして人種的、宗教的偏見がハリールの人間性の基本面にしばしば暗い影を落とし、アラブとその訪問者との間の反目を浮き彫りにして「アラビア・デセルタ」に多くの見せ場をつくっている。トレニア女史は、「アラビアで彼がいい思いをしたのはただ一日のみ、ほかのすべては受け入れ側の狂信的態度のために苦痛そのものだった」と読みとっても、「あまり言葉どおりに受けとる気」を起こすべきでないという（四〇頁）。ダウティには「その瞬間の苛立たしさから物を言う傾向が、いつもあった」と彼女は説明する。しかし「アラビア・デセルタ」の大部分を活気あらしめているのは、この苛立ちなのである。ダウティは「万人の侮蔑の的であり続けること、そして世間のいい加減な理屈に立ちむかってただ一つでも正論を唱えることは、一個の情熱である」と述べ（II—六八）、また「私はアラビアを通り抜けるうちに、連日の障害や長期にわたる肉体的な苦痛にもまして、このことを痛切に感じていた」と言う。そして、彼の苛立ちを醸すのに都合のいい環境が常在した。フエアリーが指摘するように、「彼ら［アラブたち］に対する全幅の好意的理解にもかかわらず、ダウティが彼らと親密なことは一度もなく、彼らのほうでもそうである。ほとんどすべての場合に不和は絆よりも強力で、大抵のところ彼がおかれているのは敵のただなかなのだ。彼らが見せる親愛の情のうしろにすら、ふつうは威嚇がひそんでいる」[1]。

ダウティがアラビアで味わったあらゆる苦しみのもとは、彼に言わせると、英国政府の公的庇護を与えようとしなかった駐ダマスカス英国領事の「トルコ人みたいなところ」だった。「形式ばらない、好意的なひとこと」でもあれば――とダウティは思った――「大巡礼団の幹部たちの敬意を、また巡礼と別れるときには彼らからアラビア各地の首長《アミール》にあてた紹介状を入手できたはずだ」。いまいましい気持で、彼はこう記している（I―四〇）――「軽口をたたいたおかげで、主君の信を失いかけたサー・ヘンリー・ウォットンの言葉がある、〈大使とは、祖国のために異国で嘘をつくべく送り出される男をいう〉。それに、こうつけ加えればいい――〈領事とは、異国で自国民にむかってトルコ人のように振まうべく送り出される男をいう〉」。

彼が、この地でたちまち難儀な目に遭い始めたのは不思議ではない。そこは「ナスラーニーの名がまだ呪いの言葉」であり、また「遊牧民のなかでさえ、男がもう一人にむかって〈俺をナスラーニーとでも思っているのか？　こんな（よこしまな）ことをさせるとは〉と言う」（I―六三五）ところだった。ダウティが大巡礼団の最初の何行程かをともにしたペルシア人集団の駱駝の持ち主は、出発合図の号砲が発射されても駱駝をよこさないことがあった。「そうなると、私はアルエスワードを摑まえて放さなかった。どうにか駱駝を連れてきても、私には独りで荷物を積む力はなかったからだ。ときには、もっとたちの悪い連中が誓って〈私の体を、現に私が立っている砂に埋めて置き去りにしてやる〉とまで罵った」。身に危険が迫ったとき、「彼らの目の前で、私はむき出しのピストルを引っぱり出した。数日たつと、彼らもこんな具合に私をいじめるのはあきらめた。彼らはたがいに狼同士だが、なかにすこしは犬がいたとしても、私にとってはそれが何だろう？　行路の困苦が、人すべての気持をとげとげしくする」（I―一〇七）。

キャラバンと別れる予定のメダーイン・サーリフに一行が着いたとき、ダウティはまた窮地に陥る。巡礼の旅の間、付き添いに雇ってあったペルシア人が、「契約は終わったから」と称して荷物の運搬を断ってきた。ダウティは途中ではその男に薬も与えたものだが、いまは「このような礼を弁えたオリエント人が、土壇場では必ず無礼きわまる欠陥人間となる。そんな調子だから、彼らがものになることは絶対にあるまい！」（I―一二五）とつくづく思った。彼の総括は、巡礼行の「宿営地ごとにゆったりとした大天幕を張るペルシアの小貴族たち」にまでも及んでいる。「彼らとともに逢ったあのわずかな例を除くと、もったいぶったペルシアの紳士たちこそ、あらゆる民族を通じて最高に性根のわるい、くそ野郎どもとしか思えない」。彼自身が世話になったペルシア人も「ペルシア生まれの精神の持ち主ということでは、彼らにほとんどひけをとらない。ダマスカスに住みついていた連中は別で、アラブと同じく笑顔が気持いい人たちだった」（I―一〇〇）。

大きな危険の伴うことではあったが、燃えさかる憤怒はしばしばダウティを大胆な物言いに駆り立てた。アラブたちが「豚の獣肉」を食うキリスト教徒の習慣をあざ笑ったとき、彼はふつうは「清浄」と思えないアラブの食物をいろいろと列挙して応酬した。

私は、君たちが鴉や鳶《とび》、それに腐肉を食う小さな禿鷲《はげわし》も食べることを知っている。君たちのなかには梟《ふくろう》を食べる者もいれば蛇を食べる者もおり、大蜥蜴《とかげ》は誰でも食べる。それに蝗《いなご》、跳び鼠だ。針鼠を食う者も多い。ある（ヒジャーズの）村では鼠も食っている。そんなことはない、とは言えまいが！　君らは狼だって食う、狐も、あの胸くそのわるいハイエナもだ。ひとことで言えば、君らのうちの誰でもいい、これだけは食えないというような、それほどいやらしいものなんてないということだ（I―五八四）。

憤りをみせるために、彼はあるコーヒーの席でシャイフ・サーリフに席を空けてやらなかった。そして不機嫌そうに言う――「サーリフ……には別のところがあるだろう」。集まったうちの一人がこれでは礼を失するとつぶやくと、ダウティは「向き直って相手にあけすけに言ってのけた。〈いままで何年もかけていろんな国を経めぐってきたが、お前のような豚野郎はどこにも見たことはない〉」。そして彼は「それを聞いたヒジャーズの小心者どもは、たまげていた」（II―一三五）と述べている。砂漠で食料が不足する季節に、彼は鉢一杯のミルクをもらいに「きわめて浅はかで文句が多く、気むずかしい男、セラヒーニー族のシャイフ」、ダリエーシュのテントへ行ったことがある。ダリエーシュは人に物を分け与える気はなく、それにハリールにはいい感情をもっていなかった。「この犬面《づら》とは」とダウティは記す――「トッログのカフワ［コーヒー］用のテントで何度も会っていたが、私を見れば必ず狂信的なひどい敵意を公然と口にする。部族の集会《マジュリス》では射るように私を一瞥するが、カーフィル［無信仰者、異教徒］とは話をしたこともない！」。このような仇《かたき》にただミルクを求めるだけでも、まちがいなく無思慮というものだった。「いつか砂漠で出逢ったなら」、とシャイフはすごんだ——「そして銃を持っていたら、お前を殺してやる！」。ダウティも勇敢に言い立て、自分の弾《たま》はアラブも容赦せぬ、と断言して挑んだ。「腰抜けではないというなら、明日、貴様も鉄砲を持ってこい、そして貴様の弾を撃て。私は自分の弾を撃つ。神かけて、貴様を容赦するつもりはない」。ダウティの大胆さは、ダリエーシュのそばに座っていた人たちの好意をかちとり、そのおかげで彼は鉢一杯のミルクにありついた（I—五〇八）。

しかし、このような戦術が奏功したのは初めのうちだけだった。彼には、その姿勢を貫くだけの体力がなかったからだ。それに多少の勇ましい言葉で、先祖代々受けついできたキリスト教徒に対する憎悪にうち勝てるなどとは望むべくもない。気晴らしに集落の縁《へり》を歩いていると、子供たちが、たしなめる大人もいないのを幸いに剣や棍棒を持って彼を取り囲み、「やい、ナスラーニー！　やい、ナスラーニー！」とあざけり、下卑た歌をそれに合った身ぶりとともにはやし立てる（I—一九八）。彼の大胆さも、体罰で報復されることがあり、顎鬚をむしられ、平手打ちを受け、唾を吐きかけられた（I—三〇五～七）。大勢の狂信的な町びとが、彼を即刻死に処すると断言した、「イスラムへの信仰告白をすれば別だが」（II—四二四）。

自分の孤立無援を示すことで、災難を免れたこともたびたびあった。襲ってくるベドウィンに追いつかれ、やっつけられることを怖れて、乗っている騾馬《らば》の歩速をあげようとしている二人の兵士がいたが、徒歩のダウティはついてゆくのが精一杯だったときには、連れていってくれと死にものぐるいで兵士の鞍にしがみついた。とうとう片方の兵士が彼のもはや動けぬのを見て、他方に下馬するように命ずる。ハリールを見殺しにするほうが容易で、しかも咎めもうけないとは三人とも承知していたが、兵士たちは彼を助けて鞍に乗せてくれたという（I―一七九）。またあるとき、「ご庇護を《ダヒール・アク》」――アラブの宗教的義務感に訴えて庇護の義務を負わせる決まり文句――を叫んでアラブたちの慈悲にすがったこともある。

たとえば、カシームに懇願して荒野に置き去りにされずにすみ（II―七九～八〇）、ハイバルではイムバーラクの温情から奴隷たちの手にかかってあわや死にいたるのを逃れた（II―七二）。しかし、これらもその場かぎりの安堵にすぎず、彼は「イシュマエルの子孫〔アラブを指す。一六〇頁訳注二参照〕の国全土の狂信に無駄な抵抗をしては、心の痛み」（I―五〇二）を味わったのである。彼はハイバルでうけた責め苦を、アラブを改宗させようとして、あるいはこの町の古代ヘブライ起源という問題を精査しようとして〔ダウティもその伝承を確かめに行ったが、ユダヤ人は一人もいなかった〕、後日その地を訪れるかもしれない人たちへの警告として披露したのだ。「私はこれらの頁が、あるいは何人もの生命を救うことを念願する。それをもって、神が私の労苦への酬いとされんことを！――誰であれ、これを読もうとする者は、そこにハイバルのすべてが書いてあるのを知るだろうから」（II―一四六）。

ダウティの宗教感情が、「アラビア・デセルタ」に記録された感性上の体験に影響しているのはまちがいない。バートンは、同書が示唆する一つの教訓は、トラヴェラーにあっては「宗教上の、そして政治上の意見にある程度の柔軟さが必要」ということだ、と結論づけている。[2] アフマド・アブドゥラーの場合は、ダウティの「古めかしい、狭量で、不寛容なプロテスタントのキリスト教という特殊な烙印」

が「一つの異質の信仰と文明の根源」に到達するのを妨げたとする。[3] 好意的な評者の場合も、ダウティの宗教上の姿勢を重要視している。たとえばR・エリス・ロバーツは、ダウティとアラブの関係が「露骨で、表裏がなく、本能的」だったのはひとえに彼の観点が縁遠い、かけ離れたものだったことによると確言している。[4] また、アン・トレニアは、「[ダウティの] 苦難の原因のほとんどは、公然とキリスト教徒と自称したことにある」(四六頁) と見た。ダウティの信条を正式に命名するのは困難だし、おそらく不必要だろう。[5] ただ、重要なのは聖書に対する彼の関心に注目することだ。「アラビア・デセルタ」は、聖書への言及で満ちている――ダマスカスの長い街路は「パウロのころには〈まっすぐ〉と呼ばれていたところ〔ダマスカス旧市街を東西に貫く道、アナニアが回心したパウロを訪れた家の所在地。新約・使徒行伝九―一一〕」とかウンム・フェンマールという廃市は「エレミヤ記にいうベテ・ガムル〔旧約・エレミヤ記四八―二三〕」だ」とか、ゼルカの渡し場は「聖書のヤボク〔ヨルダン川の支流の一つ。旧約・民数記二一―二四ほか〕で、モーセのころの〈アンモンの子孫《ひとびと》の境界《さかい》〉」(I―四二一~五一) だとかいう。

この関心は、厳密に宗教的なものではないと思われる。「アラビア・デセルタ」第二版の序言で、ダウティは既述のように、アラビアに入ろうという決心のもとはメダーイン・サーリフで見つかったといわれる刻文を調べたいということだったと述べている。この刻文について分かっていたのはアラビア語でないということだけで〔実際にはナバタエ語〕、「聖書の研究に関係のあることすべてに」関心のあった彼は、「現地訪問の障害を甘受する」(I―三二) 決心をしたのである。彼の関心の性格についての別の手がかりが同書第三版の序文に見られるが、そこで彼は放牧アラブの生活を、「彼らの祖先が聖書にいうケダルの天幕[二]で暮らしていた」ころのものになぞらえている。またアラブの話しぶりや習慣は「放牧のヘブライの族長たちの時代」を思わせ、そして現在の遊牧生活になじむことにより、「旧約の各書の大部分が、生活体験からくるより広い洞察、理解をもとに一層よく分かるようになる」と述べている。

たとえば彼は、古代人の人間味について絶えず感慨にふけっている。巡礼路沿いの塔状の砦や岩に穿たれた水槽を見ると、「塔はこの不安定なセム族の世界ではつねに希望であり、そのゆえにエホヴァは〈救いの塔、われを仇《かたき》より逃れしむる堅固なる櫓〔旧約・詩篇六一－三〕〉、エホバの名は堅き櫓のごとし〔旧約・箴言一八－一〇〕〉などと称えられている」（I－五二）ことに気づく。アラブの村には懐中時計も置き時計もないが、彼らは「日中なら水ぎわに立てた短い棒の影がまわってゆくことで気を働かせる」のを見たダウティが思いを馳せたのは、「ヨブ記に歌われた日時計のことであった。そこにいわく、〈奴僕《しもべ》の暮れをこいねがうがごとく〔ヨブ記七－二〕……われらが世にある日は影のごとし〔ヨブ記八－九〕〉」（II－二二〇）。そしてまた、マアーン〔ダマスカス、シナイ半島、アラビア内奥の三方につながる巡礼路沿いの町。現ヨルダン南部の要衝〕の涸河の底で火打ち石のかけらを見つけたとき、セム族の定住以前にその地に住んでいたにちがいない「あの古い人類の仲間」に驚異の目を向けて、こう述べている――イザヤの言葉は、そこではたぶん庶民の隠語《アルゴ》に似たものになっているが、彼らのことを語ってわれらの心に迫ってくるのではないだろうか――〈汝らが斫《き》り出されたる岩と、汝らの掘り出されたる穴とを思い見よ〔イザヤ書五一－一〕〉」（I－七四）。

ダウティがムハンマドの宗教に対置したのは、キリスト教の慈愛である。「では、われらが宗教に求めるのは何か」と彼は問いかける――「慈愛という申し分のない掟ではなかろうか――心の傷に包帯を巻き、人生のただれを癒すためのもの。それは天国に達する細道でもある」。そこで彼は、「セム族の信仰の多様なこと」に驚く。「救世主信仰――神の愛のなかで日なたぼっこをしている魂への叱責――は、よろこんでその腕を人間世界に差し伸べる、そして柔和で思いやりに満ちた処女のキスとともにすべての人に友愛で封印を施す」。ところが「イスラムという軽信の絆は、神の恩寵をモスレムにのみ注ごうとする魂の高揚である。その魂の腐った腸からほかの世界全部にむかって出る害毒だ」(II―四〇六～七)。すでに見たように、信奉者がもつ神意への絶大な信頼から自殺が稀少なことで、不承不承ながら彼はイスラムを称揚した。しかし自殺とは、彼の考えでは慈愛によって防止されるべき狂気であった。彼はこう述べている。

守護天使も背を向けるかに思われる、沸き立つようなわれらの俗社会にあっては、多くの者が、時々刻々危ない瀬戸際を忍び歩いているのが見られる。なんという苦悶が、人の友と称する者の心も凍るような不人情が、彼の挫折した努力の跡が、魂の澱《おり》になって痛みを残し、うずいていることか！ 精神の生誕からその死滅までの間には、なんと万物を呑みこむいくつもの海洋が、この世の災厄という暴風があることか！ そして人の心に鬼火が入り、彼が狂気に捉えられると、抑えが効かなくなった手は、この世のいまわしい幻影とみずからのみじめな記憶を抹消するべく、われとわが頭を傷つけるであろう。意気を失い、人にも見捨てられたときに、人情の放つ芳香によって救われたならば、彼はいまなお生きていたかもしれぬ。おそらくは無情と拒絶に遭遇し、精神の愚かさから、楽になろうとした者は数知れない。だが彼らは、われわれの人情の欠如のために非業の死をとげたのである(I―五一七)。

この一節の意味するところは、モスレムに自殺が見られないことへのダウティの称賛との関連では非常に面倒だが、それがより容易に見てとれるのは苦行についての彼の評言であって、「アラビア・デセルタ」のおなじ個所に現れる。苦行が善き目的に対する悪しき手段であることを、彼は疑問の余地なく解き明かす。

このところ、日夜思いをめぐらしたのは、砂漠の北方〔シリア東方の辺地〕にいたキリスト教を奉ずる昔の隠者たちのことだ――すると、俗世間に戻ってそこを見きわめたいという、いつの世にもみられる素朴な気持が起こってくる――つまり、波のように押し寄せるこの世の悩みを避け、多数の人が意固地にもあの地へ逃れて、初めのアダム〔最後のアダム（キリスト）に対応する、神の造った最初の男〕をわがの心のなかに蘇らせようとみずから工夫し、自然とともに罪なき住まいを持つことを切望した次第はどんなものだったか、と。彼らはそこで、不断に起こりうる災難から身を守りつつ、忍耐の末に残った時間を使い切り、より良き生へとこの世を去ってゆこうとしたのであろう。科学であればいい治療法を考える、だが信仰上の苦行は、人間の不全に陥った感情の実質を切り捨てるはげしい外科手術だ。あの気まぐれな自尊心と、これもまた人の魂のものである乙女のような憂愁とのすばらしい調和を保ちながらも、魂はそれ自身のこの世への倦怠を見せ、いとも短い人生にあってすらいくらかの汚点を示す。ありとあらゆる面倒な過程から自分自身を解放しようとする魂は、憤怒のあまりに、みずからの病の唯一の土壌であるこの敵意ある肉体が破滅することをすら求めるのだ。

すぐそのあとに続く文章は、自分が好意をもてない事柄を相互に闘わせるダウティのやり方を現している。彼が「催淫的な転調に声を落とす歌いぶり」と「男っぽい宗教のもつ、新しいアラビア風謹直」をこのように用いたことは既述した。今回の場合、それに当たるのは以下のような信仰に基づく狂信行為と苦行である。

預言者ムハンマドは、はなればなれに散らばっているあの肌の白い一群、砂漠で黒く日焼けした祈りの人たち、いわば精神的ニムロデ〔ノアの曾孫で狩猟の名人、狩人の象徴。旧約・創世記一〇—八〜九〕が、信仰のおとぎの国のようなところで天国にいたる階段をみずから造ろうと動きまわっているのは、助けてやれと命じた。

二面攻撃はつぎの文章へ続いていて、そこで強調されるのはムハンマドの隠された動機と苦行者の狂気の沙汰である。「そして動機といえば、彼らのうちの誰かが〈予言能力をもっていて〉、キャラバンの若い成員〔商取引に従事していた若年のムハンマド〕にいずれは神の使徒となるひそやかな兆候をほめたたえた、ということだった」。最後に、議論は以下のように終わる。

しかしコーランのなかで、ムハンマドはアラビア人の知力に基づいた分かりやすい、適切な表現で、神に対して彼ら自身の、そして人類同胞の抹殺者が具えている非情な面を記している。〈アッラーはその使徒イーサー・ビン・ミリアム〔マリアの子イエス〕を通じてキリスト教の民に福音を伝えた。しかし隠修士たちのやり方は、彼ら自身の見出した答を逸脱している〉〔コーラン五—五〇ほか〕（I—五二〇〜一）。

だが、ムハンマドとその宗教にダウティが共感を覚えなかったことは、「助けてやれと命じた」、「動機といえば」、そして「アラブの知力に基づいた分かりやすい、適切な表現」といった微妙な言葉にのみ表れているのではない。彼は巡礼団の出納責任者がキリスト教徒だったこと、また「見たところイスラム国の政府では必ず異国人がかような任務を負っている」ことを記録している。その理由は明白だ。つまり「ムハンマドは彼の信奉者すべてを、金を浪費しては姿を消してしまうあまたの妻もろとも、流砂の上を歩かせるような危険な状況に置いていたのだ。けれどもキリストの宗教は、万事単一の婚姻関係に男を拘束するもののなかに人を封じこめている」(I―六三)。

骨身を削る巡礼行という情況に、彼はイスラムの残酷性の証拠を見出した。それは「年ごとに繰り返されるあの苦痛と人命の犠牲、そしてありとあらゆる徒労を目にしたためで、このようなむなしい意見も出てくるわけだ――学問という塩がいくらかでもあれば、彼らの信仰はすべて融けてしまうだろう!」(I―九二)。毎年の大部分を巡礼の世話に当てているあるペルシア人の場合は、「まだ一生の半ばにも達していないのに、やせ衰え、疲れきっていて……とても天寿を全うできそうもなかった。あの男の母親は、その子宮がこんなにみじめな、つらい人生を産み出すよりは石女《うまずめ》だったほうがよかったのだ」(I―九九)。

ダウティの哲学的イスラム批判のすべての基に人間愛があったことには、疑いの余地がないと思われる。彼はこう述べる――「宗教は、善良な人の心を捉えたときには人当たりがよく、人道にも叶い、そして開放的でもありうる。だが嫉妬心の強い、恥ずべき質《たち》の人間のなかで堕落したときの、身勝手と狂信という毒気を含んだ息のようなもの――それが彼らのなかでは、宗教的愛国心に満ちた精神の賞むべき成果として通用する——は、ぜひともやめてもらわねばならない」。宗教そのものは、そして愛国心も、崇高なものだ。「したがってそのいずれにあっても、われわれにはあらゆる美徳が階調よく包含されているように見える。しかし行き過ぎると、両者とも非常な禍を溢れさせる泉となる」[6]。

ダウティをして、「アラビアの剣の宗教を和らげるには、剣によらねばならない〔新約・マタイ伝二六―五二「汝の剣をもとに収めよ、すべて剣をとる者は剣にて亡ぶるなり」〕。メッカとメディナの女が囚われとなって引き立てられれば、イスラム教徒もユダヤ人〔バビロン補囚を経験した被抑圧民族としての〕なみになるだろう」（II―四〇六）と叫ばせたのは、イスラムにおけるこの両者の行き過ぎである。彼の人間性好みが、このように非人間的なことを示唆するとは皮肉なことだった。

訳注

一　サー・ヘンリー・ウォットン——ジェームズ一世のもとで駐ヴェネツィア大使その他を長く勤めた外交官、詩人、一五六八～一六三九。引用の言葉を、使節でアウグスブルクを訪れたときに相手の記念帖に書き残したという。原文はラテン語で、通常は「男」を「正直な男」とする。

二　ケダルの天幕——ケダルはアブラハムが下婢ハガルに生ませたイシュマエルの次男（創世記二五―一三）で、ここよりアラブが始まるとされる。「エルサレムの女子《おなご》よ、われは黒けれどもなおうるわし、ケダルの天幕の如し……」（雅歌一―五）。

三　聖なるブリタンニア《サンクタ・ブリタンニア》——第二節訳注四参照。外敵来襲の国難を救うため幼児を犠牲にすることになり、選ばれた子は、女たちがサンクタ・ブリタンニア（兜をつけ矛と盾を持つ、英国を象徴する女像）の賛歌を合唱するなかで死ぬ。フロベールの小説『サランボー』に描かれた、古代の邪神モロクの祭儀に酷似した場面があることを指す。

原注

1 フェアリー前掲書二八〜九頁。トレニア前掲書九六頁には、ダウティがしたいように気ままにアラブとつきあえたのは、一部には彼の「相手方とあまりにも異なっていたこと、その相異を保ちつづけた強情さ」による、とある。

2 バートン前掲論文〔第一節原注6〕四八頁。

3 アフマド・アブドゥラー、コムトン・パケナム前掲書〔第二章第三節原注2〕五七頁。

4 トレニア前掲書九九頁にある引用。

5 トレニア前掲書二五九頁に、ダウティは一九〇九年にエドワード・ガーネット〔一九二、一九三頁参照〕に出した手紙で、人道こそが人類の究極の宗教だが、その実現はたぶん何千年も先のことだろうという意見を述べている、とある。またマーティン・アームストロングは、ノースアメリカン・レヴュー誌（二六六頁）で、「ダウティはキリスト教徒である。彼は、人間の善という道をゆく彼の案内役としてキリストを受容する。彼は大きな崇敬能力と繊細な感情をもち、したがって本源的なことについていえば、彼の信仰とはどんな教義とも無関係で——永遠の真理《エターナル・ヴェリティーズ》をおだやかに敬慕する……最高の感受性による清澄な憧憬であろう、と私には思われる」と記している。

6 「アラビア・デセルタ」I—五九九。しかしTLS前掲号八五頁（XXV, February 11, 1926）の匿名のダウティ評者は、「もしダウティが思い通りにことを運べる立場にいたら、民主政をなにかもっとわるいもの——厳格な、専制的神権政に取り替えたであろう。彼の想像力のなかでは、かつてユダヤ人にとって神とイスラエルが一体だったのとまさに同じく、神と英国は一体だった。そして『断崖』（一九〇六年）で彼は自分の考えを遮二無二推し進めて野蛮の域にまで達している。あの詩に現れる聖なるブリタンニア《サンクタ・ブリタンニア》のイメージ（訳注三参照）は、まさしく未開種族の偶像神そのもの……」と言っている。

6　東方との格闘

ローレンスは、「アラビア・デセルタ」の解説で、在外英国人に二つのタイプがあると述べている。彼によれば、一方のグループは外国の環境に自分を適応させようとし、現地民を見習おうと努める、しかし「彼らはその模倣のもたらす結果を、つまり内容のない、無価値なものを避けて通ることはできない」。もう一つの部類は前者よりも大きくて、「おなじ異境にありながらあとにした生活の思い出で自分の性格を補強し……かつては自分のものであった英国に慰安を求め……孤独と無力に対しては超然としていること、免疫ができていることをかえって溌剌と主張する」。それよりも重要なのは、「生活をともにする現地の人々への反発を示すことで、また完璧な英国人、どこも損なわれていない外国人の模範例を見せることで、彼らに自分を印象づける」ことだった。ローレンスはこう結論づける——「ダウティはその後者、より純粋なほうの一人である」。彼はダウティとブラントの両人をよく訪れていたから、ブラントなら前者に分類されるはず、と想定しないわけにはいかない。

このような前提に立てば、ダウティはまちがいなく「完璧な英国人」となる。ときに感情的異国排斥にひとしいこともある彼の愛国心がもっとも鮮明に見てとれるのは、その詩、なかんずく『断崖』と『雲』である。だが「アラビア・デセルタ」においてすら、愛国心と民族の誇りが彼とアラブの関係の性格に影響したことの充分な証拠が見られる。アラブたちは、たとえば「英国人《エングレース》には女王がいて、皆を統治する男はいない！」ということが理解できなかったが、それに対してダウティは女王の名〔ヴィクトリア＝ローマ神話の勝利の女神「ウィクトーリア」に由来する〕を、「勝利の貴婦人《ヴィクトリアス・レディ》」、つまりマンスール、（男に使えば）彼らの言葉でも縁起のいい名前」と翻訳して答えている（II—四〇二）。アラブには、マンスールという語が「征服者」「神助による征服者」の意味にとられたかもしれないことは述べていない。

アラブたちは、この英国人の語る彼の国が戦場に投入できる戦士の数に頭を抱えてしまったが、彼は「わが国は強者で、不正な戦いはしないし、われわれの宗教は平和の宗教で、弱者もわれわれと一緒に平穏に暮らすことができる」と保証して相手の恐怖を除いてやっている。また英国が「スルタン〔オスマントルコ第三十一代、アブデュルメジト〕とアラブのためにクリーム（クリミア半島）の大戦に参加した」（I—三二八）と誇らしげに説明する。海岸まで三〇マイルの、メッカに入る巡礼路では最終の宿地アイヌッザイマ〔旅の最後に半島中部のボライダ、アナイザから南下、この村を経てメッカを迂回する形でジェッダに出た〕では、モスレムのキリスト教徒に対する憎悪は極端だった。そこでダウティは暇つぶしに英国の威信を讃えるとともに、町びとの集まるところの前に積んであったインド米の荷を指して「彼らの横柄な態度を和らげ、（彼を処刑すると脅していた）サーレムの凶暴な気持を鎮めた」。彼はアラブたちに訊ねた——「これは何の袋だろうか、そしてそこに書いてある文字は？（無学の）君らのうち、誰か字が読めるか？　じゃ言ってやろうか」。このようにして、世界貿易も大英帝国主義も皆目わからぬ僻村の素朴な半遊牧民は、憎むべきキリスト教徒の「これはエングレースの米で、エングレースの袋に入っている。そしてこのしるしはエングレースの言葉だ」という説明に、半信半疑で聞き入った。「いいものを着ているじゃないか！」と彼は続ける。「北国ではこんな青いのを着るのは女どもだけだが！　ところで、この長い服はどういうものかね？　いいかい、君の背中の綿布はエングレースの工場で紡いで、織ったものだ。君らは、いくらかはエングレースに食べさせてもらい、着せてもらっているなんて、思ってもみなかったろうが！」（II―五二五〜六）。

ときには、ダウティはハリールの役柄をはみ出して、同胞に直接語りかける。以下は、ハイバルである奴隷に問いかけたときの話である。

奴隷の監督はどこの国のものか？――この問いに、彼は答えられなかった。いずれも白人で、彼の見るところイスラム教徒だった。だがアラビア人ではない、ジェッダではあまり馴染みはなさそうだったから。そこは当時、そして現に、トルコ帝国へのアフリカ人奴隷の供給地なのだ――ヨーロッパ《フランク》人の領事たちの駐在するジェッダが！　だがこういった名士は、それぞれの御殿で独り寂しく過ごしていて、生まれたばかりの赤ん坊のような天真爛漫ぶりを装っている（一体、なんということ！）――彼らは言うにちがいない、そんなことは知らぬ、と！　しかし、私は諸君の無邪気な耳にむかってもう一度言う、ジェッダはトルコの奴隷供給地だと。でなければ、イスラム教徒はすべてうそつきだ、と（II―一八七）。〔ゴマ点はダウティ原文イタリック体、黒丸点は大文字による強調部分。以下同様〕。

前の年にメッカで殺されたキリスト教徒が一人いるという噂を聞き、ダウティは怒りをあらわにしてキリスト教国がこのような「宗教的山賊行為」にきわめて長きにわたって悩まされてきた、と言い放つ。そして「なぜ各国は」、と問いかける――「メッカにおける諸国民の保安のために駐在官をおかないのか」、また「なぜ諸国民の安寧確保の名において、人道という共通の宗教の名において、あの不吉な町をこれまで占領しなかったのか、それは、奴隷貿易の頭領があそこにいるためではないのか?」。そして「いくらかでもイスラム地域を領有するキリスト教国の政府なら、それが実現されるまでは当該地域を平穏に保持することはとうていできない、ということも考慮したほうがいいのではないか」と説く。というのは、「毎年メッカで大勢の人が虐げられるが、彼らが不可侵と称する〈使徒の国〉とは、世俗の権力が彼らに及ばないところである。それは〈神の家の町〉で――そして唯一なる神とは、唯一つイスラム教徒《モスレミーン》だけの神なのだ」(II―六八)。

別の一節では、ダウティ自身のことで巡礼団の指導者たちと交わした会話――このキリスト教徒《ナスラーニー》がメダーイン・サーリフよりも先まで巡礼についてゆくようなことをすれば、という脅迫が含まれている会話――の記録を中断して、読者にこう呼びかけている。「コンスタンティノープルのあの度しがたい野蛮人どもに手を貸している英国人に告ぐ、メディーナとメッカでは、彼らは卑しい犬どもは生かしておきながら、諸君をひそかに殺そうとするのだ!」(I―二四八)。

「アラビア・デセルタ」においては、ダウティの人種的、国家的な面での強烈な性向とその人道主義とを切り離すことはできない、と思われる。それが可能だとすれば、バーカー・フェアリーの示唆するように、彼の詩においてであろう。[1]だが散文では、彼の国家的、人種的性向のみに帰しうるような文章はごくわずかしかない。たとえば、彼は町住まいのアラブが使うなまりの強い話し方に注目すると脇道へ逸れて、ヴィクトリア時代の英語に判決を下し、品位を失ったことへの痛恨をあらわにする。「われわれがよそ者ではないあるところでの、言語における贋金《にせがね》の強力な伝播を、〈心を痛めつつ〉どうしても認めざるを得ない！――そこでは、すぐれた知性の人々がティーターン〔ギリシア神話の天地創成で、天空ウーラノスと大地ガイアが生んだ強力な巨人族〕のようにつぎつぎに生まれたあとに、どんな未開の国にも見られないような言語面のあさましい弛緩が放置されている」[2]。

これはつまらぬ批評というだけではない、というのはダウティにとって言語は深刻な問題であって、たとえば、彼はホウガースへの手紙で「アラビア・デセルタ」を書いた理由の一つはヴィクトリア時代の散文を改良したいということだった、と述べている[3]。いうまでもなく、同書の文体は、民族の伝統をよりよく表現しうるように英語を変えるという意識的な試みの結果だった。またダウティは「アラビア・デセルタ」の別のところで、ヨーロッパ人の地理学的調査に役立つなら、どんな片々たるものでも集めるため、アラブに問いただすのにかぎりなく骨を折った、と述べている（I―四六九）。事実、同書にはアラビア西北部の詳細な地図とともに地理学的情報が満載されている。

最後に言っておきたいが、彼のあとにアラビアを訪れる人にとって「（かつては非難の的だった）キリスト教徒の名が、狂信に満ちたこの半島のかなりな地域で敬意をうけられるものになっている」ように、という希望（I―二九五）を彼にもたせたのは、宗教上の性向というよりは、むしろ民族上のそれだったろう。一八七〇年代のこの地方のアラブには、「キリスト教徒」も「英国人」も、おなじ意味だったのである。

しかし、こういったさまざまな性向ないしは先入観は、通常は解きほぐしがたく結び合わさっている。

各性向は溶け合って、英国が世界最大の文明開化力だという信念への誇りとなる。この意識がダウティのアラブとの口論を勢いづかせたのであり、とくに目立つのが奴隷制についての意見表明だったと思われる。たとえば、彼はアイヌッザイマでアフリカ人の奴隷にむかい、彼らを拘束中の奴隷商人に英国人が会っていたなら、彼らを解放して英国治下のどこかで生活の場を与えたろうに、と話していたのを立ち聞きされたことがある。聞いたほうの一人がダウティに嘘をいうなと責めたため、彼は大いばりで応じた――「こう言えば、私が嘘をついたかどうか分かるだろう――私がジェッダに着いたときに、私の領事館《コンスラート》に奴隷を一人連れてきなさい、そしてその奴隷に自由になりたいと言わせてごらん。まちがいなく、解放してもらえるだろう！」アラブの反応を伝えるなかで、ダウティは自分の同胞への訴えになるところに下線を引いて強調した――「犬野郎！　とその男は叫ぶ。嘘つき！――ジェッダには、連日拉致されてきて売り飛ばされる何千という奴隷がいるじゃないか？　貴様は犬野郎だ！　なぜ連中が全部、自由の身にならないのだ？　もし貴様の言うことが本当なら」（II―五二四）。

　ダウティの経験した苦痛、飢餓、疲労、侮蔑、身の危険、これらを理解するのに適切な対応をしなければ、また彼の宗教上、民族上の問題に対する心的姿勢への思いやりがなければ、読者は彼のアラブ蔑視を盲目的頑迷あるいは暗愚な無知のいずれかに帰するにちがいない。しかし、彼は頑迷でも無知でもない。その仰々しい物の言い方は、むしろ、アラブに共感をもちたいという気持、彼らのなかにダウティ自身にある人類としての友愛という抜きがたい思いとおなじ傾向を見ようとする気持が阻まれたことの現れであると、私には思われる。

　バーカー・フェアリーは、ダウティが二十五歳のときから『ブリテンの夜明け』の構想をあたためていたとは知らなかったときですら、その遍歴のあとを辿った末に、みずから認識していたかどうかは別として彼が人類の起源に遡って取り組もうとしていた、という結論に達している。その探求の動機になったのが、フェアリーによれば、英国とその起源、『ブリテンの夜明け』のテーマをなすものへのダウティの深い愛情だった。[4] そして物理的環境と、彼がアラビアで出逢ったたぐいの宗教的・民族的精神構造とは気質的に相容れないことが結びついて、「アラビア・デセルタ」に見られる緊張状態を作りだしたのだ。こう考えると、アラブとその宗教に対する大げさな物言いは、ダウティの痛恨、失望についてのより深い意味を帯びてくる。「自分の信仰のことではおそろしい顔を持つ強欲者《ハーピー》〔ギリシア神話の、女面・有翼の貪欲な怪物ハルピュアイにちなむ〕」とか、「不愉快なワッハーブ派〔十八世紀に創始された、コーランの教義を厳格に解するイスラム復古主義〕の狂信」、あるいは「彼らの心は狂信を育む腐った雑草の苗床だ」(I—九五)といった表現は、事実報告の技法とは縁もゆかりもないのである。

ダウティが「アラビア・デセルタ」で用いた擬古文の適切さを讃えるにあたって〔第一節末尾参照〕、バーカー・フェアリーは同書に見られる三層のアイロニーに注目する(二二～三〇頁)。つまりダウティが再現したアラビア語の話に見る反語性《アイロニー》、アラブに対するハリールの嫌みな評言《アイロニック》、そしてダウティとハリールの分離という皮肉《アイロニー》である。そして彼のアラブ蔑視にあきらかに読みとれる失望が、ふつうは読者に語りかける形の、必ずしも擬古体ではない文章でおそらくは別の一層をなす。彼はアラブの友人がアラビアでの通行安全のためにうわべだけイスラムを受け容れ、内心では好きなように信仰すればいいと説得にかかった、と読者に説明する(I—二五三)。ただ彼は「このような言葉は分別といえなくもない」と思う一方で、「孔子であろうがソクラテスであろうが、それをアッラーの使徒と認めることに私はほとんど、あるいはまったく痛痒を感じないけれども、……メッカの野蛮な預言者の教えに入信し、その軛《くびき》のもとで、連中がつくるもったいぶった愚者どもの楽園に入る気はまったくなかった」。そして、こう記す――「イスラム神学のばかげていることは実に明白で、それが真理でまかり通るのは月世界くらいのものだろう」。またイスラムの断食月《ラマダーン》にダウティが思ったのは「このあたりでは、人の心がより堕落した形をとっているものにとりつく、イスラムの狂熱的行動（精神を冒すあの伝染性悪疫）を全面的に免れる」のはむずかしい、ということだった（I―五九九）。

アラブを非常に苦しめた各種の疾病についての事実記載に始まる一節で、ダウティは突然「メッカ者《もの》の宗教の恥ずべき行為」を挿入して「無力なる者」の嘆きを語っている（II―一八）。モスレムの儀式としての斎戒を、彼は「なにやら胸のわるくなるような沐浴」と呼び（I―九九）、そして「信心深いハッジャージュ［巡礼（複数）］は「混成の大群で、彼らのアジア的な腹の奥には信仰よりもまだらに汚れた陰険さが宿っている」（I―一〇二）。また、礼拝はアラビア語で行うことを求めるイスラムの掟を嘲笑う。「ムハンマドが創めたアラビアの宗教では、連禱を彼の生国の言葉で唱えねばならない――ああ、人間の理性に基づく諸宗教にとっては、何という侮辱だろうか！　けれども、こういったみじめな異国人［ペルシア人］が自分の礼拝を、どんな具合にかというと、正調と決められた妙な話し方で捧げているのを聞かされるのは驚きだ。しかも彼らのうち聖職にあるものしか、なにを言っているのか分からないときている！」（I―一〇八）。

メッカに行ったこともなくイスラムを信じたことは毛頭ないが、それでいて彼は、巡礼がメッカに着いて聖殿に目を注ぐとき、「彼らに見えるのは、かってシリアで真珠とばかり思っていた泡がはじけたということだけ！」なのだと読者に告げる（I―一〇七）。そして、多くのトラヴェラーにとってはきわめて荘厳で感動的なものだった「遅い礼拝のために光塔《ミナレット》から叫ぶムアッジン〔アザーン（礼拝時刻を知らせる呼びかけ）を告げる人〕」を、ダウティは「彼らの野蛮な宗教のいまわしい声！」と呼ぶのである。

ダウティは、一人の男としてのムハンマドを評するときは、まずまず寛大だった。けれども、イスラムの創始者としての彼には軽蔑以外の何ものももたない。アラブについて、「彼らの心中にあるもっとも尊い影像は、ムハンマドなる人物だ。われわれにはとても我慢できないこと」と言う。彼はムハンマドの「日常生活に無関係な事物における温厚、礼譲、質朴、誠実」なことは認めるが、かといってそれらが「このアラビア人の未開人的無知、自分の宗教的徒党の体制内で示した狡猾と人殺しじみた凶悪についてのわれわれの判断を修正し、あるいは、ヒステリックな預言者的行動と多妻制の生き方に対するわれわれの軽侮を和らげうるものではない」とする（II―四〇五）。イスラムについて、彼は言う――「セム族の宗教上の古銭が（敏速で、派閥的、そして放埒な）アラビア精神というあのまがいものの刻印を打たれてあらたに流通させられ、人間生活についての平易できまじめな掟（人々の可能性を超えたものには目を向けない、快い、現世的調和）にしたがって同化させられてきたのだ」。彼は「ムハンマドの格言〔コーラン〕」が人類の十分の一にあたる人々の信仰の基盤になっていることに当惑する。「一体、世界はどうなっていただろう、もしこのイシュマエルの宿命的末裔の舌が、ひらひら動いて無駄口をたたくことがなかったならば！」と彼は自問する。そして「鈍重な宗教」自体は怖れないが、「何百万という多数の人間を、生きるにつけ死ぬにつけ一つに結束させることのできる帯！」は、どんなものであれ懸念する。またイスラムと「ユダヤ人社会」とを一つにまとめて、「彼らの身内同士だけの友人、それ以外では粗野で邪悪な、不誠実で、執念深い根性の持ち主の友でしかない、謎の大陰謀団」とした。そして「イスラムを奉ずる、野卑なことはまるで狐のような知恵をもち、その宗教のおかげで〈知識はもっぱらコーランからのみ得られるべきもの〉と納得させられている民族などは、いまやいかなる正道にも行き着くことはありえない」（I―一四一～二）と確信した。さらに「彼らの宗教はきわめて凶悪で、したがって世界中の人道によって火を消すように踏みにじってしまうべきだった」（I―一二四）と警告する。

「アラビア・デセルタ」には、さらにもう一つのアイロニー――現代の敏感な読者を不快にさせかねない――の層があると思われる。ダウティはブラントのように富裕な人ではなく、バートンのように政府や学会の支援のもとに旅をしたわけでもない。招かれることも求められることもないまま、ダウティは何枚かの金貨と小さな薬箱一つを携えただけでアラビアに入った。二年間にわたって、彼はほぼ全面的にアラブのもてなしに頼っている。したがって、「アラブの不誠実は、不用心な人の前に突然現れる、すべてを呑みこむ深淵だ！　一人のアラブにも大勢の彼らにも、期待できるものは何もない」（II―二四三）と言うときのダウティは、まちがいなく深い疲労と落胆の底から語っているのである。彼が遊牧民のある部族を「鼠のような〔恥知らずの〕知恵」（I―三二五）をもつと述べたことには、アラブの心理よりはむしろダウティの気分が強く現れているであろう。さらにアラブは集団礼拝で「空っぽの頭を前に下げ、ペティコートをつけたような膝をついて一斉に伏礼する〔第二章第六節八五頁参照〕」、そして「前向きに育ててあげようなどとは思いもせぬ無頼の生活の墨守に汲々たるアラブなど、いかなる民族よりもあさましい」(I—六二二)と記す。ついには、彼はこう述べる。――アラブが、「不当な嫌疑を晴らそうとするときは……一方にむかって〈われわれの間にはアッラーのほかには何もない〉と言う、まるで出世途上の友ダビデと盟約を結んだやさしいヨナタンの口から洩れた言葉のように[三]」(I—三二〇)。

ダウティは、「アラビア・デセルタ」第二版への序文で述べている――「私に降りかかったさまざまな出来ごとは、各巻で語られるとおりである。そこで私は、この目で見、この耳で聞き、自分の心で考えたことを記したのであって、それ以上でもそれ以下でもない」。「アラビア・デセルタ」のリアリズムを超える叙述はないであろう。同書は、日付別の書き分けのない詳細な日録であって、この形式を用いたことの適切さは注目されるべきである。それは、ダマスカスの英国領事に失望を味わったあと、すでに行進の最初の宿営地にむかって移動を始めていた巡礼団に加わるために、遅ればせに準備をすることから起筆されている。怒濤のような進行の感覚、無秩序、好意的でない人々のなすがままにされているという気持、そして危険への怖れ――本書全体に現れるこういったハリールの苦難の特徴――は、すでにこの始まりの時点で触れられている〔第三節でその一部を引用〕。二年間の旅を通じて、どれをとってもトラヴェラーには優に究極の試練でありえたほどのクライマックス的事態が相次いだあげくに、ついにありがたいことに紅海岸のジェッダが視界に入り、危難は終わりを告げる。みごとに抑制のきいた筆致で、ダウティはただ一行だけの最終パラグラフをこう記す――「翌日、私は英国領事館に招かれてあたたかい歓待に与った」。

出来ごとを時間の経過にしたがってありのままに記録することは一つの芸術的構成の制作で、ダウティの芸術的手腕は、経時順配列を損なうことを排した点にあきらかに見てとれる。バーカー・フェアリーが指摘した（九四頁）ように、『ブリテンの夜明け』をまとめるにあたって自分の想像力に頼らざるをえなかったとき、ダウティは「アラビア・デセルタ」で周囲の歴史的な事柄が必然的に執らせたものに似た形式を選んだ。いくつものクライマックス――信用できなくなった「ラフィーク」〈保護者〉の意が含まれた〈伴侶〉ないしは〈案内人〉との悶着、狂信的なモスレムの意向次第で襲ってくる死の危険、そして飢えと欠乏の苦しみ――自体がおなじことの反復であって、それが砂漠の物理的単調感を強めている。ダウティに「降りかかったさまざまな出来ごと」が「自分の心で考えた」ことに与えた影響は、すでに検討したとおりである。また筆者は、アラビアでの体験が、満足と失望の入り交じった複雑な思いをもたらすような形で、彼の願望と嗜好に作用したことも明らかにしようと試みてきた。

ダウティが「(自分の) 目で見」たものは、古代人と人類の起源についての彼の思いに繋がっている。既述のとおり、彼がアラビア行きを決めたのはメダーイン・サーリフの刻文を耳にしたときだった。以下の一節は、アラビアの風景が彼に抱かせた関心を物語っている。

谷間を二時間ばかり行くと、斜面と石の荒れ地の中央に多数の人工の塚、リジュムがあるところに来合わせた。見れば、あるものは一筋の奔流からすこし離れた位置に積み上げられていた――セイル「流れ」の床は、昔のこうした施工者のころにすでに水路ではなくなっていたということか？これは、彼らの族長の家族の墓だろうか？――それにしても、どれほど古いものだろう？　高地方のセム族の生活は、つねに粗雑なものであって、したがってこれらもヘジュル〔メダーイン・サーリフの古名。ペトラの盛時、ナバタエ人がこのあたりまで入っていた〕商人の神殿墳墓の時代のものかもしれない——外観からのみ推測すれば、人類世界の曙のころのものだったかもしれぬ！　人の手になる構造物は、墳墓の残骸といえどもこの宏大な地形にあって心を和ませる見ものである（I—四八七）。

むろん、アラビアがダウティに人類の始まりへの関心を呼び覚ました、とはいえない。フェアリーはダウティの生涯の全体を検討した上で、彼の勉学のすべて、放浪のすべてが、どんなに本筋からの逸脱があろうとも、着実に前進中の「民族と宗教の広い流れを遡る、謎に満ちた旅」を目指していると示唆する。その流れとは「彼自身のなかと彼の愛する祖国のなかに宿っていた生命から大きく流れ出し、そして今後も長く流れ続けるはずの」ものであった（七七頁）。しかし、アラビアと、そこでダウティが目にしたものが彼の関心のもとであり、むしろ彼の探求の妥当性を一層深く実感させる結果となったことにまちがいはない。そして擬古調の文体が、古代の関心によって引き出された考え方、感じ方を表現するのに適切だったかどうかは、詳述するまでもない。「アラビア・デセルタ」の文体は、われわれを現在から連れ出して遠く隔たった過去へいざなう。その文体が、トレニア女史の言うように、普通は両立しえないはずの英文学上の「いくつかの時代」それぞれの特徴を兼ね具えているという事実は、時代を超越した印象を強めるものだ。[5] ダウティの文体には、年代をつけることができないのである。

前述のようにバーカー・フェアリーは、ダウティの擬古文はアラブの話が見せる人間的アイロニーの表現にとりわけ適しているとする。そして「アラブの土地言葉」と「最古の散文体英語」との間の、いくらか分かりやすい繋がりを説明できる一例があると示唆している（二〇〜一頁）。「紅海を、アラブは単に海、塩の海と呼ぶ。ところがあるとき、私がその海の名を訊ねるとザイドは、バフルッセラム〈たそがれ（西方）の海〉と答えた――わがサクソンの王アルフレッド〔古代イングランド西南部にあったアングロ・サクソンの国ウェシクスの王、在位八七一〜八九九〕が、その地理書で[四]〈アイルランドはほの暗くして、日の沈みゆくところ〉と書いているのとおなじように」。これは、アラブの話法がダウティに古期の英語表現を連想させた例として申し分がない。また別のとき、あるアラブに「それで、あんたの薬はどんなものかね？　ティルヤーク（tiryâk）は持っているのかね？」と聞かれたときのことを、ダウティはこう語っている――「たとえば、われらの父祖は毒消し《トリークル》 treacle、ギリシア語のテリアケー *θηριακ*, 蛇咬傷の解毒剤と言っていた[五]」（II—二七）。したがって、ダウティの文体が「古い散文英語の何世紀かとその諸相を反映しているのは、彼が〔「アラビア・デセルタ」執筆当時に〕自分の立場〔英語の浄化を試みて擬古体を用いるという〕を貫こうとしてこの諸世紀、諸相を遡っていったためだ」とフェアリーが説明する（八一頁）だけではとどまらない。さらに加えて、ダウティの文体がこのような古い文体を反映しているのは、彼がアラビアで自分の耳で聞いたことから思いついたためでもあるのだ。

訳注

一　マンスール――アラビア語マンスール manṣūr は、「助ける」という意の動詞 naṣara（語根 nṣr）が受動分詞化して「勝利の」あるいは「（神に）助けられた者＝勝利者、征服者」の意味となったもの。人名としても用いられる（アッバース朝第二代カリフ、アルマンスールほか)。一方、第二節訳注五で触れた、キリスト教徒を意味するナスラーニー naṣrānī(ダウティの表記では nasrâny)は、「アンナーシラ(=地名ナザレ)al nāṣira の人(の信奉者)」という意で、この語根もおなじく nṣr であることが、「マンソウル」に見られる語呂合わせを成り立たせている。

二 ダウティとハリールの分離――旅行記の主体、話者であるダウティ自身(同書は「私は……」で書かれている)と、内容上の主人公(アラブにとっては不可解な闖入者)としての「ハリールというナスラーニー」の人格が分離、あるいは対立すらしているように見えることをいう。

三 やさしいヨナタン――ヨナタンはイスラエル初代の王サウルの長子で、ペリシテ人と戦って父子ともに死ぬ。そのあと第二代の王となるダビデとは無二の親友だった。「ヨナタン、ダビデに……エホバつねにわれと汝の間にいまし、わが子孫と汝の子孫の間にいませと言えり」(旧約・サムエル記前二〇―四二)。

四 (アルフレッドの)地理書――聖アウグスティヌスに学んだ五世紀スペインの学僧オロシウスの著書『異教徒を論駁する歴史』*Historia Adversus Paganos* を、八九〇年頃にアルフレッド大王が翻訳させたとき、それに追加した当時最新の地理学的情報をいう。

五 毒消し《トリークル》――いわゆるテリアカ。阿片、毒蛇の肉などを含む六、七十種の薬品と蜂蜜をまぜた抗毒剤で、皇帝ネロの侍医アンドロマコスの創案といわれ、ギリシアからアラビアに入った。英語としては、ギリシア語からラテン語を経て糖蜜、毒消しの意の treacle となったとされる。

原　注

1 フェアリー前掲書一八六頁。なお一八四頁も見られたい。そこでフェアリーはダウティの愛国心を基盤にして、失敗作の『断崖』と『雲』に対する弁護を組み立てている。TLS(前掲号八五頁)の評者は、「ダウティの詩は、着想と表現において、一狂信者の詩」であり、「注目すべき一例[『アダムの追放』]を除いて徹頭徹尾常軌を逸している」と主張する。

2 「アラビア・デセルタ」I―五九二。トレニア前掲書一六～七頁には、ダウティは「必須言語を正しく用いることは個人と民族が健全であるために欠かせないと確信して、詩人としてのみならず、モラリストとしても言葉を研究」した、とある。

3 ダウティは、このような見解をホウガースへの二通の書信で明らかにしている。伝記作者〔ホウガース〕は、一一および一二頁で両信を引用している。

4 フェアリー前掲書八二頁。その序文の注（二五頁）も見られたい。そこでフェアリーは、同書執筆の最終段階になって初めて、『ブリテンの夜明け』の構想が生まれたのはアラビアの旅より以前のことというダウティの言を知った、と述べている。ウォルト・テイラー『ダウティの英語』Walt Taylor, 'Doughty's English', *Society For Pure English*, Tract LI, 1939, 3-41 は、ダウティの欧州、中東の旅を英語の源流を求める一つの巡礼とみなしている。

5 トレニア前掲書一二七頁。ウォルト・テイラーは、こう記す（三頁）。「ダウティの文体は現代文であり、またチョーサー風であり、同時にアラビア風だった。チョーサー風、エリザベス朝風の特徴はただの模倣ではない。アラビア風なのだ。それは天分ある現代の一作家の手になる〈純然たる〉英語である」。

7　アラビアの痕跡

以上のように、ダウティは中東のごく一部と接触しただけだったが、またアラブとその文化をバートンのように知悉することはなかったが、そしてアラブに対してブラントが抱いたような思いやりはなにも感じなかったが、アラビアについて物を書いた誰の述作をもはるかに凌駕する一書を著したのである。[1] 基本的には、ダウティがアラブの文化と衝突したことがその理由だが、妙なことに、この衝突とはアラブ文化のなかで彼を惹きつけ、また撥ねつけたものから生まれたものだった。彼がアラビアに行ったのは、表面上は碑文の精査のためである。だが旅の最初の数ヶ月のある時点で、過去に対する関心は現在アラビアに住む人々への関心と一体化し、彼は、人類発祥の場であるかもしれないその地の遊牧原住民としばらく生活をともにすることに決める。彼らの生き方、考え方、さらに彼らの言語すらも、人類社会の起源と発展に対する、とくにブリテンにおける文明の曙にかかわる場合のそれらに対する、ダウティの関心を高めたと見られる。彼の歴史感覚、愛国心、そしてキリスト教徒という特殊な立場は、別個に分析しうるものではない。それらは合体して彼の精神生活の基盤をなし、「アラビア・デセルタ」に生気を与える力となっている。

同書に記録された苦闘を戦った力は、イスラムに向けられる。同書では、ダウティが「狂信宗教」と称したものには、英国を世界に通用する道義の保護者と認めるためなら出る幕はなく、まして神の使徒ムハンマドの宗教にまさるものとして開放的なキリスト教を容認する気はない。イスラムの理論についてダウティがどのような知識をもっていたかはともかく、その実践が彼に強烈な印象を与えたのはすべてアラビアでの体験を通じてであった。彼は現実の体験によって消散するようなロマンティックな幻想は持っていなかったとはいえ、アラブ——人類の発展に果たすその役割からダウティにとっては神聖だった地を住まいとする——が、彼の愛する祖国の威信を無視し、その宗教を忌み嫌うのをいやというほど知らされたことは、憤懣のもと以外の何ものでもなかった。また彼が経験した疲労、飢え、危難を簡単に片づけるわけにはいかない。ダウティは苦行者ではなく、その身体の感覚は彼の思考と感情に影響を与えている。こうして「アラビア・デセルタ」は、歴史調査に関係のある、そして古代に対するダウティの関心を反映する見聞を記録した一方で、あたたかい人間味と激しい憤懣という二つの気持の間で苦しむ男の思考と感情を、二ヶ年におよぶアラビア実体験の引き写しである模様に綯《な》いまぜにして記録したのだ。

とはいえ、アラビアから出てきたダウティは、本質的にはそこへ入っていった男であった。「アラビア・デセルタ」のどこにも、彼が自分の知的修練に何かをつけ加え、あるいはそれを変更した形跡はない。彼が蒙った肉体的苦痛は健康に傷痕をきざみ、味わった友愛の気持は長く彼の心に残り、いろいろな体験——多くは屈辱と痛みを伴う——は彼にアラブとアラビアについての知識を授けた。けれども、彼が「東洋趣味《オリエンタリズム》の方向に逸」れていった〔第三節一九八頁〕ことはまったくない。「アラビア・デセルタ」の本当の意味は、アラビアがダウティに何をしたかにも、ダウティがアラビアに何をしたかということにもない。過去に対するダウティの意識が深まったことを除けば、ダウティとアラビアの双方とも、皮相の域を越えて他方に影響されたことはないと思われる。むしろ「アラビア・デセルタ」の意義は、肉体的にも気分的にも性に合わないさまざまな力に対する人間の苦闘の一つを記録したことにある。

アラビアの体験が彼の感性に与えた意味のある影響は、すべて「アラビア・デセルタ」の記録となって読者に提供されている。その体験を終えたとき、彼は始めたときと変わらぬ誇り高い一英国人であった。ダウティの一生は祖国に捧げられた、というフェアリーの論旨を認めることはできよう。ダウティの勉学も旅も、詩作のための準備だったと考えることは可能であり、そして彼の詩は英国とその起源にかかわっている。だがこのことは、「アラビア・デセルタ」の意義の減退を意味していない。ダウティは自分の詩のほうに選好を見せたとはいえ、この散文が彼の代表作であることにかわりはない。ただし、ダウティの生涯と詩作全体におけるアラビアの役割を過大に強調してはならない。ダウティの思考に影響したアラビアは、古代に属するアラビアであった。バートンとブラントに影響を与えた力としての中東は、ダウティを撥ねつける存在であり、その人生に永続的な影響を行使しうるものではなかった。

いずれにせよ、ダウティに見られる最重要の忠誠は、彼自身の民族と国家に対するそれである。バートンは「東方でその国籍をうやむやにし、キリスト教を捨て去った」とされ、ブラントは、東方を英国の支配から解放する大義に生きたことで大英帝国主義のはみ出し者とされている。だが非常に機敏な批評家であるフェアリーは、「アラビア〔「アラビア・デセルタ」〕」を読み、ついで『しあわせな戦士の特質』を読むと、ダウティの観点でワーズワースの英国人を書き直したくなる」と言っている[一・2]。

訳　注

一　ワーズワースの英国人を……――『しあわせな戦士の特質』*The Character of the Happy Warrior* は、ワーズワースの倫理的・愛国的な詩（一八〇五）で、作詩の意図は長い前文で明らかにされている。一八〇五年のトラファルガル海戦勝利を機に、詩人はすぐれた戦士とは何かを考え、謳いあげようとする。当然ネルソンが第一人者だが、「公生活を汚した一大罪」（レディ・ハミルトンとの関係）のために、その名とイメージは詩で謳うべき理想像に結びつけ得ない。よって愛弟ジョン（海軍でなく、東インド会社の商船に乗り組み中の同年に海難死）に認めた海の男としての最高の資質、軍人としてあるべき姿を、八十五行の韻文にまとめた。内容は、当時の英国民の倫理感覚に基づいて軍人に期待され、神の祝福を受けうる徳性を、弟への頌歌の意味をこめて列挙したもの。著者（トマス・アサド）の趣旨は、ダウティの民族国家意識への注目であろう。

原　注

1　サミュエル・チュー『チャールズ・モンタギュー・ダウティの詩』Samuel C. Chew, 'The Poetry of Charles Montague Doughty,' *The North American Review*, CCXXII, 1925, 292, 12 に、「より広く解釈すれば、ダウティの作品は、英文学に対するレヴァント地方の影響史全体を通じてその頂点をきわめたものといえよう」とある。

2　フェアリー前掲書七六頁。ダウティに関するロンドン・マーキュリー誌 *The London Mercury*, XIII, February, 1926, 338 の論説には、ダウティと「アラビア・デセルタ」についての最高の賛辞が載っている。いわく、「同書のすばらしさを正当に評価するのは困難であろう。それは学者で、英雄で、そして聖者だった人の著作なのだから」。

V

ダウティ、ブラント、そしてバートン

ダウティ、ブラント、そしてバートンの三人には、興味深い差異が見られる。英国に対するそれぞれの献身の度合いを計量することは不可能だろう。三人とも愛国心に富んでいた。しかし、彼らの忠誠心は容易に区別できる。ダウティは自分の民族に忠実だった、ブラントは英国という国土を愛していた、そしてバートンは大英帝国を誇りにしていた。このような違いが単に偶発的であるのみならず、三人の感性を理解するのに本質的なものであるのは、つぎのことを思えばたちどころに、そして滑稽なほど歴然となる——ダウティの、善悪の観念などは「地理的偶然」だとか、アラビアは彼の「政治的初恋」だったという言葉、ブラントの、アラブの部族には「鼠のような知恵」があるとか、英国の植民地支配はあまりにみみっちく、しかもあまりに締まりがないという文章、そしてバートンが顎鬚をむしられたとか、エジプトとインドの独立にむけて世論を喚起したことなど〔すべて誤った名前の混乱が見られるが、原文のままとする〕。まさしく、英国を愛したといっても、彼らが愛したのはおなじ言葉で別々のものだったのだ。

それは一部には、英国自体が、当然ながら中身はさまざまであることによる——キリスト教的人道主義に凝りかたまった民族、慇懃で人をそらさぬ紳士たちと世界のかなりな部分を支配する女主人のいる国。しかしダウティ、ブラント、バートンの忠誠心に差があるのは、彼らのそれぞれに別個の英国を見させ、愛させた感性の違いの結果である。

ダウティは、若いときに海に生きようという希望が強かったにしては本来夢を追うたちではなく、バートンのような傑出したトラヴェラー・探検者ではあり得なかった。あるいは、「アラビア・デセルタ」の長大さとその語りの対象となった二ヶ年という時間的経過のために、関係する地理的範囲が、広大なアラビア半島のほんのわずかな部分にすぎないことを分かりにくくしているかもしれない。けれども、この著作はダウティの構想力の強さを示すものと思われる。その雑記帖的外見の裏には、一つの統合力、つまり見聞きする万事に古代を想起するという著者の素質がある。事実、（ダウティの文体について）彼は古代に請求書を書き送ったのだ、と辛辣なことを言った人もいる。それに比べると、ダウティが古代のことを書いたというのはあまり気がきかないが〔傍点は原文イタリック〕、「アラビア・デセルタ」の個人的体験を思えば逆説的に正しいといえないでもない。

しかし、彼の執筆目的は祖国に尽くすこと、伝統と誇るに足りる起源があるのを祖国にもっとよく知ってもらうことだった。彼の旅、彼の勉学には、自分の民族の役に立てるように備えておくという狙いがあったし、習得した諸言語は、彼の言語感覚では英語の起源と発展にかかわっている。彼は、生気を失ったヴィクトリア時代の文学で、彼の見るところ萎縮している言葉に活を入れようと燃え上がった。またその構想力の強さが、文学的野心を倫理的目的に従属せしめたと解しても、おそらくは妥当であろう。自分の散文を、彼は詩的使命における徒弟にあたるものと考えた。『断崖』と『雲』では、彼の使命は同胞にむかって差し迫った危険を警告することとなる。だがこれらよりも優れた詩は、英国におけるキリスト教の始まり、人類の起源、生命の謎といった、より深みのある、より永続的なテーマを扱っている。ダウティの詩が最良となるのは過去を論ずるときで、「アラビア・デセルタ」でさえ、現在を見抜いてはるかな古代まで見通すときの手法に、魅力の多くを負っている。

ダウティがキリスト教と人間愛の起源を東方に捜し求めたことは、十二分に明白と思われる。アラビアとのかかわりは、聖書との関係で意味がありそうだった刻文を調査しようとしたときに始まる。そして自分の民族と宗教への誇りから、英国とキリスト教をスルタンとムハンマドより下位にあるとみなすモスレムの社会的、宗教的偏見に憤りを覚えずにいられなかった。こうして彼は東方との衝突、肉体的、精神的両面での衝突に陥ったままであった。その争点が除去されたわけではない。だがダウティはアラビアで、見に来たことの少なくとも何ほどかは見たのである。そしてそれまでに考え、感じとっていたものの確証を得たのが彼の東方との接触の成果と見て、まずまちがいないであろう。彼の構想力の強さはきわめて集中的で、ひろく拡散しうるものではなかった。しかし彼の東方との格闘の記録は一つの記念碑的文学作品であって、それは一人の高潔な男が経験した東方と、その住民との衝突の精緻な記録であることによる。しかもダウティの構想力の強さは、著者によっては東方に着せたこともある華美な、もしくはグロテスクな被いを切り裂いて進む純粋さを具えていた。

ブラントの場合は、ダウティよりはるかに広く旅をし、視野も広かった。彼は性格が柔軟で、そのために他人のやさしさや苦しみに敏感だった。その生涯は感性の一生であって、つぎつぎにあとを絶たない感性上の体験が、彼の心のすべてを捉えた。カトリシズムの情緒的な面に惹かれ、はげしい情事の虜になり、アラブの独立に肩入れすることに人生の使命を見出して、そのやり甲斐に心を奪われた。基本的に、彼はサシクスの田舎に愛着をもつ大地主で、アラブの部族生活に好みの社会構造にちかいものを見た。毎年、冬の間はアラブの一シャイフとして多数のアラビア人、エジプト人の上に立ち、自分の地所のオアシスで仕事を監督して過ごした。彼はまったく偶然に、また虐げられた小作農への同情からエジプトの政治に入りこむ。その結果、国際政治が彼固有の活動領域となり、満足と失望を交互に味わう。

東方とブラントはたがいに助け合った。彼はヨーロッパの社会における東方の代弁者であり、ある一時期、東方は彼が大いに必要としていたもの——人生の方向づけ、ないしは目的を与えている。だが彼の活発な十字軍行動は、長くは続かなかった。結局彼は東方をヨーロッパの支配から独立させることは断念し、イスラムを内部から改革しようという夢も失う。しかしブラントがもっていたのは、初恋のようないくつかの対象に自分を執着させるロマンティックな気質である。彼は東方に現実的な使命とともにロマンを認め、使命が彼を失望に追いこんでもロマンは残った。伝えられるところでは、訪れる客が目にしたのは東方の長衣をまとって暖炉の前でまどろむ老人の姿であり、そして彼は最後までアラビアの詩文の魅力にとらわれていたという。

アラブ文化についてのブラントの知識は、それへの共感ほど深くはなかった。アラビストとしては妻のほうが優れていて、東方に題材をとった彼の詩は妻が原典から翻訳したものに基づいている。彼の手になる『アラビアの黄金詩』が原詩の気分をよく伝えているのは、学識の深さによるものでなく、その詩が彼の情感によく調和したためだった。『馬を盗む』は、われわれが通常東方に結びつけるロマンティシズムの調子をうまく捉えていて、実らぬ恋、克服を要する危険な障害、美しい女の献身的な愛情、傑出した英雄的行為や騎士道精神などではなやかに彩られている。ただブラントは、東方の文化に非常に好意的だったとはいえ、詩人としての地位が依拠するのはアラブの詩文の翻案ではなく、彼自身の恋愛詩であるはずだ。彼の散文は、元来論争的なものである。「日録」においてすら、東方のもつ政治的重要性と帝国主義の犯す諸悪について読者を教育することが意図されている。彼の政治活動も、その政治哲学がすべて地方自治の原則に収斂することを思えば、決して当惑を覚えるようなものではない。彼は、地主が借地人の所要を知っているのとおなじく、地方政府は地元民の必要とすることが分かっており、彼らの悩みを他人よりもよく思いやり、その役に立ちうる、と受けとめていた。したがってブラントの非常にプローテウス的な行動全般、なかんずく東方への関心を理解する鍵は、彼の人を思いやる能力にほかならない。

バートンもまた、感じやすい性格の人だった。「カシーダ」からは、彼が感性面に重きをおいていたことが疑念の余地なく読みとれる。実際、彼は感性こそ唯一の真の実在ではないかと思っていた。ただバートンの感受性、感応性は、無味乾燥の事実性という硬い殻のなかに隠されている。彼は留まることを知らぬ放浪者であり、また頭の回転の速い学者だった。だが彼は放浪への衝動を学問の実際的必要に奉仕させ、自分の学識を人類学に対して奇異な事実を提供することに振り向けた。「巡礼記」と「第一歩」がもっとも興味深く読める彼の旅行記録となったのは、主としてこの二書には学術的な事実の重荷を負わせていないためである。両書は刺激に満ちた物語であり、いずれにおいても著者の感性があらわに見てとれる。ほかの旅行記録では、バートンは学術的事実の連続的誇示の背後に身をひそめている。それは、地球がまだ充分に解き明かされていない地理学的パズルだった一八六〇年代、七〇年代には疑いもなく興味深かったのだが、いまやそのような個々の情報は好奇心をそそるものではない。そのゆえに、この分野での著作はほかに興味を惹くところもほとんどないまま、目新しいというだけのものがすべて辿る運命に甘んじている。

ブラントの、生前には受け入れられなかったが現在では当時より好意的に是認されている政治哲学とは異なり、帝国主義的な力ずくの支配というバートンのイメージは、いま、人の顰蹙《ひんしゆく》を買うものとなっている。皮肉なことに、それは大英帝国主義の絶頂期にあってさえ、バートンを同時代人に愛される存在にはさせなかった。彼は露骨に野心的でありすぎ、熱中のあまり外交的配慮を欠きすぎていた。

しかしバートン版『アラビアン・ナイト』は、彼の評判を確たるものにしていまにいたっている。翻訳自体は、原典に対して臆するところなく忠実な点を除けば、とりたてて卓越したものではない。しかし、東方についての共通認識、ならびに共通誤認を作りあげるのに本文の説話とおなじくらいに寄与した「人類学的注釈」は、典型的にバートンならではのものだ。

ダウティは東方と苦闘し、ブラントはそれとロマンティックに結合した。バートンはその文化の一小部分を捉えて支配し、奇異なもの、グロテスクなものに対する自分の嗜好に役立たせたのである。

訳者後記

著者の執筆意図は「序言」で明らかにされているが、印象深いのは、その目的を追うなかで対象となった三人の人間像がきわめて鮮やかに浮かび上がることだ。つまり本書は、後期ヴィクトリア時代のユニークな対アラブ・イスラム接触の考察であると同時に、それとは不可分ながらむしろより以上に人物論として、あるいは一篇の読み物としてすら、興味が尽きない。

十九世紀後半以後の西欧とアラブ・イスラム世界の交渉に関心をもつ人にとって、本書は、著者名が「A」で始まるために欧米の研究書に見る参考文献一覧の冒頭で接することがしばしばで、その点ではなじみ深いものかもしれない。しかし、それにしてはわが国で中身が知られていないのも事実なようだ。原文は稠密な小活字とはいえ、語数で全体の一割を占める原注を含めても百五十頁にすぎない。それが、三人の途方もない分量の著作——バートンを突出した筆頭として、目の子勘定で合計すれば少なくとも五万頁にはなろう——を徹底して読みこんだ結晶であることは、著者自身の言葉（II—2）、あるいは、たとえばバートンの「ナイト」注釈の精緻な博引が示している。彼らはいずれも行動範囲を中東に、身分をトラヴェラーに限定するにはあまりにもタイタニックな存在だが、著者は、すべてを咀嚼した上で目的に無関係な部分は未練なくそぎ落としたことが読みとれる。そうすることで三人の意識と思考と生涯を等分の限られた紙面で描き切ったのは、非凡な労作というほかはない。

原著者トマス・ジョゼフ・アサド Thomas Joseph Assad 氏は一九二二年にマサチューセッツ州ウスターで生まれたアラブ系米国人で、ホーリー・クロス・カレッジ、ボストン・カレッジを経てウィスコンシン大学でPh・Dを取得、本書刊行の一九六四年からトゥーレイン大学（ニューオーリーンズ）の英文学教授（のち名誉教授）をつとめた。専攻はヴィクトリア期の文学で、とりわけテニスン、ブラウニング、ホプキンズの研究で知られる。本書は、氏の主著とされている。

なぜいまバートン、ブラント、ダウティなのか、という疑問をおそらくは予想して、著者が序文でT・E・ローレンスを引き合いに出したのは、本書の刊行がたまたま映画「アラビアのロレンス」の出現から間もないころということと無縁ではないだろう。たとえば、ローレンスが「アラビア・デセルタ」に寄せた文章は、賛辞としても解説としても出色のできばえにはちがいない（「十年間も熟読してきて、本書をほかとは異なるなにか特別のもの、その部類での聖書と思うにいたった」）。さりとて、個性的な点では三人に劣らぬ彼の言行に同書がどう影響したか、ということは別問題と思われる。むしろ彼らがローレンスに果たした役割は、おのおの仕振りで演じた反面教師のそれでなかったろうか。

三人を中東トラヴェラーの面で見たとき、代表的なだけでなく、その顕在のありようがそれぞれ極端に異質であることが、著者の関心の背景にある。代表的とは当代最高の知力と行動力を持ち、大がかりで、徹底的な点で他人の追随を許さない、というほどの意味で、中東に対する共通認識の成立にはほど遠い時代だったにせよ、三人に通有の要素はほとんどない。著者の本書における立場は、この三人が感性、関心の赴くままに中東にのめり込み、中東をどう見たか、どうしようとしたか、という点から始まって、いつしか彼らが中東という厖大な実体に取り込まれ、書き残したものを除けばほとんど何も生まなかった過程を描く結果となったように思われる。

しかしながら、本書の初刊から四十年ちかく経ったいま、日々あらたな問題に直面する中東の現状は、一世紀以上前の英国に現れたこれらの稀有の才能に、ローレンスを介在させるまでもなく再度の光を当てることを意味あるテーマとするにちがいない。たとえば、バートンの「カシーダ」がいまアメリカで見直され、若い世代に読まれて版を重ねていると聞くと、彼の幅の広さには今更のように驚かされる。また、猛烈な情熱でイスラムの復興を叫んだブラントは百年後の原理主義の動きを、あるいは英国の政策に起因するパレスティナ問題をどう見るだろう、という想像に人を誘うかもしれない。

西欧人のオリエントに対する意識を同時代の著作に基づいて探るという点で捉えるなら、本書には、十余年後に著されたエドワード・サイードの『オリエンタリズム』にいくらか通ずるものがある。ただ、後者が近代西欧知識人のなかに形成された一つの意識構造を無数の資料から大きく抽出したに対して、本書の関心は特定の三人を著作と行動に基づいて分析することに集中し、一般化、総合化には目を向けていない。ごく類型的にいえば、第三者に引用されるのが（サイード自身による言及も含めて）、本書の場合は著者が取りあげた人物の事例とその解説であるに対し、他方は著者がうち立てた視点、論旨であることが、その主たるちがいを物語っている。

ヴィクトリア時代にトラヴェラー・オリエンタリストが輩出したこと自体に関わりのありそうなサイードの言葉を、断片的に使わせていただこう。「イギリスのオリエンタリストや地域専門家は、フランスのそれに比べ、才気においても戦略においても、はるかに群を抜いて」（今沢紀子訳『オリエンタリズム』Ⅲ―1、以下同）いた。背景には、「イギリスはオリエントに君臨していたが、フランスはインドとその手前の地域の喪失をただ嘆いていた」ことがあり、そこで思い合わされるのは当時英国で活動した各種の学術団体の存在だ。彼らの貢献を定量的に把握するのは無理としても、フランスのそれと比べると、差は歴然としている。フランスが「もはや〈学問的思索〉に拘束されない」と宣言して、火のついたようにこの分野に参入したのは普仏戦争敗北の結果であって、「地理学の学会がすさまじい勢いで次々と創設され」たが、英国とはすでに一周遅れの格差を目立たせるだけだった。一八九一年のパリにおけるブラントの挿話（本書一五六～七頁）は、「コーチシナを〈フランスのインド〉とする」のになりふり構わなかったフランス人の心情をかいま見せる。フランスで学士院が暖かい日溜まりに高雅なユマニストたちの集うサロンだったころに、英国の学術団体は飢えた狼のような人材を未知の世界と物に向けて旺盛に送り出し、すでに回収していたのである。

それを本書の三人について見れば、バートンの場合、東インド会社と、のちにはR・G・S（王立地理学協会）の支援なくしては行動と論文発表の機会を確保できなかったのはいうまでもない。ブラントの挫折は、所論の激越さもさることながら、性格的にあまりにもローン・ウルフ、あるいはブラック・シープだったことによるであろう。孤立無援のダウティのアラビアの旅は、帰国後五年間もR・G・Sで体験を講演する機会すら与えられず、ようやく褒賞に値すると認められたのは詩作と英語の単語の研究にふけっていた一九一二年のことだった。本文にもあるように、彼の報告を最初に載せたのはドイツのグローブス誌（高名な地理学者ハインリヒ・キーペルトが関与）であり、メダーイン・サーリフ碑文の研究も英国では日の目を見ず、その公表はほかならぬフランス学士院でエルネスト・ルナンの主宰するアカデミーからだった。こうした例外はあるにせよ、地質学と未知の地《テッラ・インコグニタ》の発見と領土拡張の体現のごときサー・ロデリック・マーチソンに代表されたR・G・Sの権威が象徴する、これらの組織の力があって、英国では多数の先駆者の個性が活かされたのは疑えない。

おもしろいことに、この面でも三人のありようの相異は際だっている。著者の驥尾に付して三人を分類すれば、バートンはその倨傲な膝を屈してもR・G・Sの資金的援助を仰いだ、一貧書生によるグランドツアーのとめどもない延長だったダウティの場合はダマスカスからR・G・Sに支援を要請して断られている、そして徒手空拳ながら富裕なブラントにとっては、他人の援助も帝国主義の異名のような地理学も念頭になかった、ということになるだろう。バートンの姿勢は、独立不羈の天性との矛盾というよりは、目がけたものは何としても摑み取る、貪欲な精神をよく現している。

稿を終える前に、念のため三つのことに触れておきたい。

一つは本文中で繰り返し語られ、引用もされている「アラビア・デセルタ」の文体で、それについては専門家の分析もある由だが（一九一頁参照）私は未見で、文体論的に語る資格もない。後述の概説書（Tabachnick）でも、個々の用語配列、音声学的要素、劇的効果等々にこめられた意味が具体例とともに論じられていて、ただ古めかしいというにとどまらぬダウティの文章がヴィクトリア時代に与えた衝撃、違和感を推測させる。一読者としては、問題はむしろいたるところに挿入されているアラビア語の語彙（ダウティ流にローマナイズされていて検索も容易でない）であって、多くは説明的訳語が加えられているけれども、初出時の訳語を見失うと始末のわるいことになる。いずれにせよ、文体、アラビア語、長大さの三点が障害となって、興味深い体験記の普及を妨げた事情は察するに難くない。このような鏤刻の文章をたとえば擬古的和文に直してすむものと思われず、本書では訳出上とくに手を加えることはしなかったので、参考までに原文からわかり易い場面の地の文と会話部分の実例を別掲しておいた。

つぎに、伝記が目的ではない本書では、三人の閲歴については筆が省かれている。やや錯綜しているが本文でその一生をほぼ見通せるブラントは除いて、ほかの二人について略年譜を作製してみたのでご参照をいただきたい。記述は、バートン分は Mary S. Lovell, *A Rage to Live, A Biography of Richard and Isabel Burton*, London 1998 および Fawn M. Brodie, *The Devil Drives, A Life of Sir Richard Burton*, New York 1984 に、ダウティ分は Stephen Ely Tabachnick, *Charles Doughty*, Boston 1981 に依拠している。著作関連のデータは、主要なものについては本文に収録されているので省略した。

また、簡単な関係地図を添付したが、三人の足跡はアラビア半島内でのものにとどめた。ダウティの辿ったルートの記載は、Charles M. Doughty, *Travels in Arabia Deserta*, abridged and arranged by Edward Garnett, New York 1953 による。

最後になったが、本書の訳出にあたっては貴重な資料を利用させていただいたアジア・アフリカ図書館館長矢島文夫氏に、そしてこまごまとした疑問の処理について一時同館におられた江原聡子さんに、一方ならぬお世話になった。また法政大学出版局の秋田公士氏にはなにかとお手数を煩わし、感謝に堪えない。末筆ながら、併せて厚くお礼を申し述べたい。

田隅恒生

（二〇〇一・八・二〇記）

「アラビア・デセルタ」原文の文例

At first I had asked of the Wâly, Governor of Syria, his licence to accompany the Haj caravan to the distance of Medáin Sâlih. The Wâly then privately questioned the British Consulate, an office which is of high regard in these countries. The Consul answered, that his was no charge in any such matter ; he had as much regard of me, would I take such dangerous ways, as of his old hat. This was a man that, in time past, had proffered to show me a good turn in my travels, who now told me it was his duty to take no cognisance of my Arabian journey, lest he might hear any word of blame, if I miscarried. Thus by the Turkish officers it was understood that my life, forsaken by mine own Consulate, would not be required of them in this adventure.

（ダウティのダマスカス出発前夜の記述。このあと本文二一九頁にあるサー・ヘンリー・ウォットンの話に続く）

The Emir questioned me, "From whence comest thou, and what is the purpose of thy voyage?"
– "I am arrived from Teyma, and el-Héjr, and I came down from Syria to visit Medáin Sâlih."
– "Râjul sadûk, wellah!* a man to trust (exclaimed that old sheykh). This is not like him** who came hither, thou canst remember Mohammed in what year, but one that tells us all things plainly." Emir : "And now from Teyma, well! and what sawest thou at Teyma – anything?"
"Teyma is a pleasant place of palms in a good air." "Your name?" "Khalîl." "Ha! and you have been with the Beduw,*** eigh Khalîl, what dost thou think of the Beduw?. . ."

（ハーイルでアミール・ムハンマドと初めて面会したときの会話。＊「信頼できる男です、神かけて！」の意。＊＊この人物は、十四年前の一八六二年夏にハーイルに入ったパルグレイヴのことであろう。＊＊＊複数のベドウィン）

	バートン	ダウティ
1989	北アフリカ各地（『匂える庭』の原典探索）	
90	トリエステで死去（心臓発作）	
1908		オクスフォード大学名誉学位
12		王立地理学協会ゴールド・メダル（アラビアの旅に対して）
20		ケンブリッジ大学名誉学位
22		英国学士院特別会員
26		ロンドンで死去

	バートン	ダウティ
1969	駐ダマスカス領事．イザベルは後続	
70	シリア辺境各地	
71	本人とは無関係の宗派紛争とのからみでダマスカス領事を解任され，帰国	ヨーロッパ各地，地中海沿岸遊歴に出て，アラビアの旅にいたる（最終1878年まで）
72	アイスランド（硫黄鉱山調査）	
73	駐トリエステ領事（死去まで）	
75	アイスランド再訪	
76	イザベル同伴，保養でインド再訪（ボンベイ，カラチ）	ダマスカスでアラビア語を学習，11月10日，アラビアの旅に出る（ダマスカス—マアーン—メダーイン・サーリフ—アルアリー—タイマ—ハーイル—ハイバル—ハーイル—ボライダ—アナイザ—ターイフ—アイヌッザイマ—ジェッダ
77	ミディアン（西北アラビア）	
78	ミディアン再訪	8月2日ジェッダに到着，ボンベイ経由帰国
81	西アフリカ（現ガーナ）	
83	トリエステで最初の心臓発作	
84		メダーイン・サーリフの碑文公表
85	『アラビアン・ナイト』翻訳出版開始	
86	モロッコ．ナイトに叙せられ，やむなく受ける．以後「サー」の称号を用いる	キャロライン・マクマードと結婚
87	カンヌで二度目の心臓発作	
88	最後の帰国，スイス滞在．『アラビアン・ナイト』の翻訳出版完了	『アラビア・デセルタの旅』公刊．以後，ときにイタリアを訪れるほかは英国にあって詩作と英語の研究に専念

	バートン	ダウティ
	ア）に初の白人として入り十日間滞在．ベルベラ(現ソマリア)で襲われて重傷を負い，帰国	
1956	クリミア戦争従軍	海軍入隊ならず
57-8	東アフリカ探検，タンガニイカ湖発見（同行のスピークは北方に大湖を発見，ヴィクトリア湖と命名）	
59	ザンジバルに帰着，帰国．スピークとの確執表面化	
60	北米横断（ハリファックスに上陸—カナダ東部—ボストン—ニューヨーク—ワシントン—ニューオーリーンズ—ソールトレイク・シティ—ヨセミテ—サンフランシスコ—アカプルコ—パナマ地峡—カリブ海セントトマス経由帰国）	
61	イザベルと結婚．駐スペイン領フェルナンド・ポー（西アフリカ）領事．インド軍を退役し，単身赴任	ケンブリッジ大学（ゴンヴィル・アンド・キーズ・カレッジ）入学．地質学専攻
62	西アフリカ各地．休暇帰国	
63	「人類学協会」を設立し，会長．任地に戻る．コンゴ，ダオメー(現ベニン)	ダウニング・カレッジに移る．ノルウエーで氷河研究
64	帰国．スピーク死亡（自殺？）に逢う	
65	駐サントス（ブラジル）領事．イザベルは後日渡航	
67	ブラジル奥地	
68	パラグアイ，アルゼンチン（ブラントと会う），チリ，ペルー	キーズ・カレッジに戻り，卒業．オクスフォード大学ボドリーアン図書館で初期英文学研究(1870年まで)

年　　譜

	バートン	ダウティ
1821年	デヴォン州トーキーで出生	
26	一家でフランスに移住	
27	現地で通学	
29	帰国，通学	
31	フランスに戻る	
32	イタリア各地を転々とする	
33	ナポリに住む	
36	南西フランス（ピレネー地方）のポーに移る	
37	イタリアに移り，ルッカ（ピサ近郊）に住む	
40	オクスフォード大学（トリニティ・カレッジ）入学	
41	アラビア語の学習を始める	
42	オクスフォード退学，インド軍入隊．6月インドへ出発，10月ボンベイ着	
43	バローダ（現グジャラート州ワドダラ）駐屯	サファク州セバトンで出生
44	カラチ駐屯	
46	ハイデラバード駐屯	
47	ゴア（療養），ボンベイ	
48	シンド（現パキスタン南部）各地に勤務．「大スーフィー」になる	
50	帰国，イタリアに両親を訪問	
51	フランス，ブーローニュでイザベル・アランデルと逢う	
53	メディーナ，メッカに到達	
54-5	禁断の町ハーラル（現エチオピ	

レアード，サー・オーステン・ヘンリー Layard, Sir Austen Henry 8
レイネーア，シスター・メアリー・ジョーン Reinehr, Sister Mary Joan 176
レイン，エドワード・ウィリアム Lane, Edward William 3,14
レイン＝プール，スタンリー Lane-Poole, Stanley 4,31,35,60-1,67
レオ十三世 Leo, Pope XIII 129
レズリー，シェーン Leslie, Shane 179
R. G. S.（王立地理学協会）Royal Geographical Society 12,31
ローズ，セシル Rhodes, Cecil 176
ロック，ジョン Locke, John 89
ロートン，ジョージ Lawton, George 15
ロバーツ，R. エリス Roberts, R. Ellis 224
ローレンス，トマス・エドワード Lawrence, Thomas Edward vi,193,197,198,208,232

ワ 行

ワーズワース，ウィリアム Wordsworth, William 250
ワッツ，ジョージ・フレデリック Watts, George Frederick 169

ホプキンズ，ジェラード・マンリー Hopkins, Gerard Manley　196
ポープ，アレグザンダー Pope, Alexander　90
ホメロス Homer　39
ボーモント，フレデリーカ Beaumont, Frederica　186
ホリウェル Holywell　167-8

マ　行

マイヴァート博士 Mivart, Dr.　131
マッカーシー，デズモンド MacCarthy, Desmond　110
マリー，ジョン・ミドルトン Murry, John Middleton　217
マレット Malet, Lady　112
ミュラー，マックス Muller, F. Max　15
メィネル博士，チャールズ Meynell, Dr. Charles　127, 129-30, 139, 142, 162
メールシュテル，マリー・E・ド Meerster, Marie E. de　14
モリス，ウィリアム Morris, William　175, 182

ヤ　行

ユーフラテス流域鉄道 Euphrates Valley Railroad　149

ラ　行

ライアル，サー・アルフレッド Lyall, Sir Alfred　147
ライアル，サー・チャールズ・ジェームズ Lyall, Sir Charles James　4, 15
ライト，ウィリアム Wright, William　4, 14
ライト，トマス Wright, Thomas　93, 104
ラスキン，ジョン Ruskin, John　2
ラプリモーデイ，アニー Laprimaudaye, Annie　131
ラマルク Lamarck　86
リーヴ，ヘンリー Reeve, Henry　67
リットン卿（「オーエン・メレディス」）Lytton, Lord ('Owen Meredith')
112, 113, 117, 134, 147
リュートウェイン，ヘレン Leutwein, Helen　133, 138
ルストラーンジュ，アリス Le Strange, Alice　9, 15
ルソー Rousseau　110, 135
ルナン，エルネスト Renan, Ernest　85, 191

『エステル』*Esther*　115, 133-4, 172
『英国のエジプト占領秘史』*Secret History of the English Occupation of Egypt*　16, 116
『英国占領下のエジプトにおける司法の暴虐』*Atrocities of Justice Under Btitish Rule in Egypt*　116, 154, 161
『ハルトゥームのゴードン』*Gordon at Khartoum*　116
『リポン治下のインド』*India Under Ripon*　116
『詩集，完全収録版』*The Poetical Works, A Complete Edition*　116, 136
『プローテウスとアマデウス――往復書簡集』*Proteus and Amadeus: A Correspondence*　136
『生の四行詩』Quatrains of Life　122, 128, 131, 136, 140, 171
『青春の四行詩』Quatrains of Youth　115
『セド・ノス・クイ・ウィウィムス』Sed Nos Qui Vivimus　142, 165
『ユーフラテス流域のベドウィン諸族』*Bedouin Tribes of the Euphrates*　146
『幸福の宗教』*Religion of Happiness*　173
フリーア，サー・バートル Frere, Sir Bartle　148
ブルクハルト，ジョン・ルイス Burckhardt, John Lewis　26
ペイン，ジョン Payne, John　4
ベーカー博士，F. クレンフェル Baker, Dr. F. Crenfell　93
ベーコン，フランシス Bacon, Francis　89
ヘッケル，エルンスト・ハインリヒ Haeckel, Ernst Heinrich　140
ベル，ガートルード・L Bell, Gertrude L.　8
ペルメル・ガゼット誌 *Pall Mall Gazette*　63-4
ベルリン会議 Berlin, Congress of　5, 155
ベロック，ヒレア Belloc, Hilaire　173
ペンザー，ノーマン・M Penzer, Norman M.　24
ヘンリー，ウィリアム・アーネスト Henley, William Ernest　124, 135
ボーア人 Boers　127
ホウガース，デーヴィッド・G Hogarth, David G.　9, 16, 185, 186-8, 191, 192, 195, 196
ホサム師，フレデリック Hotham, Hon. and Rev. Frederick　186
ポーター神父 Porter, Father　127
ボッカッチョ Boccaccio　39
ボナパルト，ナポレオン Bonaparte, Napoleon　47
ボニー，T. G. Bonney, T. G.　187

フェルナンド，ドン Fernando, Don 134
フェンロン，ジョン Fenlon, John F. 110, 176
フォースター，E. M. Forster, E. M. 153, 176
ブラウン，エドワード Browne, Edward 8
ブラント，レディ・アン・ノエル Blunt, Lady Anne Noel 108, 112, 116, 117, 165
ブラント，ウィルフリド・スコーエン Blunt, Wilfrid Scawen iv, v, vii, 12, 102-79
ローレンス・オリファントと 12
略歴 111-8
バートンと 133
感受性と同情心 119-37
信仰上の悩み 138-43
東方への関心 144-61
その晩年 162-76
性格描写 177-9
ダウティと 182-4
バートン，ダウティとの対比 254-9
『日録』*My Diaries* 109, 116, 136, 175, 258
『ムアッラカート，あるいはアラビアの黄金詩七篇』*The Mu'allakat or Seven Golden Odes of Arabia* 107, 116, 177, 257
『アイルランドの土地戦争』*The Land War in Ireland* 114, 116
『風と旋風』*The Wind and the Whirlwind* 108, 110, 113, 116
『馬を盗む』*The Stealing of the Mare* 108, 115, 177, 182, 257
『サタンの赦免』*Satan Absolved* 108, 115
『プローテウスの歌とソネット』*Songs and Sonnets by Proteus* 113
『プローテウスの愛のソネット』*Love Sonnets of Proteus* 113, 172
『新巡礼行』*A New Pilgrimage* 114
『インドについての所見』*Ideas about India* 114
『イスラムの将来』*The Future of Islam* 113, 150, 151, 163
『ナタリアの復活』Natalia's Resurrection 115
『恋の抒情詩集』Love Lyrics 115
『小さな左手』*The Little Left Hand* 115
『イン・ウィンクリース』*In Vinculis* 110, 114, 136
『グリゼルダ』*Griselda* 115
『白い頬のファンド』*Fand of the Fair Cheek* 115
『ナイルの花嫁』*The Bride of the Nile* 115

『アラビアン・ナイト』*Arabian Nights' Entertainnments*　2-4, 23, 34, 40-101の各所, 259
『ブラジル高地地方』*The Highlands of the Brazil*　22
『パラグアイ』*Paraguay*　22
『シンド再訪』*Sind Revisited*　23
『極北の地』*Ultima Thule*　23
『メディーナ，メッカ巡礼私記』*Pilgrimage to El-Medinah and Meccah*　22-3, 26-41, 45, 49-50, 97-8, 258
『聖者たちの町』*The City of Saints*　22, 98
『カシーダ』*The Kasîdah*　23, 84-94, 97-8, 258
『黄金を求めて黄金海岸へ』*To the Gold Coast for Gold*　23, 98
『ミディアンの金鉱』*The Gold Mines of Midian*　31, 46, 50, 98
『ミディアン再訪』*Midian Revisited*　31, 98
『東アフリカでの第一歩』*First Footsteps in East Africa*　43-4, 48, 50, 55, 80, 97-8, 258
『中央アフリカの湖水地帯』*Lake Districts of Central Africa*　98
『カモンイスのウス・ルジーアダス』*The Lusiads of Camoens*　97
『未踏査のシリア』*Unexplored Syria*　54, 98
パーマー，エドワード・ヘンリー Palmer, Edward Henry　14, 50
バリ神父，アンジェロ・ド Barry, Father Angelo de　130
ハリス，トマス・レイク Harris, Thomas Lake　9-11
ハリス，フランク Harris, Frank　72
ハリスン，フレデリック Harrison, Frederick　118
パルグレイヴ，ウィリアム・ギフォード Palgrave, William Gifford　8, 77
バルテーマ，ロドヴィコ Bartema, Lodovico　26
ハロウェイ，ジョン Holloway, John　196
ハンキー，フレデリック Hankey, Frederick　88
ハント博士，ジェームズ Hunt, Dr. James　69
バーン＝ジョーンズ，エドワード Burn-Jones, Edward　182
東インド会社　31
ピサロ，フランシスコ Pizarro, Francisco　157
ヒッチマン，フランシス Hitchman, Francis　83, 93
ピッツ，ジョゼフ Pitts, Joseph　26
フィナーティ，ジョヴァンニ Finati, Giovanni　26
フィンチ，エディス Finch Edith　109, 112, 127, 131-4, 173, 179, 185
フェアリー，バーカー Fairley, Barker　191, 194, 195, 196, 198, 209, 218, 231, 235, 237-8, 243, 244-5, 246-7, 250

ナ 行

ニュービルディングズ Newbuildings 115, 116
ニューマン枢機卿，ジョン・ヘンリー Newman, John Henry Cardinal 2, 20, 89, 90
ニューマン，フランシス・W Newman, Francis W. 90
ネイピア，サー・チャールズ Napier, Sir Charles 49, 59
ノヴァーリス Novalis 85
ノエル，エドワード Noel, Edward 133
ノエル，レディ・アン Noel, Lady Anne → ブラント，レディ・アン・ノエル

ハ 行

バイロン卿 Byron, Lord 112, 133, 150
バーク，テレンス Bourke, Terence 165
バークリー，ジョージ Berkeley, George 88
ハクスリー，トマス・ヘンリー Huxley, Thomas Henry 67, 129
パケナム，コムトン・T. Pakenham, Compton T. 54
パジェト Paget, Lady 167
バートン，レディ・イザベル Burton, Lady Isabel 12, 15, 18, 24, 84, 88, 93, 106
バートン，リチャード・フランシス Burton, Richard Francis iii, v, vii, 4, 8, 12, 17-101
　ローレンス・オリファントと 12
　幼少のころ，学生時代 18-21
　主要著書 22-3
　旅への関心 8, 26-33, 190
　愛国心 34-58
　『人類学的」関心 59-72
　モスレムの理解 73-82, 210
　その哲学 83-94
　F. B.（フランク・ベーカー）として 84
　性格描写 95-101
　ウィルフリド・ブラントと 104-6
　「アラビア・デセルタ」批評 183-4
　ブラント，ダウティとの対比 254-9

略歴　186-96
アラブについての知識　197-209
アラブとの親交　210-7
アラブへの共感の欠落　218-31
アラブとの確執　232-47
性格描写　248-51
バートン，ブラントとの対比　254-9
『アラビア・デセルタ』*Arabia Deserta*　12,182-251の各所，255
『ノルウェーのフェシュテダール・ブレイ丘陵氷河について』*On the Foestedal-brae Glaciers in Norway*　187
『アラビア北部で収集された刻文資料』*Documents épigraphiques recueillis dans le nord de l'Arabie*　190-1
『断崖』*The Cliffs*　192,196,255
『雲』*The Clouds*　192,196,255
『ブリテンの夜明け』*The Dawn in Britain*　192,243
『究極の島』*The Utmost Land*　192
『巨人族ティーターン』*The Titans*　193
『武装を終えて』*Under Arms*　192
『アダムの追放』*Adam Cast Forth*　192,194
『マンソウル，あるいは世界の謎』*Mansoul or the Riddle of the World*　193,194
ダウニー，フェアファクス Downey, Fairfax　18,24,59,71,72
ダンテ Dante　73
チュー，サミュエル Chew, Samuel　110,185
チョーサー Chaucer　188,191,193,200
ディズレーリ，ベンジャミン Disraeli, Benjamin　5,155
テイラー，ウォルト Taylor, Walt　247
デットフォード選挙 Deptford Elections　114,150
デンシャワイ事件 Denshawai Case　123,135,154
トーイ，フランシス Toye, Francis　176
トムスン，フランシス Thompson, Francis　173
トルストイ，レオ Tolstoy, Leo　169
トレヴェリアン，ジョージ・マコーレー Trevelyan, George Macaulay　15
トレニア，アン Treneer, Anne　34-5,41,54,77,185,191,194,209,210,218,224,231,247
トレンズ，ヘンリー Torrens, Henry　3

サ 行

サタデー・レヴュー誌 *Saturday Review* 63, 65-6
ジェムスン博士（サー・リアンダー・スター）Jameson, Dr. (Sir Leander Starr) 156
ジェラード神父 Gerard, Father 119
シモンズ，アーサー Symonds, Arthur 99
シャイフ・ウバイド Sheykh Obeyd 113, 115, 116, 120-1, 166, 169, 175, 177
シュナイダー，ハーバート・W. Schneider, Herbert W. 15
シュプレンガー，アロイス Sprenger, Alois 189-90
ショー，ジョージ・バーナード Shaw, George Bernard 126-7
ジョンスン博士，サミュエル Johnson, Dr. Samuel 79
スカリジェ（スカリゲル），ジョゼフ Scaliger, Joseph 188
「スキットルズ」 → ウォルターズ，キャスリン
スコット博士，ジョナサン Scott, Dr. Jonathan 3
スタンリー，ヘンリー，オールダリー卿 Stanley, Henry, Lord of Alderley 124-5
スティステッド，ジョージアーナ Stisted, Georgiana 93
ステッド，ウィリアム・T. Stead, William T. 63-4
ストレイチー，リットン Strachey, Lytton 6, 15
スピーク大尉，ジョン・ハニング Speke, Captain John Hanning 8, 12
スペンサー，エドマンド Spenser, Edmund 188, 191, 193
スペンサー，ハーバート Spencer, Herbert 116, 124, 129
スミス，シドニー Smith, Sidney 157
スミス，バイロン・ポーター Smith, Byron Porter 14
ソールズベリ侯，ロバート・セシル Salisbury, Marquis of, Robert Cecil 114

タ 行

タイレル神父 Tyrell, Father 125, 131
ダーウィン，チャールズ Darwin, Charles 61, 67, 72, 139, 157
ダウティ師 Doughty, Rev. Charles Montagu 186
ダウティ，チャールズ・モンタギュー Doughty, Charles Montagu iv, v, vii, 12, 180-251
　ローレンス・オリファントと 12
　バートン，ブラントによる批評 182-4

Oliphant　11, 15

カ　行

カスバート神父 Cuthbert, Father　130
カスパーリ，カール・パウル Caspari, Karl Paul　14
カーゾン，ロバート Curzon, Robert　8
ガーネット，エドワード Garnett, Edward　192, 193, 231
カーライル，トマス Carlyle, Thomas　2
カラム，パードリグ Colum, Padraic　179
ガラン，アントワーヌ Galland, Antoine　3
カリー，メアリー Currie, Mary　132
キチナー，サー・ハーバート Kitchener, Sir Herbert　6, 158
キッダーミンスター選挙 Kidderminster Elections　114
キプリング，ラドヤード Kipling, Rudyard　173
キャメロン大尉 Cameron, Captain George Poulett　149
キャメロン，ロヴェット Cameron, V. Lovett　56, 72
ギャロウェイ Galloway, Lady　125
キャンバーウェル選挙 Camberwell Elections　114
キングレイク，アレグザンダー・ウィリアム Kinglake, Alexander William　8
クック，H. J. Cook, H. J.　101
グラッドストン，ウィリアム・ユーアート Gladstone, William Ewart　5, 6
クラベットの地所 Crabbet Estates　113, 177
クリミア Crimea　4, 233
クルーズ，エイミー Cruse, Amy　14
グレアム，カニンガム Graham, R. B. Cunninghame　174, 176
グレイ，サー・エドワード Grey, Sir Edward　154
グレゴリー Gregory, Lady Augusta　106
クローマー卿，エヴリン・ベァリング Cromer, Lord Evelyn Baring　6, 15, 114, 123, 135, 154, 176
ケープ，ジョナサン Cape, Jonathan　208-9
コブデン，リチャード Cobden, Richard　45
ゴードン，チャールズ・ジョージ Gordon, General Charles George　6, 157

索　引

ア　行

アウグスティヌス Augustine　90
アドルショー，パーシー Addleshaw, Percy　110
アナン，マーガレット・セシーリア Annan, Margaret Cecilia　14
アバリー，ジョン Aberly, John　15
アブドゥラー，アフマド Abdullah, Achmed　35, 41, 54, 93, 223
アームストロング，マーティン Armstrong, Martin　196, 209
アンダースン，H. L. Anderson, H. L.　71
イエイツ，ウィリアム・B. Yeats, William B.　115
ヴィア，オーブリー・ド Vere, Aubrey de　136
ウィーダ（ラメー夫人）Ouida (Madame Ramée)　57, 93
ウィルキンズ，ウィリアム・ヘンリー Wilkins, William Henry　71, 72
ウィルキンスン，サー・ガードナー Wilkinson, Sir Gardner　60
ウィルスン，アンドルー Wilson, Andrew　101
ウィンザー Windsor, Lady　167
ウィンダム夫人，マドリン Wyndham, Mrs. Madeline　111, 132
ウォットン，サー・ヘンリー Wotton, Sir Henry　219
ウォーナー，フィリップ・リー Warner, Philip Lee　208
ウォーバートン，エリオット Warburton, Eliot　8
ウォルターズ，キャスリン（「スキットルズ」）Walters, Catherine ('Skittles')　112, 133, 142, 162, 178
ウォルフォード Walford　112, 132-3
ウーゼム伯 Usedom, Count　140
ウラビー・パシャ 'Arabi Pasha　5, 108, 153
エコー誌 *Echo*　63-4
エディンバラ・レヴュー誌 *Edinburgh Review*　63, 67, 71, 72
エラスムス，デシデリウス Erasmus, Desiderius　188
エンザー，R. C. K. Enzor, R. C. K.　15
オースティン，アルフレッド Austin, Alfred　156, 167
オリファント，ローレンス Oliphant, Laurence　9-12
オリファント夫人，マーガレット・オリファント Oliphant, Mrs. Margaret

イスラーム文化叢書　4

アラブに憑かれた男たち
――バートン，ブラント，ダウティ

発行　2001年10月５日　　初版第１刷

著者　トマス・アサド
訳者　田隅恒生
発行所　財団法人　法政大学出版局
〒102-0073 東京都千代田区九段北3-2-7
電話03(5214)5540／振替00160-6-95814
製版，印刷　平文社
鈴木製本所

ISBN4-588-23804-3
Printed in Japan

著　者

トマス・ジョゼフ・アサド (Thomas Joseph Assad)

1922年，米国マサチューセッツ州ウスターに生まれる．ホーリー・クロス・カレッジ，ボストン・カレッジを経て1954年ウィスコンシン大学で Ph.D.を取得．専攻は19世紀英文学（とくにテニスン，ブラウニング，ホプキンズの詩）ならびに英語に対するアラビア語の影響．1964年よりトゥーレイン大学英文学教授，のち名誉教授．

訳　者

田隅恒生（たすみ つねお）

兵庫県出身．1931年生まれ．1954年京都大学法学部卒業，丸紅(株)に勤務，その間テヘラン，ニューヨーク，マニラに駐在．丸紅紙業(株)を経て，1993年退職．

訳書：ジュリアン・ハクスリー『時の回廊』*From an Antique Land*（平凡社）

ガートルード・ベル『シリア縦断紀行』*The Desert and the Sown*（平凡社・東洋文庫）

タージ・アッサルタネ／アッバース・アマーナト『ペルシア王宮物語』*Crowning Anguish*（同上）

ジョーン・ハズリップ『オリエント漂泊――ヘスター・スタノップの生涯』*Lady Hester Stanhope*（法政大学出版局・りぶらりあ選書）

アン・ブラント『遍歴のアラビア』*A Pilgrimage to Nejd*（同上）

ガートルード・ベル『ペルシアの情景』*Persian Pictures*（法政大学出版局・イスラーム文化叢書）

りぶらりあ選書

魔女と魔女裁判〈集団妄想の歴史〉	K.バッシュビッツ／川端,坂井訳	¥3800
科学論〈その哲学的諸問題〉	カール・マルクス大学哲学研究集団／岩崎允胤訳	¥2500
先史時代の社会	クラーク,ピゴット／田辺,梅原訳	¥1500
人類の起原	レシェトフ／金光不二夫訳	¥3000
非政治的人間の政治論	H.リード／増野,山内訳	¥ 850
マルクス主義と民主主義の伝統	A.ランディー／藤野渉訳	¥1200
労働の歴史〈棍棒からオートメーションへ〉	J.クチンスキー,良知,小川共著	¥1900
ヒュマニズムと芸術の哲学	T.E.ヒューム／長谷川鉱平訳	¥2200
人類社会の形成（上・下）	セミョーノフ／中島,中村,井上訳	上 品 切 下 ¥2800
認識の分析	E.マッハ／広松,加藤編訳	¥1900
国家・経済・文学〈マルクス主義の原理と新しい論点〉	J.クチンスキー／宇佐美誠次郎訳	¥ 850
ホワイトヘッド教育論	久保田信之訳	¥1800
現代世界と精神〈ヴァレリィの文明批評〉	P.ルーラン／江口幹訳	¥980
葛藤としての病〈精神身体医学的考察〉	A.ミッチャーリヒ／中野,白滝訳	¥1500
心身症〈葛藤としての病 2〉	A.ミッチャーリヒ／中野,大西,奥村訳	¥1500
資本論成立史（全4分冊）	R.ロスドルスキー／時永,平林,安田他訳	(1)¥1200 (2)¥1200 (3)¥1200 (4)¥1400
アメリカ神話への挑戦（I・II）	T.クリストフェル他編／宇野,玉野井他訳	I ¥1600 II ¥1800
ユダヤ人と資本主義	A.レオン／波田節夫訳	¥2800
スペイン精神史序説	M.ピダル／佐々木孝訳	¥2200
マルクスの生涯と思想	J.ルイス／玉井,堀場,松井訳	¥2000
美学入門	E.スリヨ／古田,池部訳	¥1800
デーモン考	R.M.=シュテルンベルク／木戸三良訳	¥1800
政治的人間〈人間の政治学への序論〉	E.モラン／古田幸男訳	¥1200
戦争論〈われわれの内にひそむ女神ベローナ〉	R.カイヨワ／秋枝茂夫訳	¥2900
新しい芸術精神〈空間と光と時間の力学〉	N.シェフェール／渡辺淳訳	¥1200
カリフォルニア日記〈ひとつの文化革命〉	E.モラン／林瑞枝訳	¥2400
論理学の哲学	H.パットナム／米盛,藤川訳	¥1300
労働運動の理論	S.パールマン／松井七郎訳	¥2400
哲学の中心問題	A.J.エイヤー／竹尾治一郎訳	¥3500
共産党宣言小史	H.J.ラスキ／山村喬訳	¥980
自己批評〈スターリニズムと知識人〉	E.モラン／宇波彰訳	¥2000
スター	E.モラン／渡辺,山崎訳	¥1800
革命と哲学〈フランス革命とフィヒテの本源的哲学〉	M.ブール／藤野,小栗,福吉訳	¥1300
フランス革命の哲学	B.グレトゥイゼン／井上尭裕訳	¥2400
意志と偶然〈ドリエージュとの対話〉	P.ブーレーズ／店村新次訳	¥2500
現代哲学の主潮流（全5分冊）	W.シュテークミュラー／中埜,竹尾監修	(1)¥4300 (2)¥4200 (3)¥6000 (4)¥3300 (5)¥7300
現代アラビア〈石油王国とその周辺〉	F.ハリデー／岩永,菊地,伏見訳	¥2800
マックス・ウェーバーの社会科学論	W.G.ランシマン／湯川新訳	¥1600
フロイトの美学〈芸術と精神分析〉	J.J.スペクター／秋山,小山,西川訳	¥2400
サラリーマン〈ワイマル共和国の黄昏〉	S.クラカウアー／神崎巌訳	¥1700
攻撃する人間	A.ミッチャーリヒ／竹内豊治訳	¥ 900
宗教と宗教批判	L.セーヴ他／大津,石田訳	¥2500
キリスト教の悲惨	J.カール／高尾利数訳	¥1600
時代精神（I・II）	E.モラン／宇波彰訳	I 品 切 II ¥2500
囚人組合の出現	M.フィッツジェラルド／長谷川健三郎訳	¥2000

りぶらりあ選書

十九世紀パリの売春	パラン=デュシャトレ／A.コルバン編 小杉隆芳訳	¥2500
変化の原理〈問題の形成と解決〉	P.ワツラウィック他／長谷川啓三訳	¥2200
デザイン論〈ミッシャ・ブラックの世界〉	A.ブレイク編／中山修一訳	¥2900
時間の文化史〈時間と空間の文化／上巻〉	S.カーン／浅野敏夫訳	¥2300
空間の文化史〈時間と空間の文化／下巻〉	S.カーン／浅野，久郷訳	¥3400
小独裁者たち〈両大戦間期の東欧における民主主義体制の崩壊〉	A.ポロンスキ／羽場久浘子監訳	¥2900
狼狽する資本主義	A.コッタ／斉藤日出治訳	¥1400
バベルの塔〈ドイツ民主共和国の思い出〉	H.マイヤー／宇京早苗訳	¥2700
音楽祭の社会史〈ザルツブルク・フェスティヴァル〉	S.ギャラップ／城戸朋子，小木曾俊夫訳	¥3800
時間　その性質	G.J.ウィットロウ／柳瀬睦男，熊倉功二訳	¥1900
差異の文化のために	L.イリガライ／浜名優美訳	¥1600
よいは悪い	P.ワツラウィック／佐藤愛監修，小岡礼子訳	¥1600
チャーチル	R.ペイン／佐藤亮一訳	¥2900
シュミットとシュトラウス	H.マイアー／栗原，滝口訳	¥2000
結社の時代〈19世紀アメリカの秘密儀礼〉	M.C.カーンズ／野﨑嘉信訳	¥3800
数奇なる奴隷の半生	F.ダグラス／岡田誠一訳	¥1900
チャーティストたちの肖像	G.D.H.コール／古賀，岡本，増島訳	¥5800
カンザス・シティ・ジャズ〈ビバップの由来〉	R.ラッセル／湯川新訳	¥4700
台所の文化史	M.ハリスン／小林祐子訳	¥2900
コペルニクスも変えなかったこと	H.ラボリ／川中子，並木訳	¥2000
祖父チャーチルと私〈若き冒険の日々〉	W.S.チャーチル／佐藤佐智子訳	¥3800
エロスと精気《エネルギー》〈性愛術指南〉	J.N.パウエル／浅野敏夫訳	¥1900
有閑階級の女性たち	B.G.スミス／井上，飯泉訳	¥3500
秘境アラビア探検史（上・下）	R.H.キールナン／岩永博訳	上¥2800 下¥2900
動物への配慮	J.ターナー／斎藤九一訳	¥2900
年齢意識の社会学	H.P.チュダコフ／工藤，藤田訳	¥3400
観光のまなざし	J.アーリ／加太宏邦訳	¥3200
同性愛の百年間〈ギリシア的愛について〉	D.M.ハルプリン／石塚浩司訳	¥3800
古代エジプトの遊びとスポーツ	W.デッカー／津山拓也訳	¥2700
エイジズム〈優遇と偏見・差別〉	E.B.パルモア／奥山，秋葉，片多，松村訳	¥3200
人生の意味〈価値の創造〉	I.シンガー／工藤政司訳	¥1700
愛の知恵	A.フィンケルクロート／磯本，中嶋訳	¥1800
魔女・産婆・看護婦	B.エーレンライク，他／長瀬久子訳	¥2200
子どもの描画心理学	G.V.トーマス，A.M.J.シルク／中川作一監訳	¥2400
中国との再会〈1954—1994年の経験〉	H.マイヤー／青木隆嘉訳	¥1500
初期のジャズ〈その根源と音楽的発展〉	G.シューラー／湯川新訳	¥5800
歴史を変えた病	F.F.カートライト／倉俣，小林訳	¥2900
オリエント漂泊〈ヘスター・スタノップの生涯〉	J.ハズリップ／田隅恒生訳	¥3800
明治日本とイギリス	O.チェックランド／杉山・玉置訳	¥4300
母の刻印〈イオカステーの子供たち〉	C.オリヴィエ／大谷尚文訳	¥2700
ホモセクシュアルとは	L.ベルサーニ／船倉正憲訳	¥2300
自己意識とイロニー	M.ヴァルザー／洲崎惠三訳	¥2800
アルコール中毒の歴史	J.-C.スールニア／本多文彦監訳	¥3800
音楽と病	J.オシエー／菅野弘久訳	¥3400
中世のカリスマたち	N.F.キャンター／藤田永祐訳	¥2900
幻想の起源	J.ラプランシュ，J.-B.ポンタリス／福本修訳	¥1300
人種差別	A.メンミ／菊地，白井訳	¥2300
ヴァイキング・サガ	R.プェルトナー／木村寿夫訳	¥3300

りぶらりあ選書

肉体の文化史〈体構造と宿命〉	S.カーン／喜多迅鷹・喜多元子訳	¥2900
サウジアラビア王朝史	J.B.フィルビー／岩永，冨塚訳	¥5700
愛の探究〈生の意味の創造〉	I.シンガー／工藤政司訳	¥2200
自由意志について〈全体論的な観点から〉	M.ホワイト／橋本昌夫訳	¥2000
政治の病理学	C.J.フリードリヒ／宇治琢美訳	¥3300
書くことがすべてだった	A.ケイジン／石塚浩司訳	¥2000
宗教の共生	J.コスタ=ラスクー／林瑞枝訳	¥1800
数の人類学	T.クランプ／髙島直昭訳	¥3300
ヨーロッパのサロン	ハイデン=リンシュ／石丸昭二訳	¥3000
エルサレム〈鏡の都市〉	A.エロン／村田靖子訳	¥4200
メソポタミア〈文字・理性・神々〉	J.ボテロ／松島英子訳	¥4700
メフメト二世〈トルコの征服王〉	A.クロー／岩永，井上，佐藤，新川訳	¥3900
遍歴のアラビア〈ベドウィン揺籃の地を訪ねて〉	A.ブラント／田隅恒生訳	¥3900
シェイクスピアは誰だったか	R.F.ウェイレン／磯山，坂口，大島訳	¥2700
戦争の機械	D.ピック／小澤正人訳	¥4700
住む　まどろむ　嘘をつく	B.シュトラウス／日中鎮朗訳	¥2600
精神分析の方法 I	W.R.ビオン／福本修訳	¥3500
考える／分類する	G.ペレック／阪上脩訳	¥1800
バビロンとバイブル	J.ボテロ／松島英子訳	¥3000
初期アルファベットの歴史	J.ナヴェー／津村，竹内，稲垣訳	¥3500
数学史のなかの女性たち	L.M.オーセン／吉村，牛島訳	¥1700
解決志向の言語学	S.ド・シェイザー／長谷川啓三監訳	¥4500
精神分析の方法 II	W.R.ビオン／福本修訳	
バベルの神話〈芸術と文化政策〉	C.モラール／諸田，阪上，白井訳	¥4000
最古の宗教〈古代メソポタミア〉	J.ボテロ／松島英子訳	¥4500

（表示価格は本書刊行時のものです．表示価格は，重版に際して変わる場合もありますのでご了承願います．なお表示価格に消費税は含まれておりません．）